李小三◎主编

为政之本

可以悦读的领导学

编写：甘乐平 吴黎宏 颜清阳 陆元兵 操家齐

江西人民出版社

前　言

李小三

《论语·子路》第十三篇第十五章中有这么一段话，定公问：“一言而可以兴邦，有诸？”孔子对曰：“言不可以若是其几也。人之言曰：‘为君难，为臣不易。’如知为君之难也，不几乎一言而兴邦乎？”

这段话翻译成白话文大致是这么个意思：鲁定公问孔子：“一句话就可以使国家兴盛，有这样的话吗？”孔子答道：“不可能有这样的话，但有近乎于这样的话。有人说：‘做君难，做臣不易。’如果知道了做君主的难处，这不近乎于一句话可以使国家兴盛吗？”

孔子在这里列举的“为君难，为臣不易”，用现在的话来说，就是做君主难，做臣子不易。推而广之的意思就是领导和领导工作难做。

当今社会上，想当领导的人很多。但是，并非人人都能成为领导者，这里既有客观方面的原因，又有主观方面的原因。客观方面，领导就是担任领导工作的人，就是一群人里面的头头。既然是一群人里面的头头，不可能这群人里的每个人都当这群人的头头，因此其数量有限。主观方面，领导是世界上最难的职业之一，担任领导工作的领导者必须具备某些方面的素质和条件。而每个人的素质和条件都有区别，未必人人都适合做领导工作。也就是说，要成为一名领导者，尤其是要成为一名优秀的领导者，就必须具有一定的资本。这些资本有些是与生俱来的，比如一个人的身体、品德、性格、智商和思维方式等等。也有通过后天习得逐渐培养和努力改善的，比如一个人的理想信念、知识结构、阅历资历和习惯、心态等；又比如领导的方法、艺术等等。关于领导干部的素质、能力、方法、艺术方面的要求，我们在 2008 年出版的《从政之基》作了一些探讨。本书主要就领导干部的品德、智商、性格、习惯、心态、情商、身体等方面的内容进行了一些探讨和归纳，并将它们集结成册，取名为《为政之本》。

“本”是什么？“本”就是根本，就是指事物的根源或最重要的部分。“为政之本”就是为官从政者必须具备的最根本的资本和条件，或者说最重要的方面。本书期望能从理论上在这些方面有所突破、有所创新，但主要还是着重从实践层面对为官从政者必须具备的最基本的素质和条件进行一些探讨和总结。本书主要的内容包括：高尚的品德、优秀的禀赋、健全的性格、良好的习惯、积极的心态、宽阔的眼界、博大的胸襟、多元的思维、较高的情商、强健的体魄。本书的目的在于能够给那些从政不久的领导干部、即将走向领导岗位的干部或走上更高领导岗位的领导干部提供一些借鉴，帮助他们不断开阔视野、更新观念、提升能力，成为一名合格的领导干部乃至于一名优秀的领导干部。

目录

1 高尚的品德

2 优秀的禀赋

3 健全的性格

4 良好的习惯

5 积极的心态

6 宽阔的眼界

7 博大的胸襟

8 多元的思维

9 较高的情商

10 健康的身心

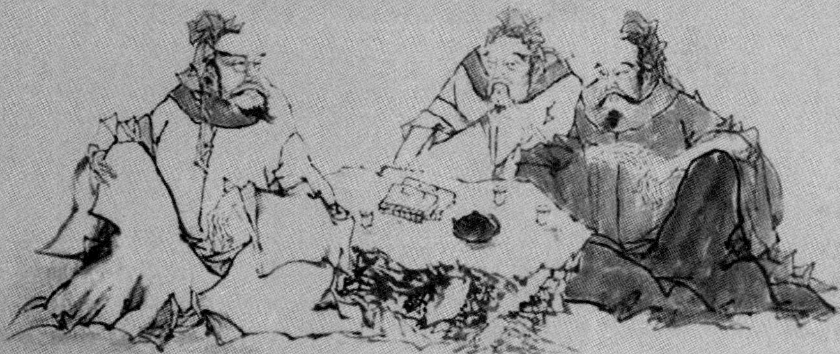

第1章 高尚的品德

我国著名诗人北岛有这样一句诗歌:“卑鄙是卑鄙者的通行证,高尚是高尚者的墓志铭。”的确,人的品德是影响人走向成功的重要因素。道德品质差的人,在面对各种诱惑时,往往容易失去为人处世的基本原则,表现出极端的虚伪、傲慢、自私,其结果只能是使自己的路越走越窄,最终走进死胡同;品德高尚的人,浑身透露出忠诚、正直、谦虚和勤劳等优良品性,他因此能赢得事业的成功。

一、品德高于才智

品德即道德品质，是道德在个体身上的体现，是指个人按社会规范行动时所表现出来的稳定特性或倾向。品德，是决定一个人人生成败的心灵力量；品德，是我们每个人人生大厦最坚实的基石。如果人的一生是一卷美丽的丝帛，那么，品德就是织就他人生的经纬，没有良好的品德修养，人生只会是一团乱麻。

“无才无德是庸人，有才无德是小人，有德无才是好人，德才兼备是贤人。”高尚的品德和聪明的才智，是领导者必须具备的两个基本要素。但是，在才智与品德两者之间，品德尤其重要。做事先做人，为官先为人。“德者才之帅，才者德之资。”人们宁愿同一个品德高尚而才智稍差的人打交道，也不愿意同一个才智很高而品德很差的人打交道。才智越高、品德越差的人，越是让人感到恐怖，越是让人敬而远之。因为，你不知道他什么时候又要翻脸不认人了，你不知道他到底要干出什么吓人的勾当。品德很差的人，他根本就不知道什么是诚实，什么是善良，什么是宽容，什么是仁爱，什么是正直，什么是感恩，什么是负责。这样的人，你能相信他吗？你能与他合作共事吗？你能指望他给你帮助吗？才智可能一时一地，品德却伴随人的一生。

我们说品德高于才智，还高在品德可以左右一个人才智的发挥。无论是政府部门还是各类企业，领导者一般都具有较高的才智。但是，为什么还是会在一些领导者身上出现决策失误的情况呢？除了其他原因之外，那就是领导者的品德了。因为领导者的品德直接影响着其决策心理和决策行为。对决策信息的分析，对非程序化问题进行决策都涉及领导者的主观能动性，最终都与领导者的品德密切相关。领导者本来应该集中集体的智慧，从大局出发，从长远着眼来决策、来执行，但是由于领导者为了一己私利，或者是为了少数人的利益，导致决策时违反民意，违背客观规律，最后只能是进行了失败的决策。

品德高于才智，高在高尚的品德容易服众，而聪明的才智有时不一定就能做到。孔子说：“为政以德，譬如北辰，居其所而众星共之。”以道德教化来治理政事，就会像北极星那样，自己居于一定的方位，而群星都会环绕在它的周围。这段话代表了孔子的“为政以德”的思想，意思是说，统治者如果实行德治，群臣百姓就会自动围绕着你转。这是强调道德对政治的决定作用，主张以道德教化为治国的原则。北宋名相吕端就是一个品德十分高尚的人。党项族人李继迁原先依附宋朝，后叛变建立西夏，且不断侵扰西部边境。在叛变时，李继迁的母亲因年事已高，被留在家乡。李继迁成为叛将，他的母亲很快被宋军给抓了起来。当时，宋太宗为了惩处李继迁，决定杀掉他的母亲。皇帝旨意一出，满朝文武没有一人提出反对意见，连一向仗义执言的寇准也深以为然。一时间，群情激奋，都说皇上英明，叛贼李继迁之母实在该杀。可是，宰相吕端却从当时的大局出发，从长远考虑，反对杀掉李继迁的母亲。这种想法不仅有顶撞圣上之虞，还有勾结、同情叛将的嫌疑，想当年，司马迁就是因为为叛将李陵辩护了几句触怒了汉武帝而惨遭宫刑之辱的。对这样的历史事件，熟悉历史的吕端不会不知，然而，为了大宋的江山社稷，禀性直方的吕端还是毅然站了出来，对皇帝的意见表示反对。他对宋太宗说：“皇上今日杀了他的老母，明日就能生擒李继迁吗？如不能，愈坚定他的反叛之心啊。”太宗一听在理，就问他：那你看该如何办？吕端说：“不如将他母亲安置赡养，以招降李继迁。即使李不能降，其母生死在我们手中终可系其心。”太宗听罢连连称好，说：“若不是你，差点误了大事。”吕端的话果然得到了应验，后来，李继迁去世后，他的儿子感激宋朝不杀祖母之恩，终于投降了宋朝。由于办事持重稳当，公道而廉洁，吕端深得朝里朝外各方面的好评，就连原先对他持怀疑态度的人也大多佩服他、称赞他。

美国总统林肯说过：“要想有好品德就要养成优良的习惯。”看一个人的品德，不是看他一时一事的变现，而是要看他长期一贯的做法。有些人，可能偶尔在某一个时刻、某一件事情上,会表现出特别的高尚,似乎有崇高的品德,实际上是在作秀,他骨子里是为了讨好他人,从中获得物质上或精神上的满足,这种人的品德不是崇高,反过来,倒是十分的卑劣。一些领导干部喜欢弄虚作假、喜欢装模作样,表面上看起来是为了百姓、为了群众、为了他人,其实是为了自己。真正具有良好品德的人,他不是一时一事装模作样,而是时时刻刻想着他人、想着群众,这是一种自然而然形成的习惯。所以,领导干部要始终牢记"德才兼备,以德为先"。要常修为政之德,常怀律己之心,常思贪欲之害,切实做好自己的本职工作。

二、忠诚胜于能力

正如渡河的"蚁球",每一只蚂蚁忠于团队,紧紧抱团,使团队得以渡河成功,而这种忠诚也是确保自己不被洪水冲走的唯一办法。

不管社会如何变迁,忠诚始终应该看成一个人安身立命的根本。只有对别人忠诚,才能让别人信任你、接纳你。无论在商场还是在官场,一概如是。缺乏忠诚交不了朋友,缺乏忠诚谈不成生意,缺乏忠诚得不到民心,缺乏忠诚干不了大事。忠诚建立信任,忠诚建立亲密。马克思曾经告诫人们:"人的生活离不开友谊,但要得到真正的友谊才是不容易;友谊总需要忠诚去播种,用热情去灌溉,用原则去培养,用谅解去护理。"单纯强调能力而忽视忠诚是危险的。战场上的叛徒背叛他的部队,是因为忠诚不足;公司职员出卖公司机密,也是因为忠诚不足。在选人用人的时候,执行力应该排在忠诚度之后,缺乏忠诚而又执行力强的人,尤其可怕。所以说,忠诚胜于能力,诚信是做人最基本的道德底线。

忠诚,可以赋予一个人持久的工作激情。忠诚的人感觉工作是享受,工作不仅是一种维持生存的手段，更是一种实现自己人生价值的重要途径；缺乏忠诚的人把工作当成是一种谋生的手段，一种负累，一种永远也承受不完的痛苦。忠于工作，努力工作，让人生的每一分钟都创造价值，让自己在工作中获取生存的回报，是对自己的忠诚；忠于他人，积极奉献，帮助他人，让自己成为一个受欢迎的人，一个有用的人，是对自己的忠诚。

忠诚，可以让自己的职业品牌更具含金量，可以让自己的远景更加辉煌。尽管忠诚不讲条件和回报，但忠诚一定能够得到回报。因为你对别人忠诚，别人也会对你忠诚。比如，作为一个公司的管理者，如果你真正做到了把顾客当成上帝，对顾客忠诚，顾客也一定能够时刻不会忘记你，成为你忠实的顾客，为你带来财源。作为一个地方、一个部门的领导，如果你对人民忠诚，时刻为人民群众着想，可能某个时候会牺牲自己的物质利益，但是，群众会始终把你记在心里，支持你，拥护你。同理，忠于同事的人，亦能够获取忠诚的回报。共同的努力，是成功的保证，帮助别人成功，自己才能成功。忠于团队，最大的受益者，还是你自己。一家外资企业准备招聘 1 名技术人员，月工资 5000 元，报考者蜂拥而至。其中一个叫魏诚的人也参加了这次招考。魏诚本来是一家企业的技术人员，因单位效益不好下岗了。考试时，他答得十分圆满。只有第二章考卷的两道题让他头疼：“您所在的企业或者曾任过职的企业经营成功的诀窍是什么？技术秘密是什么？”这类题对于曾在企业搞过技术的魏诚来说并不难。可是魏诚手中的笔却始终高悬着，迟迟落不下笔。多年的职业道德在约束着他：原来厂里的数百名职工还在惨淡经营，我怎能为了自己的饭碗而砸了大家的饭碗呢？他毅然在考卷上写下“无可奉告”四个字。本以为这次受聘无望的魏诚正在连日奔波，另谋职业时，招考的企业给他发来了录用通知书。我们说，魏诚是忠诚的，魏诚的忠诚最终赢得了别人的认可，获得了相应的回报。正如渡河的“蚁球”，每一只蚂蚁忠于团队，紧紧抱团，使团队得以渡河成功，而这种忠诚也是确保自己不被洪水冲走的唯一办法。

对别人忠诚，体现在关键时期尤其是困难时期能够不弃不离，能够经得起考验。《三国志》中记载:刘备军队被曹操击败后,刘备、关羽、张飞失散。其中关羽被曹军包围。曹操非常欣赏关羽的英武(虎牢关战役,关羽温酒斩华雄;三英战吕布,关羽亦给曹操留下了深刻的印象),曹操希望招降关羽,于是派张辽张文远游说关羽。关羽出于对兄长刘备的结拜誓言以及保护兄嫂不被侵犯和与张辽的情谊,同意暂时归降曹操,但提出了几点要求:一是降汉不降曹;二是要确保兄嫂安全;三是如有刘备消息要立即离去,曹操不能阻拦。曹操爱才心切,只得同意,希望通过自己的努力影响关羽真心归降。在关羽"归降"曹操的日子里,关羽受到了极高的待遇,被封为汉寿亭侯,上马金,下马银,赐予"赤兔马"。关羽也非毫无报答,斩颜良诛文丑,立下大功。就当事情这样顺理成章的进行时,突然,关羽得到了刘备的消息,因此,立即向曹操请辞,但曹操避而不见,最后,关羽只能不辞而别。由于没有得到曹操的手谕,因此一路之上遭到了层层拦阻,但关羽凭借一己之力,过了五个曹操所辖关隘,力斩曹操六员大将。关羽因为他的忠诚不仅赢得了刘备的倚重,也赢得了后世的赞誉。

具有忠诚品质的领导干部,不仅能忠诚上级、忠诚同事,关键是要忠诚于人民。有些领导干部只知道忠诚上级,却不知道还要忠诚同事,更不知道要忠诚人民。他们对自己的上级唯唯诺诺,无限"忠诚";对老百姓,则颐指气使。这些领导干部不可能对任何人忠诚。他们表面上忠诚自己的上级,实际上是对上级手中权力的臣服。这种领导干部不可能代表人民群众的利益,不可能做好自己的工作。他们骨子里缺乏忠诚的品质。同时,他们也忘记了自己手中的权力说到底应该是人民群众赋予的。真正具有忠诚品格的领导干部,他们对同志、对人民群众像春天般的温暖、对工作像火一样的热情、对困难像秋风扫落叶一样、对敌人像严冬一样残酷无情。

作为下级,也有许多人总是慨叹自己的领导对自己不公,总是觉得别人不能赏识自己,从来就没有想到自己对领导、对他人是否忠诚。如果你一向很忠诚,你就不用时刻患得患失,别人总会在最关键的时刻自然而然地想起你。世界上没有无缘无故的爱,也没有无缘无故的恨。

最后应该指出的是，忠诚不应该成为掩盖自己无能的借口。忠诚胜于能力，并不是对能力的否定。一个只有忠诚而无能力的人，是无用之人。忠诚是要用业绩来证明的，而不是口头上的效忠。你忠于国家，你就应该努力提高自己的综合素质，为国家作贡献；你忠于企业，就应该提高自己服务于企业的技能，为企业发展创造效益。离开能力的忠诚，只能是一种虚伪的忠诚。

三、正直才能正人

从“正直”的字面意思来说，“正”是符合标准方向，不偏斜；“直”是不弯曲，不偏斜。正与直合起来的意思就是公正、耿直。正直的道德内涵是十分丰富的，它既是一种公正的道德意识，又是一种高尚的道德情感，也是一种纯正的思想作风和正当的道德行为。但是，说到底，正直的实质就是为公还是为私的问题，为公为正，为私为邪；秉公为直，偏私为恶。邪恶之人就只能使人变得邪恶，永远也无法使人正直。所以，孔子就说：“政者，正也。子帅以正，孰敢不正。”

春秋时，齐景公自从宰相晏婴死了之后，一直没有人当面指出他的过失，因此心中感到很苦闷。有一天，齐景公欢宴文武百官，席散后，一起到广场上射箭取乐。每当齐景公射一支箭，即使没有射中箭靶的中心，文武百官都是高声喝彩：“好呀！妙呀！”“真是箭法如神，举世无双。”事后，齐景公把这件事情对地的臣子弦章说了一番。弦章对景公说：“这件事情不能全怪那些臣子，古人有话说‘上行而后下效’，国王喜欢吃什么，群臣也就喜欢吃什么；国王喜欢穿什么，群臣也就喜欢穿什么；国王喜欢人家奉承，自然，群臣也就常向大王奉承了。”景公听了弦章的话，认为弦章的话很有道理，就派侍从赏给弦章许多珍贵的东西。弦章看了摇摇头，说：“那些奉承大王的人，正是为了要多得一点赏赐，如果我受了这些赏赐，岂不是也成了卑鄙的小人了！”弦章深谙正己与正人的关系，他不仅提醒齐景公要正直，要为大臣们作出表率，而且他自己身体力行。他的言行深深感动了齐景公，也深深感化了同僚和百姓，终为后人景仰。

做一个正直的人，首先就是要做一个有信念、懂原则的人。正直的人在生活中有自己较为远大的理想和坚定的信念，他有能力去坚持自己认为是正确的东西，在需要的时候义无反顾，并能公开反对确认是错误的东西。他不会随波逐流、人云亦云，也不会为了眼前的利益抛弃自己的理想、信念和为人的基本原则。“我们决不屈从。无论事物的大小巨细，永远不要屈从，唯有屈从于对荣誉和良知的信念。”丘吉尔是这样说，也是这样做的。正直的人都是抗挫的，他们似乎有一种内在的平静，使他们能够经受住挫折甚至是不公平的待遇。林肯在1858年参加参议员竞选活动时，他的朋友警告他不要发表某一次演讲。但是林肯答道：“如果命里注定我会因为这次讲话而落选的话，那么就让我伴着真理落选吧！”他是坦然的。他确实落选了，但是两年之后，他就任了美国总统。

做一个正直的人，就是要做一个为人处世出以公心的人。一事当前，都认真想一想是否符合集体的利益、国家的利益，是否会有损他人的利益；符合就做，不符合就不做，损人利己的事情也坚决不做。这应是我们为人处世的原则和前提。如果一事当前先替自己打算，斤斤计较个人的得失，那么就不会有任何正直的行为，也容易滑向偏私和邪恶的深渊。孙中山领导推翻清朝政权的革命中，哥哥孙眉功不可没。为了弟弟的宏图伟业，孙眉不仅倾其家产予以资助，还发挥自己广阔的人脉，奔走呼号，寻求更多人的支持。辛亥革命成功后，孙中山当选为临时大总统。当时，许多人凭借各自的背景，挖空心思地捞取一官半职，孙眉也未能免俗。在他眼里，弟弟就是当今“皇帝”，做哥哥的不说封王赏地，怎么也该混个“二品顶戴”。于是，他把自己的想法透露给了蔡元培等大员，当即得到他们的认可，并联名向孙中山推举他为广东都督。孙中山接到推荐函，电复蔡元培：“唯才是举，切不可任人唯亲。”孙眉得知弟弟的态度，立刻奔赴南京兴师问罪。孙中山耐心地劝说：“哥哥虽然于革命有功。但当广东都督确实不合适。”孙眉勃然大怒，说：“阿文你是大总统，我是你哥，比总统还大，区区一个广东都督怎么就干不了？”孙中山一个劲地赔笑，好容易才把他打发走。后来，孙中山回到故乡，孙眉见了他，怒气仍未消减，训斥道：“你当了大总统，却六亲不认，害得我现在还得在乡官手下混事……”孙中山大笑，说：“你是我大哥，家里的事，全是你说了算，总统也得听你的。国家的事，哥哥可不能随便，即使是乡官，也是你的父母官。你得听他们的。”就这样，孙眉最终没有出任广东都督。此后，他一心一意地经商。生意一度非常红火。因为孙中山的廉正，历史上或许少了一位平庸的官员，却多了一位成功的商人。

正是由于正直的人具有这些优良的品德，他们站在我们面前时，总是显得那样有力，那样让人情不自禁产生景仰。

自身正，是靠平时一点一滴培养起来的。做正直的人，首先要学会诚实，要学会诚实地对待生活中的每一件小事。这些小事看起来微不足道，但经久积聚，它会使我们身上闪现出浩然的正气。做正直的人，还要学会善良。善良是人性中最光辉的一面，一个人缺乏起码的善心，就必然会缺乏判断事物美丑的标准，这样的人就不可能有什么正直可言。

四、谦虚净化灵魂

谦虚指不自满，肯接受批评，并虚心向人请教。谦虚是中华民族的传统美德，所以自古以来就有“满招损，谦受益”的名言警句。有真才实学的人往往虚怀若谷，谦虚谨慎。

谦虚是进取和成功的必要前提。做人要谦虚，知之为知之，不知为不知。而不学无术、一知半解的人，却常常骄傲自大，自以为是，自作聪明，好为人师，喜欢夸夸其谈，这种人其实都是一些眼高手低的人，都是一些最无知的人，都是一些心灵不太健康的人。这种人，最后的结果是既毁了事，又毁了人。他们不知道，谦虚才能净化灵魂，谦虚才能赢得成功，甚至赢得生命。

有这样一则故事：乌龟羡慕老鹰飞得自由自在，说："鹰兄，能让我到天上过把瘾吗？"老鹰说："你又没翅膀，怎么飞？"乌龟灵机一动说："你们两只鹰咬住绳子两端，我咬住绳子的中间，不就把我带上天了么？"果然，乌龟上天啦！地上许多人都赞不绝口，说："是谁想出这个好办法的？了不起啊！"有人猜测："那必是老鹰想出来的吧？"乌龟实在忍耐不住了，张开大口喊："这是我的办法呀！"没等把"我"字说完，由于松开了嘴，乌龟从高空坠下，摔在地上死了。这个故事告诉我们：不合时宜的骄傲，结局很悲惨。

一个谦虚的人，一定会是一个能够时刻做到自警自省的人，常常能够看到自己的长处，但不迷恋自己的长处，同时也能看到自己的短处。谦虚的人，容易与他人拉近距离，容易获得别人的认可。骄傲的人则目中无人，别人也就不可能从内心佩服他，不可能从内心去接纳他。一次，孔子带着几个学生到庙里去祭祀，刚进庙门就看见座位上放着一个引人注目的器具，这是一种盛酒的祭器。学生们看了觉得新奇，纷纷提出疑问。孔子没有回答，却问寺庙里的人："请问您，这是什么器具啊？"守庙的人一见这人谦虚有礼，也恭敬地说："夫子，这是放在座位右边的器具呀！"于是孔子仔细端详着那器具，口中不断重复念着："座右"、"座右"，然后对学生们说："放在座位右边的器具，当它空着的时候是倾斜的，装一半水时，就变正了，而装满水呢？它就会倾覆。"听了老师的话，学生们都以惊异的目光看着他，然后又看着那新奇的器具。孔子看出大家的心思，和蔼地问大家："你们有点不相信吗？咱们还是提点水放到器具里试试吧！"说着学生们就打来了水，往器里倒了一半水时，那器具果然就正了。孔子立刻对他们说："看见了吧，这不是正了吗？"大家点点头。他又让学生继续往器具里倒水，器具中刚装满了水就倾倒了。孔子赶忙告诉他们："倾倒是因为水满所致啊！"

对于领导者来说，谦虚的品性有利于维护大局。谦虚的人不会固执己

敧器示戒

见，能够主动站在时代的高度和全局的角度来观察和分析问题，并善于接纳别人正确的意见和建议。周恩来在许多重大历史关头，之所以能够力挽狂澜，其中一个重要原因就是他能够始终做到谦虚谨慎。毛泽东上井冈山之初，正是党内“左”倾盲动主义发展到高峰时期。1927 年 11 月中央临时政治局扩大会议作出开除毛泽东政治局候补委员的决定，奉命来传达决定的人误传为开除毛泽东党籍，致使毛泽东有一阵子在党内沦为“民主人士”。1929 年 2 月时任中央政治局常委兼军委书记的周恩来，在对红四军不太了解的情况下，给毛泽东写了一封信，史称“二月来信”。毛泽东对“二月来信”的批评和决定提出抗辩，他在回信中指出“中央对客观形势及主观力量的估计都太悲观”，并强调在当前形势下，朱、毛不宜远离部队。向来虚怀若谷、对下属从不抱成见并且尊重前线指挥员意见的周恩来，看罢毛泽东来信，立即意识到自己起草的“二月来信”确有许多不妥之处。他在政治局会议上作了自我批评，同意朱、毛不离开红军。后又有了党史上有名的“九月来信”。他握着行将离沪返任的陈毅的手，郑重地嘱咐他：“要请毛泽东复职，仍任红四军前委书记，召开一次党的会议，统一思想，分清是非，作出决定。”毛泽东因此得以摆脱厄运，红四军又成了“朱毛红军”，从而结束了一次军内危机。如果周恩来刚愎自用、一意孤行，事情很可能会出现另外一种结果，给党和国家造成的损失或许不可估量。

对于领导者来说，谦虚有利于保持平和的心态，坚持实事求是的原则。领导者由于手握一定的权力，容易让一些别有用心的人从精神上麻痹。他们往往会想方设法从精神上取悦、讨好领导干部，比如在领导面前口吐阿谀奉承之词，给领导拍马屁、抬轿子、吹喇叭、戴高帽，目的是讨领导的欢心和器重。这时，领导者就要有自知之明，要清醒地知道自己有几斤几两，千万不能把这些场面上的话当真。尤其要保持谦虚谨慎的作风，即使自己有一定的能力和水平，也不能半推半就地接受他们的精神上的贿赂，使自己一不小心进入他们设计的圈套。

对于领导者来说，谦虚能使自己思路更加开阔。一些领导者有了一点权力、有了一点业绩，就沾沾自喜、忘乎所以，甚至认为老子天下第一，世上无人可比。这时，他们就容易忘记学习，尤其是容易忘记向比自己级别低的人学习，向老百姓学习更加是不可能的了。时间长了，这样的领导者只能成为井底之蛙，只能越来越脱离实际、脱离时代，最终被时代所抛弃。谦虚的领导者，则能主动俯下身子，向人民群众请教，向老百姓请教，向那些真正的英雄请教，从而不断开阔自己的思路，开拓自己的视野，才能把工作做好，才有可能成为真正的英雄。

当然，谦虚不同于自卑，不是要将自己说得低人一等，过分的谦虚等于骄傲，一味地谦虚会给人造成一种虚伪的印象。在该表现的时候，一定要恰当地展示自己的才能和实力，这才是心灵纯净的表现。

五、立信才能立威

一个领导在一个单位有没有威望，关键在于他是否有一颗服务于他人的心，是否愿意为了大家的利益舍弃个人利益，是否能够真正做到“一诺千金”。

现实生活当中,我们经常会遇到这样两种截然相反的现象:一些领导者平时很少说话,但是只要他一开口,下属就必然一心一意地执行;另一些领导者整天在那声嘶力竭地发号施令,唠唠叨叨,下属却就是缺乏主动执行的热情,工作的效果往往大打折扣。很明显,前一种领导者是有威信的领导者,后一种领导者是缺乏威信的领导者。领导威信是群众对领导发自内心的一种真实感情的结果,是领导者一言一行引起群众共鸣的综合反映。一个领导者,要有效地实现领导目标,不但要有权力,而且更需具有威信。

一个组织、一个团体、一个单位、一个部门、一个企业,领导者的威信尤其是主要领导者的威信,往往会左右这个领导者所在的组织、团体、单位、部门、企业的生存和发展。威信高的领导者能够使整个组织或企业在自己的掌控之下,能够有效调动下属的工作热情,从而实现有效运行,产生出较高甚至很高的效益。威信差的领导者则缺乏掌控全局的能力,无法使下属做到令行禁止,更加无法做到让下属积极融入到组织或团队中来。因此,有人说威信是"无言的召唤,无声的命令"。

领导者手中虽然掌握着相当的权力,但并不一定说他就已经拥有了相当的威信。权力与威信并不成正相关。是否有威信,关键是看领导者如何做人、如何用权。威信拆开来讲,"威"是指威严,指在社会交往中影响与改变他人心理和行为的能力;"信"是指信誉。孔子说:"君子不重则不威。学则不固。主忠信。过则勿惮改。"意思是说,君子不庄重就没有威严,学习也不能巩固,要坚持忠诚和信用,一个人没有信誉就谈不上威严;有了过错要不怕改正。可见,威严主要来自于庄重、来自于忠诚和信任。所以说,威信威信,首先就是要让人信服,然后才能有威严。

台湾塑胶集团原董事长王永庆生前说:"勤俭是我们最大的优势,放荡无度是最大的错误。"在台湾塑胶集团内部,一个装文件的信封他连续使用了 30 次,肥皂剩下一小块,他还要把它粘在整块肥皂上继续使用。

领导者凡是自己许下的诺言，一定要及时兑现。如果对下属要求的是一套，自己做的又是另一套，那么下属就会认为你在欺骗他们，你就在他们心目中是一个骗子的形象；如果你只是给他们开一些空头支票，而没有实际的行动，那么只要一次，你就无法开展你的工作，你的威信也就销声匿迹了。

有人说，领导者的威望来自于他崇高的理想、高尚的情操、博大的胸怀、坚强的意志和卓越的领导才能，这个说法的确没错。但是这些最终都要归结到一点，那就是领导者在群众心目中的良好信誉。历史事实说明：人无诚信不立，家无诚信不和，业无诚信不兴，国无诚信不宁。一个诚实守信的民族，才能跻身世界民族之林；一个诚实守信的国家，才能为国际所信赖；一个诚实守信的领导，才能为群众所拥护。特别是领导班子“一班人”都要按党性要求，恪守诚信，只有这样，才能使整个领导群体保持团结进取的精神状态，产生高度的使命感和责任感，使“一班人”深藏的智慧得以超常规的发挥，潜在的能量得以最大的释放。领导者尤其是“一把手”对领导班子其他成员充分信任，副手就能大胆工作，对“一把手”洋溢着敬佩之感。“一把手”绝不能对副手不讲诚信，更不能对副手提拔上压着、相处上挑着、交往上冷着、关系上僵着。否则，就如同有的副手所说的一样：“你对我不放心，我就不用心；你对我不放手，我就不动手；你一竿子插到底，我就一棍子捅上天。”这话对错姑且不论，但至少说明了一点，正职不守诚信，包揽过多，会挫伤副手的积极性。一般来说，作为正职，要克服大事小事包揽，不给副职以出头露面机会的缺点；作为副职，要克服荷叶包钉子——时时想出头，不维护正职的毛病。一个精明的正职，要坚持民主集中制，淡化权力意识，把事情交给可以放心的副职去抓，方能紧紧围绕党的中心工作，形成合力抓落实的局面，避免陷入“头羊迷途，群羊迷返”的结局。唯有如此，领导才能树立较高的威信。

总之，一个人在集体中有没有威望，关键在于他是否愿意为集体考虑，是否愿意为他人着想，在他人心目中是否有良好的信誉；一个领导在一个单位有没有威望，关键在于他是否有一颗服务于他人的心，是否愿意为了大家的利益舍弃个人利益，是否能够真正做到“一诺千金”。

六、无私才能无畏

不讲原则就没有公正，在一个人身上失去原则，在众人面前就失去了说服力。你得罪一个该得罪的人，就会有许多群众真心支持你，被得罪的人时间长了也会理解你。

生活不断告诉我们，一个人若只为私欲所累，便容易受制于人，就容易失去自己做人做事的基本准则，容易在很多情形之下失去尊严。做一个无所畏惧的人，必须首先做到公正无私，尤其是领导干部。

作为领导干部，如果私心很重，整天患得患失，尤其是遇到需要为公家、为集体作出决策，需要担当一些风险的时候，就会担心害怕对自己不利，于是止步不前。他们畏惧的是什么呢？畏惧的是眼前利益的得失，实际上，他们并不明白，真正应该畏惧的不是别的什么，而是历史、是人民群众。相反，无私者，就完全能够抛弃一切私心杂念，全心全意投入到工作中，只要是为了大多数人的利益，他就愿意赴汤蹈火，他就无所畏惧。

无私才能敢于坚持原则。一些领导干部面对损害群众利益的事情时，不敢讲真话、讲硬话，在遇到危害群众利益的现象时，视而不见，充耳不闻，他们不敢挺身而出，不敢坚持原则；而一些领导干部则完全相反，只要是为了集体的利益，只要是为了群众的利益，他们就敢于出来讲真话、讲硬话，敢于坚持原则。事实上，不讲原则就没有公正，在一个人身上失去原则，在众人面前就失去了说服力。你得罪一个该得罪的人，就会有许多群众真心支持你，被得罪的人时间长了也会理解你。即使人家记恨你，你也不用担心，无私者无畏。历史上的廉正清官，从宋朝的包拯到明朝的海瑞、于谦，他们都是性格刚直无私的人，所以在生活中，他们才无所畏惧。2004 年 12 月 28 日晚，CCTV2004 中国经济年度人物各个奖项在北京饭店揭开谜底。在年度人物

包拯

的评选中,时任国家审计署署长的李金华赢得满堂彩,一个人赢得了两座奖杯:2004中国经济年度人物和年度人物大奖。“我是代表8万名审计干部来领这个奖的。”李金华在发表获奖感言时,一再感谢大家对审计事业及他个人的支持,他说许多对他个人的赞誉让他承受不了。他把审计工作取得好成绩的原因归功于“环境好”,“没有中央的支持,没有群众的支持,我李金华就不可能有所作为。”中央电视台将一段有关审计干部遭遇威胁、报复及如何忘我工作的录像,播放给李金华和现场的观众。李金华的声音哽咽了,尽管这些事他早已知道,但还是忍不住热泪盈眶。身处“审计风暴”的漩涡里,面对那些比自己的官职还显要的审计对象,李金华的压力可想而知,而他能泰然处之,是因为无私所以无畏。

无私才敢于大胆创新。领导干部要干好工作,就必须有改革创新的精神。但是,改革创新的过程当中难免没有风险,要么是改革创新不可能百分之百成功,任何改革创新都有失败的可能;要么是改革创新要触动一些旧的社会关系,甚至要损害一些既得利益集团的利益,因此,很容易遭到守旧势力的反对。面对种种风险,许多领导干部就不敢有什么改革创新,他们前怕狼、后怕虎,他们的唯一追求就是平稳。而一些领导干部不畏任何压力,为顺应时代潮流,他们能够把自己个人的名利得失置之度外,主动进行大胆改革创新。北宋时期著名的改革家王安石,为了改革,置身家性命于不顾,最终冲破重重阻力,推行了改革。

领导干部要做到无私,必须要学会辩证地看待公与私的关系。在许多人的眼里,公与私,似乎是一对永远也无法调和的矛盾。但是,我们应该看到,有时候,公与私,却又能融合到一起。因为,如果你真的一心为公,把你自己的个人得失置之度外,可能在某一个时刻你造成了一些损失,但是一段时期后,往往你得到的比你付出的还要多。可见,私心并不是害人之心,关键是一个度的问题,什么时候为己,什么时候为他人,我们应该学会分辨。

领导干部要做到无私,就必须时刻加强自身修养,不为名利所动,始终坚持自己为人处世的基本准则。宋代名臣富弼克己奉公,为官清正,颇有廉声。《宋稗类钞品行》记载,富弼出任枢密使时,宋英宗赵曙刚登上天子的宝座时,将其父仁宗皇帝的遗留器物,都拿来赏赐给朝廷重臣。众臣叩头感谢领赏之后,一起告退。赵曙却单独请富弼留下,又在惯例之外,特别赏赐他几件器物。富弼先叩头谢恩,然后就坚决推辞不接受这份额外的赏赐。赵曙有些不高兴,轻描淡写地说:“这些东西又不值什么钱,你没有必要推辞呀!”富弼恳切地说:“东西虽然很微薄,但关键是额外所赐。大臣接受额外的赏赐而不谢绝,万一将来皇上做出什么例外的事来,凭什么劝谏呢?”最终富弼还是推辞掉了这份赏赐。

七、勤劳赢得机遇

“天道酬勤”是中国人的一句古训,告诫人们只要勤劳工作,自强不息,自然就会有相应的回报。“没有天上掉下来的馅饼”是西方的一句谚语,它同样告诉人们,不劳而获的事情在这个世界上是不存在的。

勤奋的人付出的是汗水,得到的是充实和成功;懒惰的人不愿意付出,应此得到的只能是空虚和衰老。一个人勤奋,就会有活力;一个民族勤奋,就会傲然屹立于世界民族之林。

韩国第17届总统李明博,他在韩国现代建设株式会社工作的成长之路上可谓光彩照人。1965年大学毕业后进入韩国现代建设株式会社。1977年,年仅36岁的他成为社长,成为公司有史以来最年轻的领导人。2007年底,在他66岁生日之际,他成功当选为韩国总统。经常有人向他请教成功的秘诀。面对这样的问题,他的回答是:“我不知道,我从来没有想过有什么秘诀,完全是因为公司提供了有利于我做事的职位和职责,没有别的理由。而且每次是否升职都是由企业决定,我无法左右。”不过,他的另一段谈话却道出了他成功的真正秘诀:“我虽然进入公司只有12年就被提升为社长,但我这12年与普通人的12年不同。我从来没有过公休日,并且每天工作18个小时以上,相当于别人的2倍。这么计算的话,我等于是24年后才提升任社长的,所以也不能说过快。”我们从中可以领悟到,李明博成功的真正秘诀就在于他超常的勤奋。

没有一个人的才华是与生俱来的。在追求成功的道路上,除了勤奋,是没有什么捷径可以走的。大凡伟大的成就都是平凡的人经过不断地努力而取得的。比尔·盖茨一次与中国网友在网上讨论时,大家向比尔·盖茨问得最多的问题是:“你成功的主要原因是什么?”比尔·盖茨回答是:“工作勤奋,我对自己要求很苛刻。”比尔·盖茨在创业阶段,他和助手们每天的工作时间都在16小时以上;就是功成名就之后,他仍然不亦乐乎地每天在自己的工作室孜孜不倦地钻研。

没有一个人的成功是天上掉下来的,勤劳是获得成功的最主要因素。吉姆是一家超市刚刚招来的员工,他只是一个不起眼的包装工,看不出他的工作有什么前景。不过,没过多久,吉姆就成了这个超市的经理。原来,他告诉载货部门的头儿:“我没事的时候可以来这里帮忙,多了解一下你的部门工作的情形。”然后,他就花时间在那里帮忙做些份外工作。之后,他又跟畜产部门经理说:“我希望有空来这里向你学习,了解你们包肉和保存的过程。”

一阵子之后，他又分别到安全、清洁、管理等部门帮忙。三个月后，吉姆几乎在公司许多部门都游走过了，所以当某部门有人请假时，人们自然想到请吉姆去顶替。几个月后，恰逢经济不景气，一部分员工被裁减了，吉姆却被留了下来。一年后，超市生意复苏扩充后，老板毫不犹豫地让吉姆当上了经理。

勤劳的人，应该是一种什么样的工作和生活状态呢？

勤劳的人总是将劳动当成一件快乐的事情。勤劳的人从来就不会把劳动当成一种负累，更不会把完成自己的本职工作仅仅当成一种谋生的手段和途径。他在劳动过程中，想到的总是如何把自己正在做的事情做得更好，如何让他人更多地分享自己的劳动成果。好逸恶劳的人则刚好相反，他一参

运甓习劳

加劳动就会觉得浑身不舒服,他一味地想着如何让别人来为自己劳动,来让自己过得更加快活,这种人随着社会的不断进步必将被社会所淘汰。

勤劳的人能够在劳累之后感觉到十分充实。勤劳的人不是为劳动而劳动,他也会在不停的劳动之后感到体力上的疲劳。但是他从来不感到痛苦,也不感到空虚,而是感到更加快乐和充实。因为,他知道,通过他的劳动,又为社会创造了财富,又在一定程度上为社会的发展作出了贡献,因此,他总是能够感到充实,休整以后又能重新投入新的劳动。

勤劳的领导者,应该是一种什么样的工作状态呢?

勤劳的领导者,脑袋中时刻想着的是人民群众的利益;行动中体现出来的始终是对人民群众的赤诚。他们不论自己的地位迁谪,不论自己的职务高低,总是把为人民服务作为自己不懈的追求;他们对待自己的工作不会勉强应付、敷衍了事,也不会把明天的事情留给后来者,对后天的事和那些见效慢的长期性工作无心问津。

勤劳的领导者不会在轻歌曼舞中打发日子,也不会在一张报、一杯茶的悠闲中消磨时光,而是把学习当做生活的必需,他们主动向书本学习、向实践学习,主动深入实际、深入基层、深入群众进行调查研究,向人民群众学习。

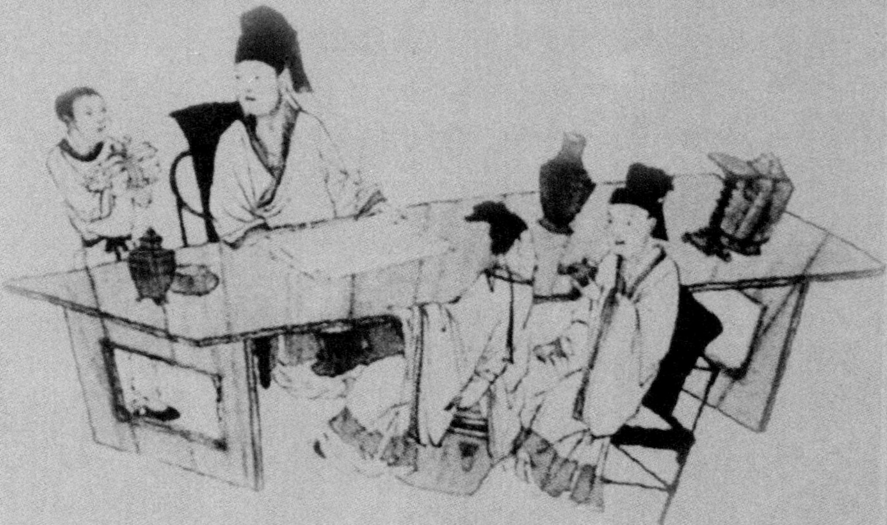

第2章 优秀的禀赋

世界上没有两片完全相同的树叶，世界也正因差异而丰富多彩。每个人的出身、肤色、美丑、贤愚都难以由自己决定，但这一切却并无高下、优劣之分。芸芸众生，并无天生无用之人，世界上也并无天生的领导者。要成长为一个优秀的领导者，既要认清自身优势，依托自身的禀赋特质，制定合适的人生规划；也要充分发掘自身潜能，努力弥补自己的先天不足，尽量使自己成长为一个优秀的领导者。

一、以禀赋确定人生定位

现在很多专业能力很强的干部，为了追求待遇和地位，抛弃了自己的专业转行去搞管理，这其中很多人并不适合从政，在领导岗位干不出业绩，又荒废了专业，从而造成人才浪费，殊为可惜。

什么是禀赋?《现代汉语词典》解释禀赋为:“人的体魄、智力等方面的素质。”《中医大辞典》则把“禀赋”解释为“先天赋予的体质因素”。谓人所禀受的体性资质。宋梅尧臣《新婚》诗:“幸皆柔淑姿，禀赋诚所获。”《红楼梦》第五十五回:“谁知凤姐禀赋气血不足，兼年幼不知保养，平时争强斗智，心力日亏。”徐迟《牡丹》二:“(魏紫)具有艺术的禀赋，是一块可造之材。”这里把领导者的禀赋扩展为成为一个领导者之前所具有的一切固有条件，比如他的出身、性别、个性、能力倾向等等。

由于不同的人的禀赋的不同，个性特质不同，因而能力倾向也存在差异。在公元前五世纪，古希腊医生希波克拉底和罗马医生盖伦就曾提出气质学说。他们认为人体内有四种体液:血液、黏液、黄胆汁、黑胆汁。血液生于心脏(相当于火根)、黏液生于脑髓(相当于水根)、黄胆汁生于肝脏(相当于空气根)、黑胆汁生于胃部(相当于土根)，根据这种体液各自在体内的比例优势，可把人的气质划分为四种类型，即多血质、黏液质、胆汁质、抑郁质。

多血质的特点是:活泼好动、反应迅速、行动灵活，乐观亲切、富有朝气、善于交往、兴趣广泛、适应性强、对人热情、不甘寂寞。但表现浮躁、坚持性差、脾气急躁、容易出现厌倦和消极情绪。意志薄弱、注意力容易转移、办事轻率，不深挚、少知己，具有外倾性。

黏液质是指人体内四种体液中以黏液占优势。黏液质的特点是:情绪兴奋性低、不容易变化。能较好克制自己的冲动,对人真诚、性情安静、脾气柔和,安静、踏实、坚强、善于忍耐,遇事谨慎、交际适度,不喜空谈,善于实干,注意力不容易转移。但认识不敏感,比较固执,冷漠、缺少灵活性和激情,心理内向不外露,具有内倾性。

胆汁质是指人体内四种体液中以黄胆汁占优势。胆汁质的特点是:精力旺盛、性情直率、待人热情、不怕困难、工作热情高、反应迅速、意志坚定、办事果断,但脾气暴躁、容易冲动,心境变化剧烈,当对自己努力失去信心时,情绪便一落千丈,具有外倾性。

抑郁质是指人体内四种体液中以黑胆汁占优势。抑郁质的特点是:耐心细致、一丝不苟、温和谦让,善于觉察他人不易察到的细节,相容性强,想象丰富,情感体验深刻,能胜任别人的委托,表现出能克服困难、具有坚定性的特征。但性格比较孤僻,行动迟缓、多愁善感、表情腼腆,忸怩、怯懦,处理问题犹豫不决、优柔寡断,具有内倾性。

气质特征是职业选择的依据之一。一般说来,要求持久、细致的工作对黏液质和抑郁质的人比较合适, 要求迅速灵活反应的工作对多血质和胆汁质的人较为合适。特别是一些特殊职业,如飞行员、宇航员、潜水员、雷达观测员等,对人的气质特征有特定的要求。1988 年我国心理学工作者对空军战斗机飞行员进行了调查。他们发现,在战斗机飞行员中,多血质的人占 45%左右,胆汁质的人占 20%左右,胆汁质与多血质混合型的人占 15%左右,而没有发现抑郁质的人。

我国古代医学家根据人体阴阳之气的比例将人分为:太阴型、少阳型、太阳型、少阴型,还根据五行学说将人分为“金形、木形、水形、火形、土形”,不同类型的人,具有不同的体质形态和性情。

金性人的性格特点是刚健笃实、抱负远大。但也有性情高傲、恃才傲物的缺点。以三国人物为例,关羽就属于金性人。这类人对外态度高傲,不太容易接近;对内合作性差,而且这种性格的人容易受挫折,因为他对别人缺少理解，容易诱发对方的敌意。

木性人较为温和正直、和顺坚硬，温和是这种性格的突出特点。三国人物中，当诸葛亮这样一个有才能的人，作为“空降兵”进入三人团队的时候，大家没有马上接纳他，但另一个人却比较顺利地进入了这个团队，这个人就是赵云，而他的优势就在于他的性格特征。赵云可以说是木性人的代表。

水性人的性格特点是自主谦恭、理事谨慎。这种人物在中国有很多，三国人物中的诸葛亮是这种性格的典型代表。诸葛亮可谓事事亲力亲为，比如他规定军队中凡是量刑超过20大板的所有的刑罚，他都要亲自过问。理事谨慎到如此地步，因此到最后他被累死了。

火性人性格直率，语言坦诚。三国人物中的张飞就是一个典型的火性人。火性人为人直率，敢作敢为，有责任感，但容易伤害他人，招惹事端。

土性人比较善于与人沟通，其特点是比较宽容，能和各类人打成一片。三国人物中的刘备就是这类人，他的最大的长处就在于知人善任。

以五行区分人的类型，虽然不尽科学，但在实际应用中，也有一定的参考价值。

中国魏晋时期的刘邵的《人物记》是一部专门研究人的专著，这部书把人才分成这么几类：

第一个叫做权捷之材，指的是行动能力。第二是构架之材，也称形象思维，有些特殊的职业如美术家、建筑师、雕塑家等需要形象思维。第三是赡给之材，也就是语言表达能力，管理者非常需要良好的语言表达能力，这是管理者必备的素质之一，它包括分析问题和表达问题的能力、人际交往能力，甚至是人际影响力以及自我控制能力。第四是达识之材，达识之材就是把握时机的能力。第五是持论之材，指的是能够坚持，因为坚持也是一种独特的能力，而且十分可贵。第六是名物之材，指的是具有总结、发现事物规律的能力。第七是推彻之材，也就是具有开拓创新能力的人才。第八是贸说之材，指的是具有说服他人的能力，苏秦、张仪就是这样的人才。

综合古今中外的研究成果，我们注意到，对于人的禀赋的差异，能力倾向的不同，都是认同的，有识之士也都主张善用这种禀赋，发挥最大的效用。对于领导者来说，对自己应该有一个清醒的认识，对自己的能力倾向、兴趣志愿、职业背景等应作一个客观的评判。而不应该过多考虑外界的因素，比如社会声望、亲人的要求等等。否则，强求自己从事与个人兴趣、能力倾向不符合的事情，不仅徒增苦恼，而且也很难把工作干好。比如现在很多专业能力很强的干部，为了追求待遇和地位，抛弃了自己的专业转行去搞管理，这其中很多人并不适合从政，在领导岗位干不出业绩，又荒废了专业，从而造成人才浪费，殊为可惜。

二、禀赋需要挖掘

我们承认人的禀赋存在差异，但并不认为世界上有天生的领导者。所谓的血统论、出身论都是束缚人们精神的枷锁。人的智力水平、体力状况虽有高低，但绝不是天壤之别，也不是没有途径和方法可以缩小的。作为各行各业的领军人物，也都不是天生的英才，甚至有些人刚开始时表现还不如常人。爱因斯坦，20 世纪最伟大的科学天才，可是他 3 岁时还不大会说话，在学校里有老师断定他永远不能成才。

天生我才必有用，人人都可成功。在当今的民主化社会，任何人的生存和发展权利都可以得到较好的申张。不管是男人还是女人、不管是白色人种还是有色人种，也不管是什么民族或族群，都有走向成功的机会，对自己的出身、长相、地位的自怨自艾都是没有必要的。

美国现任总统奥巴马是一个黑人，虽然美国在法律上赋予了黑人与白人同等的权利，但在实际生活中的不平等还是客观存在的。最可怕的是，在黑人的心理上，还是有着一种天生的自卑感，正是这种自卑感阻碍了很多黑人的进步。奥巴马天资聪颖，然而他在高中的时候却曾经一度消沉。因为他发现黑人不管怎么努力，天生的肤色似乎注定了最终的命运。这段时间他学会了抽烟，时不时还用管制药物来麻痹自己愤怒而绝望的神经，在堕落的路上越走越远。他觉得这才是自己应有的命运,“即像白人所期望的那样,将失败的污泥涂满自己已然黑色的皮肤”。后来,在母亲的批评和帮助下,他重新振作起来,勇敢接受现实,直面各种歧视和冷眼,与人为善,以实力说话,因而他到哪里都能得到各种族裔的认同,从而逐渐为自己铺平了走向总统宝座的金光大道。

禀赋需要挖掘,领导能力可以造就。人的潜能都是不可限量的,我们说某人适合从政、某人适合做学问,都只是相对的,并没有绝对的不可逾越的界线。人到底适合做什么,需要在实际工作中的磨砺,逐渐显露个人的潜质。世界上没有这样的命相师,可以铁口直断你未来的归宿。就是那些所谓科学的理论,在丰富多彩的人类社会面前往往也会失灵。比如上文提到的著名的“气质”说,也不能单纯地决定一个人活动的社会价值和成就的高低,据有关部门资料介绍:俄国的四位著名作家就是四种气质的代表,普希金有明显的胆汁质特征,赫尔岑具有多血质的特征,克雷洛有明显的黏液质特征,而果戈理具有抑郁质的特征,四个人的气质类型各不相同,并不影响他们同样地在文学上取得杰出的成就。同样的,勇敢、果断、勤于研究、敢于创造的人,都可以从不同气质类型的学生中培养出来。

个人往往对自己的禀赋潜能缺乏充分认识,毛泽东曾说自己的人生目标是当一个好的老师,或是一个评论记者,因为他认为自己在这方面比较有天赋。他从来没有想到自己会带兵打仗,更没有想到成为党和国家的最高领导人。正是因为国共合作的破裂,国民党血腥屠杀共产党人,才逼迫毛泽东等共产党人拿起枪杆子走上革命的道路,在巨大的压力和使命感的激发下,他伟大的领导才能如同火山的岩浆奔涌而出,从而成就了他伟大的革命家、政治家、军事家的地位。人生很难都由自己设计,个人往往被时代大潮裹挟着前进,上山下乡、“文革”、恢复高考、改革开放等重大事件改变了无数中国人的命运,也正是这时代的大潮激发了无数有识之士的智慧和潜能,造就了各行各业的领军人物。在不断的试错过程中,人们逐渐找到了自己的人生道路,发现自己的真正的优势所在,尽管这些优势可能与自己当初所期待的

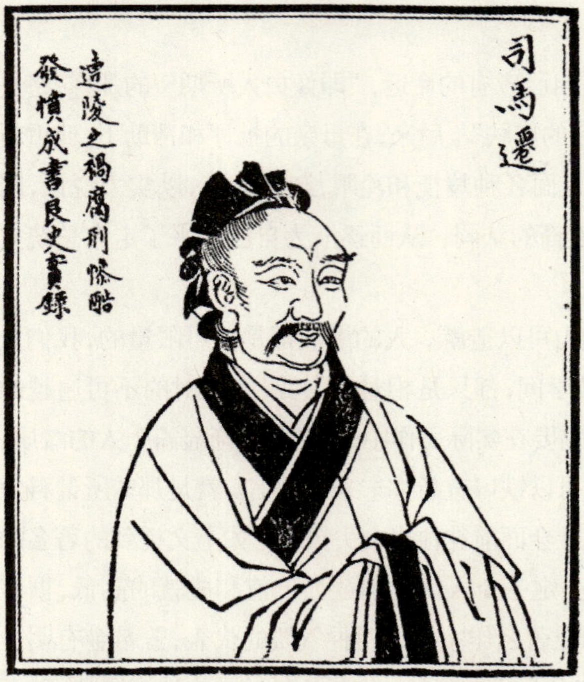

司马迁

或者他人所认为的相去甚远。

逆境激发潜能，厄难成就人生。司马迁在《报任安书》中写道：“盖西伯（文王）拘而演《周易》；仲尼厄而作《春秋》；屈原放逐，乃赋《离骚》；左丘失明，厥有《国语》；孙子膑脚，《兵法》修列；不韦迁蜀，世传《吕览》；韩非囚秦，《说难》《孤愤》；《诗》三百篇，大底圣贤发愤之所为作也。”做学问、著述是如此，治国、为政同样如此，只有经历挫折而愈挫愈奋的人才能激发自己的领导才能，使自己的领导水平实现质的飞跃。邓小平的三落三起，既磨砺了他的意志，同时也锻炼了他的领导才干。顺境成就不了伟大的政治家，就是普通领导者在仕途上也不可能一帆风顺。特别是在面临国际国内复杂形势的新时期，各种挑战层出不穷，使得领导者面临着前所未有的压力，在压力面前妥协、逃避不仅不能解决任何问题，反而可能会激化矛盾，贻误工作，只有勇敢地迎接挑战，化压力为动力，才能使自己的潜能得到激发、执政能力得到提升。

三、自信成就事业

在自信的状态下，人们的口头表达能力和思维能力都明显较平时为强，作为一个自信的领导者更是如此，他们在言语中所体现出的从容与镇定、激情与乐观，在不知不觉中感染着听众的心，使领导者很快成为现场的中心。

一个自信的领导者充满魅力，能赢得下属的信任和追随。很难想象一个唯唯诺诺、前怕狼后怕虎、缺乏主见的领导者能够得到下级的尊重。一般人都有这样的体验，在自信的状态下，人们的口头表达能力和思维能力都明显较平时为强，作为一个自信的领导者更是如此，他们在言语中所体现出的从容与镇定、激情与乐观，在不知不觉中感染着听众的心，使领导者很快成为现场的中心。领导者的自信使一个地区、单位的工作充满着向上的朝气与活力，特别是在突发事件的情况下，领导者的自信能够使局面保持稳定、人心更加安定，也使执行力空前增强，局势也能得到迅速的改观。所以，自信对于一个领导者来说，是一个非常重要的禀赋。

培养自信心，首先要有志向，要有信念。有远大志向、有坚定信念的人，自会信心百倍、豪气干云。一些卓越的领导者，年少时就具有远大的志向。毛泽东在1909年(年仅16岁)时曾写过一首七绝《咏蛙》:“独坐池塘如虎踞，绿杨树下养精神。春来我不先开口，哪个虫儿敢作声。”周恩来在读中学时就确立了“为中华崛起而读书”的志向，后来他赴日本留学时写下了一首诗:“大江歌罢掉头东，邃密群科济世穷。面壁十年图破壁，难酬涛海亦英雄。”这些后来成为卓越领导者的人物，正是因为有了伟大的志向，其精神面貌表现得大异于常人。中国共产党历史上的早期领导人，几乎人人都有着救国救民、为共产主义而奋斗终生的理想和抱负。在理想和信念的驱使下，他们终日为发动群众、宣传共产主义而努力，他们到了哪里，都是魅力四射，能够迅速成为群众的核心，人民群众的革命热情得到激发，震惊全国的“二七”大罢工、安源路矿工人大罢工就是在他们的努力下发动的。毛泽东在井冈山斗争的极度艰苦的情况下，依然信心满满，坚信“星星之火，可以燎原”，这种自信从何而来？归根结底，那就是理想信念的力量！理想信念在任何时候都是指引人们前进的明灯、驱动人们克难攻坚的不竭动力。在今天社会主义现代化建设的新时期，作为一个领导者，同样也必须有坚定的理想信念，否则，既禁受不住困难挑战、也禁受不住各种诱惑的考验，甚至沦为金钱和美色的奴隶，一大把的把柄抓在别人的手里，干起工作来心里发虚，哪还有自信可言？

自信以能力为基础。有一个笑话，说的是一个书生即将参加科举考试，感到非常紧张，其妻问他：你们考试不会比我们女人生孩子还难吧？书生答：你们生孩子肚子里还有货，我可是肚里没货啊！这个笑话形象地说明了自信是以实力和能力为基础的。

对于一个领导者来说，必须具备履职所需要的各项能力。领导者不同于一般的群众、一般的专业技术人员，只需要掌握相关专业的技能、业务知识，就可以胜任岗位工作。领导者承担着一个地区、单位的全面性的工作，他必须具备驾驭这个地区、单位运转、发展所需要的领导才能。

在改革开放的新时期，在日益全球化、信息化的新时代，对领导者的素质和能力的要求也越来越高，党和政府也对提高领导者的执政能力提出了新要求。党的十六大以来，我们党在提高执政能力建设、加强领导者能力建设上不断提出新思路、新要求。胡锦涛曾多次强调领导者要着力提高科学判断形势的能力、驾驭市场经济的能力、应对复杂局面的能力、依法执政的能力和总揽全局的能力等。最近，习近平又深刻指出，提高领导者推动科学发展的能力,是当前干部队伍建设的一项根本任务。各级领导者要努力提高统筹兼顾的能力、开拓创新的能力、知人善任的能力、应对风险的能力、维护稳定的能力、同媒体打交道的能力。这些要求都具有很强的现实针对性和指导性,实际上就是对加强领导者核心能力建设提出的新要求、新任务,为加强领导者核心能力建设指明了方向。具体来说,作为一个领导者这么几项能力是必须应该具备的:一是判断形势、把握方向的能力。如果错误判断形势,方向不正确,很可能从根本上贻误一个地区、单位的发展。二是应对危机的能力。任何单位、任何地区的发展都不可能一帆风顺,都可能遇到突发性的危机,这种时候对主要领导的能力是一个重大的考验。好的领导可以化危机为机遇,而能力欠缺的领导则可能将局面弄得不可收拾,最终可能落得黯然下台的悲惨结局。三是执行力。最好的决策,如果执行不力,都会一事无成。因此好的领导者,必须具有充分地贯彻自己决策意志的执行力。

避免自信成自负。自信是人对自己认知的合理状态,不足谓之自卑,过之则为自负或自大。领导者最容易犯的毛病就是过分自负,因为自卑者很难成为领导者,而领导者的过分自信则容易滑向固执己见、顽固不化的极端。领导者都曾经是成功者,一贯成功的最大坏处就是自认为会永远成功下去,而不知道危机已经在自己的自负情绪中滋生。在自负的情况下,领导者只希望听到下属的唯唯诺诺的附和之言,而对谔谔直言则非常厌恶。西楚霸王项羽在一系列的胜仗之下,对自己的自信达到了顶点,他终于再也不能容忍范增对他的犯颜直谏,愤而将他贬斥,在这种不受约束的状态下,其决策的合理性可想而知,最终的结果当然是自刎乌江。我们的很多落马或下台的领导者都曾经是风光的成功者,他们的失败往往就是过分自负的结果,他们的悲剧往往不是一意孤行、盲目决策,就是放纵自己、自甘堕落。可以说,过分自负使他们失去了往日的谨慎和清醒,在这种非理智的状态下,其所作所为必然摆不脱失败的结局。

四、智勇双全者胜

敢于拍板是领导者应尽的责任，不敢拍板就是不负责任。

领导者要会干事、敢干事、干成事。会干事谓之智，敢干事谓之勇，干成事则是目的。

领导者要会干事，必须注重学习。在新的时代条件下，领导者要不断提高自己，经受住各种考验，就要坚持在读书学习中坚定理想信念、提高政治素养、锤炼道德操守、提升思想境界，坚持在读书学习中把握人生道理、领悟人生真谛、体会人生价值、实践人生追求。领导者如果不加强读书学习，知识就会老化，思想就会僵化，能力就会退化。爱学习、勤读书，通过读书学习来增长知识、增加智慧、增强本领，这是领导者胜任领导工作的内在要求和必经之路。在中国，马克思主义理论素养是领导者领导素质的核心和灵魂，掌握马克思主义理论是领导者的基本功。领导者读书学习，首先要学习马克思主义理论，认真研读当代中国马克思主义中国化最新成果，坚持用中国特色社会主义理论体系武装头脑、指导实践、推动工作。做到真学、真懂、真信、真用。领导工作综合性、系统性强，需要多方面的知识积累。领导者要坚持干什么学什么、缺什么补什么，有针对性地学习掌握做好领导工作、履行岗位职责必备的各种知识，努力使自己真正成为行家里手。传统文化中的许多优秀典籍蕴涵着做人做事和治国理政的道理。领导者要通过研读优秀传统文化书籍，不断提高人文素养和精神境界。要坚持学习与运用相结合，联系实际，知行合一，通过理论的指导、利用知识的积累来洞察客观事物发展的规律，在学习的过程中增强运用能力，在运用的过程中提高学习水平。

领导者要会干事，重在会谋事。领导者不需要每件事都亲力亲为，但必须会谋大事。“运筹于帷幄之中,决胜于千里之外”,多智者才能善谋,智从何处来?一是从书本中来,也就是从学习中来。二是从实践中来,从调查研究中来,调查研究是领导者的基本功,任何决策都离不开调查研究。毛泽东说:没有调查就没有发言权。毛泽东非常注重调查研究,他在早期的革命实践中,利用行军打仗的间歇,深入田间地头,与老百姓同吃、同睡、同劳动,亲自提问、作记录,搜集大量一手资料,然后展开深入的研究、分析,形成最后的调查报告。这些深入的调查研究,对于他认识中国社会的状况,最后做出正确的决策都非常有帮助。毛泽东之所以料事如神,之所以能逐步成长为卓越的领导人,在很大程度上与他注重调查研究分不开的。今天调查研究的条件要比过去好得多,领导者应该充分认识到调查研究对于决策的重要性,不要满足于听汇报、看材料,应经常深入基层了解情况。三是从群众中来。领导者应善于聚众智,俗话说:“三个臭皮匠,赛过诸葛亮”,讲的就是这个道理。领导者要有民主的作风,能虚心听取各方面的意见和建议,尤其要听得进逆耳之言。做得到这几点,谋事就有了可靠的基础,才能真正会谋事。

领导者仅仅会干事还不行,还要敢干事。有的人有干事之才,有点子、有办法,但怕矛盾、怕麻烦,缺乏执行的勇气,想得多、做得少。这样的人顶多只能担任参谋长这样的角色,而不能承担主要领导责任。领导者必须想干事、敢干事。当前在不少单位,确实有一些人,拥有干事的条件、平台和地位,却不思进取,当一天和尚撞一天钟;或嘴上说要干事,但却不认真做事;一门心思想着怎样才能增加自己的个人利益,如何才能保住自己的权利和地位,这样的人是根本干不成什么事的。他们得过且过,既不想干事,更不敢干事,领导者绝不能与这样的人为伍。

做事就意味着风险,有可能成功,也可能失败。敢干事者,会尽力争取成功,但不会因为害怕失败而放弃做该做的事。

敢干事是态度,是精神。敢不敢干事是衡量干部愿不愿意为党和人民的事业奋斗、是不是真心为人民谋利益的重要标志。敢干事,就是要开拓创新、奋发有为,就是要大改革、大开放、大建设、大发展,就是要干前人所没有干过的事、谋前所未有过的发展。敢干事,要有乐于奉献、敢为人先的精神,要有百折不挠、勇往直前的韧劲,要有坚定的信念、昂扬的斗志。要敢闯敢干敢冒,要敢于打破条条框框,冲破羁绊,坚决克服墨守成规、因循守旧、怕冒风险、怕担责任的思想观念,大力改革创新,在解决影响和制约科学发展的问题上取得重大突破,在构建有利于科学发展的体制机制上取得新的进展。

敢干事还体现在关键时刻能够豁得出去,危急关头冲得上去。大事难事看担当,在突发自然灾害面前、在突发群体事件的第一时间,领导者应该深入一线,靠前指挥。温家宝在2008年南方雪灾的关键时刻,迅速前往灾情最严重的地方视察,在专机出发时,甚至都找不到可以降落的机场;在汶川大地震发生时,他当天就赶到了灾区,亲自指挥抢险救灾,让灾区人民在第一时间感受到党和政府的关怀。但也有极少数领导干部在关键时刻临阵脱逃,比如地震发生后,有的领导干部擅离职守,使当地救灾出现无人指挥的局面。又如瓮安事件、石首事件发生的关键时刻,当地主要负责人不出面,致使事件越闹越大,终至一发不可收拾,造成极为恶劣的影响。当地主要领导后来都被究责,职务都被免去,但给党和政府造成的损失已经不可弥补。领导者在关键时刻敢于出面、敢于负起领导责任非常必要,既可以起到稳定人心的作用,也可以根据具体情况,及时拍板处理问题,将事件损失减少到最小。可以这样说,敢于拍板是领导者应尽的责任,不敢拍板就是不负责任。

五、身体就是资本

身体是父母赋予我们的最重要的资产和财富。人人都知道身体的重要性,可是没到失去健康时,人们往往会糟蹋身体、透支身体。

对于领导者来说,身体同样是自己为政的最重要的资本,而且,相对于常人,领导者的身体健康并不仅仅是个人的事情,对于国家领导人来说,甚至可以上升到国家安危的层次。

前俄罗斯总统叶利钦,在政治上是个强人,在身体上却是个病夫,关于他健康的消息,经常要上国际新闻。1998 年 9 月 3 日,在同克林顿一起出席的新闻发布会上,叶利钦未能回忆起协议事宜,并在回答前总理丘诺米丁的提问之前停滞了很长一段时间,叶利钦显得如此没诚意,这令在场的人感到震惊。1998 年 10 月 8 日—9 日,在与巴勒斯坦解放组织领导人阿拉法特会晤时,叶利钦面色苍白,说话谈吐不清,而且走路僵硬。1998 年 10 月 11 日,在叶利钦访问乌兹别克斯坦的欢迎仪式中,他突然跌倒,随后由乌兹别克斯坦总统卡里莫夫搀扶着。据助手称,叶利钦仅患有伤风感冒。1998 年 10 月 12 日,在乌兹别克斯坦协议签署会议上,叶利钦咳嗽声不止。叶利钦的疾病缠身极大地影响了他的工作,甚至影响到俄罗斯政局的稳定,影响了国际投资者对俄罗斯投资的信心。

而俄罗斯现任总理普京却是一个身体强壮的硬汉形象。普京无论何时出现在公众面前,总是精力充沛,阳刚之气十足。经常可以看到他驾驶 Su27 直上蓝天、乘坐潜艇深入水底、骑马在西伯利亚草原上驰骋、持枪在原始森林射猎的场景。普京强健的身体,既有益于他治国理政,也极大地提振了俄罗斯的国际形象。事实上,普京当政期间正是俄罗斯扭转疲势,进入“金砖四国”的关键时期。

人的身体先天禀赋有强弱之分,但先天弱的完全可以通过后天的锻炼、调理,造就一副健康的身板。比如普京并非先天身体就好,他在接受采访时吐露,他小时候身体并不好,常常生病,是体育锻炼改变了他。他在 11 岁时学会了桑勃式摔跤,慢慢改变了孱弱的体质。后来,又迷上了柔道,竟然在苏联柔道界享有盛名,在大学生运动会上屡屡获奖,还一度成为圣彼得堡市桑勃式摔跤和柔道冠军,也因此获得桑勃式摔跤和柔道大师称号。普京对体育运动爱好广泛:山地滑雪、游泳、漂流、骑马等,不一而足。可以说,正是这些健身强骨的体育锻炼,铸造了他“绝对魅力”的体魄。

除了锻炼,合理膳食和健康的生活方式对健康来说尤为关键。而领导者却最容易在这方面出问题。领导干部应酬多,觥筹交错之中,饮的是各种酒类,吃的是高蛋白、高脂肪的食品。领导干部的工作特性决定了经常要加班加点,工作到深夜是常有的事,很少能过有规律的生活,而且领导干部工作压力大,这对于领导者的身体健康来说损害很大,理当引起自身的高度警觉。

领导者的身体健康还应包括心理健康。汶川大地震一年后,北川县委宣传部副部长冯翔的死引起了社会各界的广泛关注，让人们更加清醒地意识到重视和关心领导干部心理健康的重要性。从某种程度上看,由于领导干部工作的重要性、特殊性以及环境的复杂性,他们每天所承受的心理紧张或压力,比普通人群要高很多,因此,关注领导者的心理健康不容忽视。领导者心理健康状况,不仅影响其自身和家庭,更重要的是影响其行政行为,最终受影响的将是公众利益。领导干部心理健康问题,不仅是医学问题,更是加强执政能力建设的政治问题。领导者能否拥有一个积极健康、乐观向上的心理状态,将直接影响其工作的成效和执政的水平。

从当前的现状来看，领导者无论是身体还是心理的健康状况都不容乐观。比如奥运工作结束后,北京石景山区委组织部与石景山医院集中 8 天时间,对全区处级领导干部进行了身体健康检查。此次体检共有 419 名处级领导干部参加,虽然均未检出恶性肿瘤等严重疾病,但没有各项指标全部正常的干部。以下三个现象更显突出:一是高血脂(高胆固醇、高甘油三酯)人数增多,占体检人数的 60.9%,与 2007 年同比上升 6.7%。二是脂肪肝人数明显上升,占体检人数的 32.9%,同比上升 20%。三是女性干部乳腺增生的患病率居高不下,161 名参加体检的女性干部中,147 人被检出乳腺增生，占体检人数的 91.3%,同比上升 15.3%。

体检结束后，区委组织部会同医院有关专家一起对体检结果进行了认真分析,认为主要原因有四个方面:一是生活不规律。奥运期间由于工作量大、任务重,领导干部大多放弃了个人休息时间,加班加点工作,有的一两个月都没有休息日。超负荷的工作使身心疲惫状态得不到缓解是身体健康指标下降的主要原因。二是精神压力大。奥运期间,平安奥运意义重大,同时责任重大,平安奥运中遇到的新问题、突发问题、难以解决的问题多,使得干部情绪和精神在较长一段时间内处于高度紧张状态。精神压力大是导致血糖、血压等指标高于正常值及其他多种疾病多发的主要原因。三是营养不均衡。由于部分领导干部健康知识掌握得不够,有的对健康生活理念、生活方式认识不足,造成了部分干部日常生活中膳食结构不够合理,直接导致体重超标,血脂、血糖等指标高于正常值。四是运动量少。由于工作节奏快,有些干部整天忙于工作、学习、交往和家庭事务,对运动能够增强体质、提高健康水平的认识不够,适当参加运动的主动性和自觉性不高。

我们认为,领导者要提高自身的健康水平,也应该从以上几个问题着手,对症下药,调整生活规律、化解心理压力、改变饮食结构、加强体育锻炼,这样将身体调整到一个健康状态,对于工作来说,磨刀不误砍柴工,将大有裨益。

六、果断就是力量

果断是领导者必备的禀赋特质。美国前总统尼克松说:“伟大的领导人要有洞察力、深谋远虑、并愿去进行大胆而又深思熟虑的冒险,当然他也需要好运气。首要的是他必须果断,必须精细地、冷静地分析他的机会,然后断然采取行动,绝不能像哈姆莱特那样沉思而无决断,因‘思虑憔悴而无所事事’。他渴望行动,并愿意为此付出代价。”

尼克松

尼克松的这段话道出了领导者果断禀赋的主要特征。

果断离不开洞察力和深谋远虑。领导者必须要有洞察先机的能力,工作要有预见性,不能就事论事。正是因为领导者预见了事物的可能发展趋势,所以当机会已经来临而一般人浑然不觉时,他能果断出击,做出相应的行动。比如在改革开放初期，邓小平在充分研究当时国际形势的基础上，推断世界大战20年内打不起来，和平与发展将成为世界的主流，从而果断作出了裁军百万、集中精力发展经济的重大战略决策，启动了中国的改革开放事业，为我国持续至今的和平建设开辟了道路。尽管当初有很多人对这一重大决策想不通，但事实充分证明邓小平这一决策的正确性，而他的这一决策是在看准和平与发展成为世界人民共同愿望这一科学的思考的前提下作出的。

果断离不开客观冷静的分析。果断不是武断，而是以客观事实为依据的及时行动。领导者在作出果断的决策之前，要做很多“功课”，首先要广泛占有信息，只有掌握了大量的信息，决策才更有把握。信息是不是及时、全面、准确，直接关系到我们的决策、行动是否正确。“风生于地，起于青萍之末。”“一只南美洲亚马孙河流域热带雨林中的蝴蝶，偶尔扇动几下翅膀，可能两周后在美国德克萨斯州引起一场龙卷风。”世间万物都是有规律可循、有端倪可察的。正如美国前总统卡特所说：“精确有用的信息，就如同我们身体所需要的氧气。”作为领导者，要通过调查研究等多种渠道，尽可能多地掌握和占有信息，建立起丰富而翔实的“信息库”，从而进行深邃透彻的分析、周密理性的鉴别，做到“以近知远，以一知万，以微知明”，洞察未来趋向和走势，及时作出科学准确的判断。历史上的秦始皇素来果断能决，在他手上做出了“书同文、车同轨”、“郡县制”等影响古今的重大决策。他就非常注重信息的掌握，他每天批阅的奏折重达120斤，不批完就不休息，以掌握天下的动态。同时，他还注意搜集第一手的信息，经常巡游天下，了解民情民意。他之所以一统天下，作出正确的决策，也与他对当时情况的熟悉分不开。二是以广博的知识武装自己。古人认为“工欲善其事，必先利其器”。领导者要多谋善断，最重要的是要掌握科学的思维方法，而科学思维方法的获得，又离不开各方面知识的获得。这其中包括哲学知识、现代管理科学知识，当然还有与领导者本人工作密切相关的专业知识。领导者掌握的知识越多，眼界就会越开阔，思路就会越宽广，预见能力也就越强。三是在实践中总结提高决策能力。领导者应注意在实践中积累，在总结中提高。许多有经验的老农，观察刮什么方向的风、天上是什么样的云，就知道未来几天的天气，而且准确率还很高。这是因为他们经过长期的生产实践逐渐总结出了规律。领导者从事领导工作的时间越长，经历的复杂情况越多，就会越有经验，对事物未来发展趋向的看法就会越准确，这和老农看云识天气是同样的道理，都是长期经验积累的结果。我们看一些领导者处理问题那样果决轻松，其中很主要的原因是因为他见识多，有经验。

果断需要魄力，需要力排众议。不能等到时机百分之百的成熟，需要把握稍纵即逝的机会。领导者作决策之前需要听取各方的意见，但对于自己职权范围内的事情，必须敢于负责，敢于决断。对一件事情的看法总会有不同，公说公有理，婆说婆有理，如果领导者被各方的意见弄得莫衷一是、迷失自己，错过最佳时机，那就是失职。

有一个寓言故事讲的是哥儿俩出外打猎，看见远处飞来一群大雁，两人就张弓搭箭准备射雁。哥哥说："现在的雁肥，射下来煮着吃。"弟弟反对："大鹅煮着吃好，大雁还是烤了吃，又香又酥。""我说了算，就是煮着吃！""这事儿该听我的，非烤不行！"两人争执不下，一直吵到村里的长辈面前。老人家给他们出了个主意：射下来的大雁，一半煮着吃，一半烤着吃。哥儿俩都同意了。等到他们再回去射雁的时候，那群大雁早已飞得无影无踪了。这个寓言说明：做任何事情都应该当机立断，说干就干。无休止的讨论，滔滔不绝的空谈，对于事业只有百害而无一利。

果断需要善后之策。果断决策都会付出机会成本，这本来是无可厚非的。但对于领导者来说，不可能不计后果，也不可能一拍屁股走人，所以在果断决策的同时，也必须考虑到各种可能性，提前做好预案。比如关于香港回归问题，邓小平做出的是和平谈判、一国两制的决策。但他也考虑到万一不能和平回归的问题，并提前做好了充分的准备。

第3章 健全的性格

许多人总是抱怨自己命运不好，从来就不去反思一下自己的性格,这本身就是性格固执的表现。大凡有所成就者,他们都十分注重培养自己健全的性格,能够时常反省自己,能够严格要求自己,能够沉稳面对任何事情,能够以百倍的热情投入工作，能够以超常的意志克服前进道路上的各种困难。

一、性格决定命运

心理变,态度亦变;态度变,行为亦变;行为变,习惯亦变,习惯变,人格亦变,人格变,命运亦变。

性格是人在特定环境中所形成的某种惯性思维方式。正是由于各人思维方式的不同,决定了各人为人处世的态度千差万别,也决定了他们人生命运的不同走向。这就是我们常说的“性格决定命运”。

香港著名实业家李嘉诚在很多场合都说过:“性格才是命运的决定因素。”李嘉诚的一生中,他随时都准备改变自己,应付挑战。同时,乐于在高度自控下获得内心自由。在谈及个人管理的艺术时,他还说,一个人就是应在人生不同的阶段不停反思自问:“我有什么心愿?我有宏伟的梦想,我懂不懂得什么是节制的热情?我有拼战命运的决心,我有没有面对恐惧的勇气?我有信息有机会,有没有实用智慧的心思?我自信能力天赋过人,有没有面对顺流逆流时懂得恰如其分处理的心力?”这些充分体现出他坚韧、积极、敢于挑战的性格特点。

美国投资银行的J.P.摩根之所以能够成为一代宗师,最主要的原因就在于他具有不屈不挠的性格。当有人问他:“决定你成功的条件是什么?”老摩根毫不掩饰地说:“性格。”又有人问他:“资本和资金何者更为重要?”老摩根一语中的答道:“资本比资金重要,但最重要的还是性格。”确实,翻开摩根的奋斗史,无论是他成功地在欧洲发行美国公债,慧眼识中无名小卒的建议大搞钢铁托拉斯计划,还是力排众议,甚至冒着生命危险推行全国铁路联合,都由于他倔强和敢于创新的性格,如果排除这一条,恐怕有再多的资本也无法开创投资银行这一伟大开创性的事业。

从心理学角度来讲，性格可以分为许多种，比如有内向型与外向型之分，有活泼开朗型与沉默寡言型之分，等等。任何一个人的性格都具有多重性，都不可能绝对分属哪种性格特征。也就是说，世界上没有性格优点的人是不存在的，没有性格弱点的人同样是不存在的。美国职业指导专家霍兰德认为，每个人都是不同类型性格的组合，只是占主导地位的类型不同。一个人的职业是否成功，是否稳定，是否称心如意，在很大程度上取决于其个性类型和工作条件之间的适应情况。比如，毛泽东的性格就具有多色调性和复杂性。可以说，他既是一位学者，博古通今，又像一位农民，平易朴实；他做事严肃认真，经常严厉逼人，令人生畏，却又十分幽默风趣，含蓄和蔼，平易近人；他精明寡言，也很坦率外露，让人觉得简单得一目了然；他很谦虚豁达，也很高傲敏感；他很浪漫，又很务实，讲求功利；他很细致严谨，明察秋毫，又很粗犷洒脱，不修边幅；他很乐观，对前途充满信心，又经常忧悲忧患；他既有成就伟业的耐心，又有当机立断、决不丧失机会的魄力；他渴望挑战，不守成规，提倡造反，又同情弱者。当然，他性格中最大的特点是具有强烈的挑战意识。没有挑战，没有斗争，没有惊涛骇浪中的搏击，他的生活便索然无味，他的心理便感到寂寞、惆怅甚至躁动不安。正是这种挑战意识，促成了他的创新意识，促成了他与其他老一辈无产阶级革命家一道，把马克思主义的基本原理同中国革命具体实践大胆结合，最终找到一条成功之路。

性格的多元性和复杂性决定了领导者必须在实践中学会驾驭自己的性格，善于扬长避短，使自己的性格日益健全。性格不健全的领导者必定无法凝聚团队，必定无法领导好下属，必然无法取得好的政绩。比如，有的领导者具有控制他人的强烈欲望，我们称之为控制型性格领导者。有的领导者具有过度的忧患意识，我们称之为忧郁型性格的领导。这两种性格类型的领导者都有明显的缺陷，必须加以纠正，否则就难以实现有效领导。控制型领导者总是事无巨细，亲力亲为。他们把规章制度、指令计划作为行事准则。他对自己的上级唯命是从，而对下属又非常苛刻、毫不妥协。他工作起来十分卖力，是工作狂，但是又缺乏灵活性和自发性；是非对错太分明，爱教训他人；一旦有违他的指令,他就容易发怒,容易急躁。这种领导者不能说一无是处,他能够按照规章制度办事,能够亲力亲为,能够卖力工作,这都是他的优点,但是缺点自然很明显,那就是作风很专横,不可能发扬民主,很容易造就官僚习气。他也不可能开拓创新,永远只是因循守旧。并且,与控制型领导者共事有如处在雷区:你不知道什么时候会触上地雷,会因为违背了对方严苛的标准而付出沉重的代价。忧郁型领导者则总是认为自己事事不顺,做事总是犹豫不决,缺少自发性和创造性。他们很悲观,对困难估计过高,对自己的能力又估计过低。他们都把工作看成令人生厌的苦差事。他不仅对自己要求苛刻,对其他人也施加了很大压力。但这种性格类型的领导者还是有他性格优点的,他能够看到困难和不足,但是缺点是过于悲观和忧郁,以致贻误工作时机,造成巨大损失。这些性格对于一个人来说都是要不得的,对于一个领导者来说,更是致命的。

领导者要有稳健、坚忍、宽容、敢于担当的性格,就必须在长期的领导实践中不断修炼。毕竟,性格不同于本性。本性是与生俱来的,而性格一般是后天形成的,它完全可以通过新的、自觉的自我调适以及积极的实践来加以改变。有人说过:心理变,态度亦变;态度变,行为亦变;行为变,习惯亦变,习惯变,人格亦变,人格变,命运亦变。领导者通过不断加强自身的思想修养,不断完善自己的人生观、世界观和价值观,必定能不断完善自己的性格,成为深受人民群众拥护和爱戴的领导者。

二、自律才能律人

"其身正,不令而行;其身不正,虽令不从。"这话充分说明了自律与律人的关系。一些单位和部门为什么老是有人出问题?为什么总是难有成绩和建树?原因可能会很多,其中重要的一点就是这些单位的领导缺乏自律意识。他们只知道严格要求别人,而不会严格要求自己。这样的单位不出问题才怪!2006年,原信阳地区信托投资公司总经理张书银、副总经理侯晓辉及武汉一凤科技发展有限公司总经理涂同宝3人涉嫌贪污罪、挪用公款罪和受贿罪被判刑。张书银作为该公司的总经理,利用职务之便,大肆贪污受贿。上梁不正下梁歪,耳濡目染下,该公司的副总经理侯晓辉也“不甘示弱”,狮子大张口,肆意地贪污受贿。这对竞贪“搭档”贪污、受贿达数千万元,帮人融资达7亿元人民币,致使资金流失达数亿元。作为一个单位的“一把手”,是其所在单位的“上梁”。其所作所为对其下属的影响很大。如果作为“上梁”的“一把手”能够做到廉洁奉公,扎实工作,那么这种作风就会影响“下梁”们,从而带动整个单位的风气。如果“一把手”工作飘浮,常兴不正之风,常行腐败之道,败坏了整个单位的风气,那么出现一个,甚至是一批“歪下梁”也就在所难免了。可见,自律对于一个单位和一个部门的领导者来说,是何等的重要。

自律作为一种职业道德,源自于一个人对自己的真正关爱,更出自于对自己所在单位的关爱。对自己、对他人完全失去爱心的人,也就没有什么自律可言了。而一个人尤其是一个领导干部一旦缺乏自律,必然会干出违法乱纪的勾当,最终只会导致自己身败名裂,致使单位和集体蒙受损失。现实生活中,那些落马的官员,他们之所以会走到那一步,就是因为平时缺乏自律意识,缺乏一种真正的自我保护意识。虽然他们在失去自控的同时,也想尽千方百计来“保护”自己,但那无济于事,因为那不是对自己真正的爱护,更不是对集体的关爱。

一个没有能力管好自己的人,永远也不可能管好别人。俗话说“兵熊熊一个,将熊熊一窝”。面对物质利诱,如果领导者做不到律己,必然造成十分恶劣的负面影响,下属对领导丧失信心,集体也会因此而无法凝聚。领导做到了自律,下属毫无理由不去执行。领导者要员工做到的,自己就必须先做到。三洋公司的总裁井植薰常说:“不能制造优秀的自己,怎么谈得上制造优秀的人才。优秀的领导人才能制造出优秀的人,再由优秀的人去制造优秀的商品、更优秀的自己和更优秀的他人,就是三洋的特色。”井植薰的这种极度体现自律精神的经营哲学,感染了三洋公司的全体员工。他是这么说的,更是这样做的。1969年，他接替了三洋的董事长、总经理职位后，他从来不为自己另外制定什么标准，要求别人做到的，他自己首先做到。他极力遵守公司的规章制度，从不纵容自己越轨。例如当时三洋公司当时推出的力戒“去向不明”政策，井植薰就带头遵守。当时还没有手机等先进的通讯设备，一旦有什么紧急的事情要找什么人员，而他不在公司又不在家，没人知道他的去向时，往往会误大事。所以，针对这一情况，井植薰要求所有人员外出，必须让公司知道。井植薰每次外出，必定让公司某人知道他的去处，即使是私事也不例外。这样，这项制度，就在当时的三洋公司推行了开来，全体员工没有任何怨言。

孔子一提到加强自身修养，就特别强调要注重“内省”和“慎独”。用今天的话来讲，就是要努力做到自律。在我们的生活中，在我们的身边，会有这样一些人，当上司在面前的时候，他表现得特别的勤勤恳恳、老老实实，当上司不在的时候，则敷衍塞责、为所欲为。他们在有人监督和没人监督的情况下，完全是两个样。这种人就是自律性差的表现，也是自身修养出了问题。自律性强的人，不管上司是否在自己跟前，都能够注意自己的言行，始终如一地勤奋工作；自律性弱的人，对于自己的上司，当面一套背后一套，当面老老实实、勤勤恳恳，背后偷懒耍滑。自律性强的人，坚持的是“严于律己，宽以待人”，自律性弱的人坚持的是“严以律人，宽以待己”。

自律是一种品性，是可以锻炼和培养出来的。只要领导者注意从平时的细节中，有目的地培养自己的自律能力，就能将自律化做自己的资产，最终带来效益。大家不妨尝试以下几种方法来增强自律能力：一是制定出科学合理的计划。领导者可以仔细想一想，举出生活中两到三件最为重视的事，以它们为标题，依次写下能够以自律来培养、提升它们的步骤。安排出执行的计划，用有规律的行动带来可以预期的效果。二是养成自律的习惯。向一些高度自律的成功人士学习，就会从他们身上得知，自律并不是偶尔为之，而必须成为一种习惯和思维方式。三是向你的借口挑战。领导者想培养自律的品质，第一步要做的就是破除自己喜欢找借口的习惯。四是工作完成之前，先把奖励挪开。著名的管理学作家迈克·迪朗尼说："任何一个企业或组织，如果对散漫者和贡献者一视同仁的话，那他会发现前者越来越多，后者越来越少。"一个缺乏自律的人，肯定会在工作完成之前，先享用奖励。这时，把奖励挪开是培养自制力最有效方法。五是把目光注视在结果上。如果一个人工作时，老是想着这项工作有多难、有多累，而不设想好的结果和奖赏，就很容易灰心丧气；养成这样的习惯后，就会自然而然地患上自怜的毛病。所以，当自己面对一件不得不做的工作时，一旦有了想走捷径、省力气，不想踏踏实实地去完成的想法，就一定要设法打消这样的算盘，把目光集中到目标上，认真权衡利弊，一步一个脚印，按部就班地完成它。

三、沉稳诸事顺利

和你的竞争对手谈判，把话留到后面讲有什么好处？第一，让别人先讲话，对他是一种尊敬；第二，先讲话的人，一定会有破绽和漏洞；第三，别人讲话的时候，你可以准备你的答案。

沉稳是一种心理特征，也是一种性格特质。生活当中和工作当中总会有一些起起伏伏，也常常会遇到令人快乐兴奋的事情和令人困惑沮丧的事情，甚至是一些突如其来的打击。沉稳的人能镇定自若，从容面对；浮躁的人，心慌意乱，不知所措。作为领导者，你肩上的重担决定了你必须具备沉稳的性格特征，无论是在困难面前，还是在成功之时。

面对困难时要沉稳。世界是由各种各样的矛盾构成的；有矛盾的地方就容易产生困难。因此，困难无时不在、无处不有。企业家有企业家的困难，领导者有领导者的困难。虽然有困难的存在，但是人类社会就是在不断与困难作斗争的过程中向前发展。在这个过程中，最能体现一个人的素质和能力。

沉稳的人能够冷静地面对困难,让自己的思维处于正常的工作状态,缜密细致地分析产生困难的原因,寻找解决困难的办法,最终成功克服各种困难。如果面对困难,只会一味地怨天尤人,一味地唉声叹气,思路也就会变得一片混乱,最终只会一筹莫展、束手无策,困难就会变得越来越大,问题就会变得越来越严重,因为困难本身不会自我解决和消亡。

面对失意时要沉稳。人生在世,不如意事十之八九。有些人是婚姻失意,有些人是工作不被上级肯定,还有些人是仕途不顺;等等。面对失意,如果只是自怨自艾,甚至是自暴自弃,这样的人最终只有一条路可走——那就是败走麦城。沉稳的人能够时刻保持清醒的头脑,实事求是地分析造成这种局面的根源,从主观和客观两个方面进行研究,从而不断地完善自己,提高自己,以更加昂扬的精神状态投入到工作中。

面对成功时要沉稳。在漫长的人生道路上,由于各种合力的作用,也许会让你取得一些成绩。面对成绩,不太沉稳的人就会变得沾沾自喜、忘乎所以,甚至兴奋得几天睡不着觉,而且逢人就讲,最终把一时的成功变成唯一的一次成功。沉稳的人则能够把一时的成功看成是天时地利人和的结果,尤其是能够把成功看成是人生当中一道小小的风景、一次小小的收获,并认真做好下一阶段的准备工作。这就为他的不断进步、不断成功奠定了坚实的基础。

现代社会,各种矛盾错综复杂,这就要求领导者必须保持沉稳。沉稳下来,思路才能清醒,反应才能迅速,做出的事情才能切合实际。以下几点或许有助于保持沉稳。

辩证地看问题,不要患得患失。无论是你遇到了喜事还是遇到了坏事,你都要一分为二地看问题。喜事有时也可能变成坏事,坏事处理得好也可能变成好事。总之,不要一条道走到黑,片面地高兴,片面地悲伤。比如,今天你的职务升迁了,这自然是一件好事,但不能因此就忘乎所以,就飘飘然。要知道,这实际上也代表你肩上的担子更重了,责任更大了。你在得到更多的同时,也要付出更多。这样一想,你的心情就不会浮躁了,你的心绪自然就会稳定下来了。

在实践中磨砺自己。沉稳与一个人天生的性格有些关联,但又不是绝对的。沉稳的品性需要在实践中不断磨练。当你第一次遇到一些意想不到的事情时,当你第一次需要作出重大决策时,你可能会心烦意乱、举棋不定,这是正常的。任何人的第一次都差不多。但是,你一定要总结第一次单独面对事情的经验和教训,并争取更多的如此锻炼的机会,这样你就会一天比一天沉稳,一天比一天成熟。

学会控制自己的情绪。不要随便显露你的情绪。一个人要学会控制住自己,做到凡事处之泰然。唐朝的时候,唐太宗李世民听到魏征进谏后总会出去散散步,就是因为察觉到了自己即将失控的情绪,努力使自己做到"处之泰然",不至于因一时的怒火而错杀魏征。

不乱开口说话。不当说的坚决不说, 自己不懂的或者不明白的绝对不说,甚至对于自己工作中遇到的困难与遭遇也不要逢人就说。很多人喜欢在别人面前诉说自己公司和领导的不是,我们常常听到这样的抱怨:我们老板很小气;副总一天到晚训斥我们;我们公司最近业务不好,客户都在退货,我都不想干了, 你那边有什么机会马上告诉我……很多人都有这个毛病,其实,他们却不明白,逢人就诉苦的人到哪里都是不能用的,因为人家不敢用!

善于独立思考。征询他人意见时,沉稳的人是自己的话留到后面讲,不沉稳的人是自己的话放到前面讲。和你的竞争对手谈判,把话留到后面讲有什么好处? 第一,让别人先讲话,对他是一种尊敬;第二,先讲话的人,一定会有破绽和漏洞;第三,别人讲话的时候,你可以准备你的答案。因此,在谈判和沟通的时候,有话不要先讲。急躁的人都喜欢先讲话,既没有尊重对方,又很可能因为来不及思考而讲错了话, 留下一大堆破绽跟漏洞, 对方一旦还击,赢的机会就很少。有话让别人先讲,然后针对竞争对手暴露出来的问题予以还击,这样你的胜算就非常大。

善于倾听不同的声音,吸收不同的意见和建议。一个沉稳的人不会马上就作出重大决策,而是会尽量先跟别人磋商。另外,一定要记住,重大决定至少要隔夜发布,因为很可能一觉醒来,你的想法就完全不同了。

注意养成好的习惯。有的人走起路来、说起话总是那样慌里慌张。一个人一旦慌乱起来,就显得不沉稳,就会做错事情。利用一些活动和娱乐项目如围棋等来培养自己的沉稳,不失为一个好方法。

四、豁达凝聚团队

你可能正在为自己未得到提拔而苦恼，也可能正在因为领导批评了你而郁闷,也可能正在为自己的时运不济而嗟叹,也可能正在为自己下属工作的某些失误而暴跳如雷……

但是,你应该会注意到,无论你如何的抱怨,如何的苦闷,对于你现状的改变往往会无济于事,有时甚至还会使你的处境变得更加糟糕。既然如此,我们为什么不把心胸放得更加开阔一些、把性格变得更加开朗一些呢？为什么我们就不能“豁达”一些呢？为什么我们就忘记了“宰相肚里能撑船”的古训呢？社会需要和谐,人生需要豁达,豁达才能凝聚团队。

豁达是一种气度,一种胸怀,是一种为人处世的精神风貌,更是一种积极乐观的思维方式,一种通过调节自我、肯定自我以战胜消极感受、避免情绪冲动的思维方式,是人的基本素质之一。廖承志,一位充满传奇色彩的人物。他的父母廖仲恺、何香凝,曾追随孙中山参加革命,这使他从小就接受了革命的熏陶。他通晓五种外语,擅长书画、诗词、戏剧。他一生中1/7的时光都是在监狱中度过的。前四次坐牢是在国外,其中三次在日本,一次在荷兰。后两次是被国民党逮捕的。还有一次是受张国焘的迫害,被内定“枪决”,但因情况特殊被铐着手铐随军走完了长征,称之为“流动坐牢”。廖承志一生命运坎坷,然而在逆境中,他却能笑对苦难,时刻表现出其潇洒、豁达、幽默、风趣的一面,体现出坚强的意志。廖承志在川陕苏区担任川陕省委常委、红四方面军总政治部秘书长时，因反对企图另立中央的红四方面军领导人张国焘,被强加上“特务”的罪名,开除党籍,囚禁起来。张国焘之所以没有马上杀他，一方面是因为他是著名的国民党“左”派廖仲恺、何香凝之子，杀了他不好向党中央交代；另一方面是因为他多才多艺，不仅懂好几门外语，还会画画、刻写蜡纸。在此后的两年多时间里，廖承志就一直在保卫局的监视下戴着手铐行军。并且，即便是在被羁押的日子里，他仍然发挥自己美术和音乐方面的特长，画马克思的像给连队张贴，教战士们唱《国际歌》，还把自己的口粮分给伤员。他带着手铐和战士们爬雪山，过草地，历尽磨难。周围的战士以敬仰的眼光看待这位特殊的“犯人”，和他一起唱着歌走完了万里长征。廖承志正是凭借自己乐观豁达的革命人生观，使得他面对不公正待遇，没有自暴自弃，而是忍辱负重，坚持不懈地同逆境作斗争。

豁达的人才能宽容。豁达的人，才能真正做到不以物喜、不以己悲。豁达是令人羡慕的性格资本，是人见人爱的一种品质，是富有感染力的一种特质。生性豁达的人，未必功成名就，但有真诚的朋友，有无限明净的宇宙空间，因而能洒脱快乐。古来成大事者莫不心胸开阔，豁达大度。能容天下人、天下事，才能成就自己一生中伟大的目标。如果一个人心胸狭隘，只是在小利益上争来斗去，肯定成不了大事的。人们不是被问题所困扰，而是被对问题的看法或心态所困扰。人们感叹战胜对手易，战胜自己难。难就难在不能恰当处理自己的感受，背负着太多的负担，容易为情绪化的感受困扰而丧失理性。理性引导的最高境界就是豁达，豁达能战胜消极感受，达到轻松、愉悦、积极的精神境界。

豁达的人才能忍让。豁达的人能够做到容天下人难容之事，能够坦然面对自己荣辱得失，真正做到“任庭前花开花落、看天上云卷云舒”；豁达的人不会因为暂时的受伤而暴跳如雷，不会因为一时的得失而心绪不宁。人不能任意选择环境，不能左右他人，无法操纵世俗，也不能控制气氛，但可以控制自己，豁达的人碰到了不顺心的人或事总能退一步、让三分。那些消极的、颓废的、狂躁的、自私的……无理智的心态，在豁达的人身上找不到栖身之处，他身上只有热情、友善，只有对他人的无穷吸引力。

豁达的人才能处处为别人着想。一个团队中，不同的人总有不同的个性和特点,每个人总存在优点与缺点,正所谓“人上一百,形形色色”,有些领导对于同事、对于下属身上出现的小毛病、小缺点总是“念念不忘”、斤斤计较,同事和下属只能敬而远之,经常出现貌合神离的局面。豁达的人,能够主动去关心和帮助他人,即使与自己有过矛盾的人,这样的人,没有人不尊重,没有人不喜欢,没有人不凝聚在他周围。因此,只有用豁达、宽容的心来接纳他人,才能让整个团队成员的心紧紧贴在一起,才能真正凝聚团队。

作为一个领导者,如果你还无法凝聚你的团队,无法发动你的群众,你就应该问问自己:“我豁达了吗?”

五、热情萌生创造力

热情无疑是我们最重要的财富之一。六岁的小孩缺乏热情无异于六十岁的老人,九十岁的老人则可能会因为对生活的热情而青春永驻。科学上的任何一项创造发明都离不开发明者的热情。热情是发明者投入研究和创造的最大内驱力。任何一个对人类作出伟大贡献的人,都是因为他对自己所处的这个环境的热爱,对自己所处的岗位的热爱,从而自动自发地去实践、去奋斗。缺乏热情,人类不会创造出震撼人心的音乐,不会建造出富丽堂皇的宫殿,不能写出脍炙人口的诗篇。爱迪生、爱因斯坦、牛顿等伟大的科学家,之所以能够取得辉煌的成就,离不开他们对科学的热爱和痴迷。

人在热情的支配下,会容易忘记物质上的贫乏和不足,忘记前进道路上的艰难险阻。凡事没有热情必定就不会有干劲,没有干劲则没有力量,没有力量则自然难以成事。在正常智商群体中,热情这种态度很重要,无数的事例说明了成功的前提条件之一是热情付出,“废寝忘食”这个词语正是热情的体现。同时,创造力的形成也需要热情做前提,没有热情就没有创造力的提高。当你的意识中充满热情时,你的潜意识也同时烙着一个印象,也就是你的强烈愿望和你为达到该欲望所拟定的计划是坚定不移的。世界上有许多人,他们一生并无什么大的过错,但终其一生,却是碌碌无为。深究他们失败的原因，主要是他们缺乏热情，遇到困难就停顿下来，悲观失望，无力上进。

领导干部既是决策者，又是执行者、示范者。每天面对不同的情况，真正的领导者，必须以自己的觉悟提升他人的觉悟，以自己的信心坚定他人的信心，以自己的热情激发他人的热情，以自己的力量凝聚他人的力量，以自己的成功造就他人的成功。领导干部对工作的热情，其中一个重要的来源是对人民群众的热爱，要把人民群众看作是自己的衣食父母，从内心对他们存有一种感激之情，一种热爱之情，这样才能主动地、自觉地、永远充满热情地为人民群众出实招、办实事，创造性地解决人民群众的困难和问题，让人民群众得实惠。

当然，一时的热情容易做到，把渴望的心思保持一天或者一周也不太难。但是，一时的热情可能会成就一些小事，不能办成大事。要永葆生命的激情和工作的热情，就必须经过努力，使热情变成一种习惯。

如何才能培养出热情呢？引发这种热情的方法就是学习将你的注意力完全保持住。你只要更专注在此时此刻，就可以将热情带回你的人生和事业中。你专注的洞察力将大幅提升，你的创意和创造力也会有明显的提高。要确定一个明确的目标，这个目标要有一定的高度。要制订达到目标的计划。要立即执行你的计划。要在执行之中及时修正和完善自己的计划，使计划更加符合实际。要尽量断绝使你失去愉悦心情以及对你采取反对态度者的关系，务必使自己保持乐观。要努力将热情培养成一种习惯，而且习惯需要不断地强化。要善于自我暗示，因为自我暗示是培养热情的重要力量之一。要随时保持积极心态，在充满恐惧、嫉妒、贪婪、怀疑、报复、仇恨、拖延的世界里不可能出现热情，它需要积极的思想和行动。

六、认真是把金钥匙

毛泽东有句名言说：“世界上，怕就怕认真二字。”的确，一个人，认起真来,没有什么克服不了的困难,没有什么做不到的事情。所以,领导干部要始终牢记,认真是把开启成功之门的金钥匙。

认真是一种做人的态度,也是一种为人的品格。有些人做任何事都很认真,所以做任何事都能有所成就。认真的反面就是马虎,心不在焉、马马虎虎,是许多人失败的原因。他们认为,有些事情简直是微不足道的一些小事,不值得他们去做,但是积少成多,积小成大,一些不值得一提的小事,很可能影响集体、影响他人的切身利益,最终影响自己的业绩和前途。

认真体现在对工作的尊重上。尊重自己的工作,不是把工作看作自己谋生的手段,而是看成实现自己人生价值的途径;不是把工作看成是在为别人创造财富,而是把工作看成是自己的私事;不是把工作看成是一种负担,而是看成是一种愉悦和享受。因此,工作起来就能全身心投入,就能达到忘我的境界,工作的效果也就自不待言了。

著名的美国标准石油公司第二任董事长阿基波特,之所以能够成功登上董事长的宝座,与他工作的认真关联实在是太紧密了。他在还是一个小职员的时候,每当出差住宿时,总是在自己签名的下面,附带写上“每桶 4 元的标准石油”字样,在平时给客户的书信及收据上也从不例外,签了名,就一定不忘写上那几个字。他因此被同事笑称为“每桶 4 元”,他的真名反倒没有多少人叫了。当时的董事长洛克菲勒知道了这件事后,高兴地说:“竟然有职员如此努力宣扬公司的声誉,我要见见他。”于是特意邀请阿基波特共进晚餐。后来洛克菲勒卸任,阿基波特成了第二任董事长。

认真体现在做事用心上。认真的人,做事情从来一丝不苟,精益求精,无论在什么样的问题面前和困难面前,他都能主动而勇敢地承担起自己的责任,寻求解决问题和困难的办法。重庆姑娘严琦 1994 年下海,在重庆白市驿开了家只有 5 张桌子的街边小饭馆。由于用心经营,再加上她善于琢磨,创立了自己的特色菜——辣子田螺,小店很快就在当地小有名气。尝到创业甜头的严琦并没有因此而满足,而是继续努力,认真钻研,精益求精,使自己的菜肴更加具有特色。几年下来,严琦的陶然居餐厅就在重庆、成都、北京、湖南、贵州、新疆等省、区、市建立了50多家连锁店,营业面积超过14.5万平方米,为社会提供了1万个就业岗位,年营业额为4.8亿元,每年向国家纳税3000万元。是什么力量让她选择自主创业呢?严琦说:"我渴望做成自己的事业,并想劝告所有正在创业或准备创业的年轻人,成功就在于用心做事业。"严琦常常对前来向她取经的创业者说:"创业时,选择自己有能力驾驭的、有市场前景的项目至关重要。如今创业的难度比过去大了,对于众多青年朋友来说,即使不能自主创业做老板,为别人打工也一定要用心,只要做出成绩来,一样是成功的。真诚做人,认真做事,这就是我成功的真谛。"

对于领导者而言,必须始终牢记"认真"二字。要对人民群众充满责任感和使命感,要把认认真真为人民群众做实事作为自己的不懈追求。江苏省泰州市信访局局长张云泉20多年来,对自己的本职工作始终兢兢业业、认认真真,化解了一个又一个复杂棘手的矛盾,体现了一名共产党员的先进性。在张云泉看来,信访局在群众眼里就是党,就是政府,唯有尽心尽力,尽职尽责,才能不辱使命。去年9月,泰州某食品厂职工集体到市政府上访。张云泉迅速赶到现场,在雨中耐心倾听了40多分钟,等职工情绪慢慢平静下来后,他建议职工选出代表反映自己的要求。在他的积极协调下,职工们反映的违法乱纪情况最终被处理。在认真处理难题、化解危机的过程中,充分体现出张云泉的忍辱负重和充满智慧的光辉形象。在交通事故现场,他面对死者遗像三鞠躬,使一场即将发生的冲突得以避免;当运输户把死鸡扔向他的时候,他不急不躁,耐心说服;面对困难群众,他捐款捐物;他帮一个叫殷伟办的群众办好了久拖未决的工伤鉴定,帮一个叫徐宇的群众领到了赔偿款……这些以情感人、以理服人的举动换来了群众的理解和信任。正是由于张云泉对人民群众的一片赤诚,工作上认真负责,20多年来,他平均每年接待上访群众2000多人次、处理人民来信2000多封,他所在的泰州市信访局在全省地级市信访部门中人员最少，工作量、结办率却一直居于前列，他们处理的信访案件被上级信访部门誉为“免检产品”。

领导干部认真主要体现在以下几个方面：

首先是要认真学习。当今国际国内形势不断发展变化的情况下，领导干部只有认认真真地学习、与时俱进地学习、持之以恒地学习，才能始终跟上时代进步的潮流，才能担当起领导重任。要深入学习党和国家的大政方针政策，学习相关理论，时刻保持政治上的坚定和理论上的清醒；要全面学习做好本职工作必需的知识，使认认真真学习成为培养世界眼光、增强战略思维能力、提高综合素质的过程；要把研究和解决重大现实问题作为学习的根本出发点，使认认真真学习成为理论联系实际、学以致用，不断提高工作原则性、系统性、预见性和创造性的过程。领导干部除了向书本学习之外，尤其要认真向人民群众学习。人民群众是我们的衣食父母，更是我们真正的老师。一些领导干部由于缺乏正确的认识，就是看不起老百姓，就是不愿意与老百姓多接触，多学习，导致决策与实际脱离，最后对党、对国家、对人民造成无法弥补的损失。

其次是要认真了解民情。什么事情都要注意坚持一个实事求是的原则。怎样才能坚持实事求是呢？那就是要掌握第一手材料，要真正了解情况，不论是一个企业还是一个部门，都有自己的特殊情况，哪里的群众都有自己的期待，如果不去认真地调查研究，就不可能作出正确的决策。因此，领导干部不能整天坐在办公室看看报纸，听听汇报，而要下到田间地头，认认真真去调查研究，去了解人民群众的实际生活状况，看看他们存在的实际困难。

第三是要认真地作表率。在许多时候，有些领导干部在工作中，指手画脚的多，实际动手的少。或是擅长做规划，不擅长做实事；或是在工作中缺少实际的检查、督导与示范，而是走形式，讲过场，高谈阔论；遇到问题，避而远之，导致脱离群众，让员工远而敬之，从而错过市场机遇，影响单位的利益。一个成功的领导者，他首先是一个实干家，除了履行领导职责，布置工作外，还要在工作中实时督导，仔细检查，随时纠正下属的工作失误。更重要的是和大家一起工作，尤其是在关键时刻，出现在关键的场所，并把关键的事做好。唯有如此，才能把下属管好。

七、坚忍与希望同在

突厥人那份秘诀是这样写的："跌倒了爬起来，爬起来再跌倒，然后再爬起来，就学会了。"这个并非秘诀的秘诀，实际上就是两个字："坚忍"。

我们中国人都喜欢祝愿别人"万事如意"。现实中，"万事如意"永远也只能是人们的一种期待而已；万事如意的情况几乎是不可能的。因此，人人都应该对现实有清醒的认识，都应该有战胜困难的勇气和力量。这种勇气和力量，最直接表现为一个人是否坚忍。许多人在专业等方面的能力很强，但由于缺乏恒心和耐力，一旦遇到困难与阻力，就立即退缩，裹足不前，终其一生，碌碌无为。

品格坚忍的人，不管前进道路上遇到多大的困难，他从不会去怨天尤人，而是始终充满希望，始终不断地拼搏和努力，直至实现自己的目标。1948年，丘吉尔在牛津大学举办的一个"成功秘诀"讲座时，作了一个十分经典的演说，他说："我的成功秘诀有三个：第一是，决不放弃；第二是，决不、决不放弃；第三是，决不、决不、决不放弃！我的演讲结束了。"他的演讲虽然出奇的短，但是效果却意想不到的好。他实际在告诉人们，做任何事情，一旦确定目标，不管遇到多大的困难，都必须坚持，必须用一种坚忍的品格去面对，胜利最终会属于你。

坚忍是一种流淌在人的血液中的品格。坚忍不同于一时一地的坚强，它深深根植于人的内心世界，很大程度上伴随人的一生。钟彬娴，雅芳公司百年历史上首位女CEO，这位能够镇静自若、总是面带微笑的华人职业女性，

丘吉尔

在成为雅芳 CEO 后，不仅遏制了销售下滑的趋势，而且在低迷的 2002 年使雅芳仍保持了强劲增长。2003 年 10 月，钟彬娴被美国《财富》杂志（*FORTUNE*）连续第 6 年评为“全美 50 位最有影响力的商界女性”。钟彬娴的父母竭力在家庭教育中保留亚洲文化传统，在钟彬娴的个人资料中，她最引为自豪的是 1999 年首次访问中国内地，能以流利的汉语向雅芳中国员工发表演讲。在钟彬娴刚刚上任雅芳 CEO 时，钟彬娴的父亲曾给她写了一封信，至今她还将它保存在办公桌抽屉里。他在信中说：“记住，成功的中国人具有和其他人不同的特质……所有事情都要努力做得最好；做一个愿意为培育子女放弃自己的快乐的杰出母亲；慷慨、公正、宽容，和人分享你的文化，还要热情学习别人的文化。但除此之外，记住远离傲慢和自吹自擂；保持礼节、容忍，对别人有同情心，还有最重要的，要化解你的怒气和悲痛，不是压抑它们……” 钟彬娴说：“我认为领导者最重要的一种品质就是要坚忍、有毅力，这也是我从我的中国血统中继承下来的。”

坚忍的品格，体现在对自己奋斗目标的坚持。人的一生需要确定自己的

林肯

奋斗目标，没有目标就没有方向。不过，有些人也有自己的奋斗目标，但是一旦在实现自己的目标过程中，遇到一点困难，就退缩不前，就望而却步，这些都是意志薄弱的表现，都是缺乏坚忍品格的表现。真正具有坚忍品格的人，他为了自己的奋斗目标，能够以超乎常人的勇气和毅力，不断探索和前进。林肯作为美国历史上最伟大的总统之一，他的坚忍的品格至今仍然被人们所称赞。1832 年，年轻的林肯失业了，但他下决心要当政治家，可在竞选州议员时，他失败了，一年里接连两次遭受打击，他感到非常痛苦。他没有放弃，于是开始着手创办企业，可不到一年，这家企业又倒闭了，他不得不为偿还企业倒闭所欠的债务而到处奔波，历尽磨难。当他再一次参加竞选州议员时，他成功了。后来，他订了婚，但离结婚还差几个月的时候，他的未婚妻不幸去世。这一次的打击让他心力交瘁，数月卧床不起。1843 年，他决定竞选州议会议长，不料他又失败了。1843 年，他参加竞选美国国会议员，这次还是没有成功。他一次次地尝试，却一次次地遭受失败，但他始终没有放弃，1846 年，他终于当选为国会议员。有人统计，到后来成功竞选为美国总统，林肯尝试了 11 次，只有 2次成功，但最终还是成功了。

有了坚忍的品质，我们才能克服消极、怀疑和彷徨的情绪，才能充满希望，才能找回自信。没有这种品质，即使拥有最为卓越的天赋也不能保证我们的成功，而且很可能会一败涂地。一个人是如此，一个民族同样是如此。突厥人主要分布在土耳其、阿塞拜疆、吉尔吉斯斯坦等地，早期的突厥人都是靠捕猎为生。突厥人生得剽悍强壮，擅长奔跑、跳跃等剧烈运动，奔跑的速度接近于捕猎专家——豹子。据说突厥人等孩子长到5岁时，便会将一份祖传的秘诀交给孩子，让孩子学奔跑、捕猎、跳跃等运动项目。突厥人一代比一代善跑，充分证明了那份秘诀的力量。于是，那份秘诀成了一个令人向往而又解不开的谜。很多人想将自己的孩子培养成长跑冠军，都希望请一个突厥人来教自己的孩子学习跑步。可是，别说那份秘诀很难找到，就是找到了，由于不懂突厥语，根本就没人能看明白秘诀里所写的意思。有人长期跟踪并拍下了突厥人的捕猎过程，发现突厥人虽然强壮善猎，但因为工具太原始，捕猎失败的几率其实很高，大约为99%，也就是说，100次同样的行动，只有一次能够成功。究竟是一种什么力量，让他们在这种艰苦的条件下，能学得如此超强的本领？有一位懂得突厥语的专家，终于为人们解开了这个秘密。他说，突厥人那份秘诀是这样写的："跌倒了爬起来，爬起来再跌倒，然后再爬起来，就学会了。"这个并非秘诀的秘诀，实际上就是两个字："坚忍"。

一个坚忍的人必然是一个有希望的人，一个坚忍的民族必然是一个有希望的民族。

第4章 良好的习惯

习惯是指在长时期里逐渐养成的、一时不容易改变的行为、倾向，是由一再重复的思维方式和行为方式所形成的，习惯是自动表现出来的反应，用不着“考虑”或“决定”。

在印度和泰国，常常可以看到大象被驯象人用细细的链子牵着，大象不挣脱，也不反抗。其原因是当大象还是小象的时候，驯象人用一条铁链将它拴在水泥柱上，无论小象怎么挣扎都无法挣脱。渐渐地，小象习惯了而不再挣扎，直到长成大象、可以轻而易举地挣脱链子时，它也不再挣扎。随着时光流逝，它已经习惯了那根链子，习惯了被束缚。

可见，习惯虽不起眼，却力量巨大、影响深远。

一、习惯决定成败

据统计，人的一天要对 5700 个各式各样的问题做出决定。只有仅仅一到两个决定是经过深思熟虑的。其他 5690 多个问题都是因为习惯而做出的。所以有人说“习惯决定成败”是有道理的。

俗语说：思想决定行动，行动养成习惯，习惯铸成品质，品质改变命运。教育家叶圣陶说过：“教育是什么，往简单方面说，只有一句话，就是养成良好的习惯。”美国史蒂芬·柯维博士认为：“观念是态度与行为的根本，观念决定行为，行为形成习惯，而习惯左右着我们的成败，成功其实是习惯使然。”习惯对我们的生活有很大的影响，因为它是一贯的，在不知不觉中影响着我们的品德，暴露出我们的本性，左右着我们的成败。成功与失败都源于你所养成的习惯，良好的习惯是你一生宝贵的财富。养成良好的习惯，是领导干部学习、工作、生活必不可少的一个重要环节。

行为科学研究表明：一个人的行为，大约只有 5%是属于非习惯性的，而其余的 95%都是习惯性的，不需要“思考”或“决定”，如同钢琴家用不着“决定”该触哪一个琴键，舞蹈家用不着“决定”脚往什么地方移。他们的反应是自动的，不假思索的。同样，我们的态度、情感和行为也容易变成习惯性。习惯经过反复强化，会在不知不觉中变成一个人的本能。习惯是一种能左右人的神奇力量，它决定着一个人的成败。我们的行为大部分是出自习惯的支配，都是习惯使然。

人的天性大致是差不多的，但是在习惯方面却各有不同。一个人工作、学习的好坏，20%取决于智力因素，80%取决于非智力因素，而在信心、意志、习惯、兴趣等非智力因素中，习惯又占有重要位置。好的习惯使我们终身受益，让我们很自然地去做某些事情，而无须在意志方面付出很大的努力；坏习惯则是我们行动的障碍，很容易受它的控制，成为它的奴隶。多一个好习惯，就会多一次成功的机会；多一个好习惯，就会多一分成功的信心。

据统计，人的一天要对 5700 个各式各样的问题做出决定。只有仅仅一到两个决定是经过深思熟虑的。其他 5690 多个问题都是因为习惯而做出的。所以有人说“习惯决定成败”是有道理的。习惯从本质上反映了一个人的内涵和素质，而成功者恰恰就是在人生的历程中，不断反思自己，不断扬弃个人习惯中的一个个坏毛病，不断总结提高自身，逐渐在自己身上积累起一种叫做“优秀”的品质，而这种品质日后会成为他骨子里的一种自信，一种习惯，使他一直在追求卓越的过程中前行，不管遇到多大的困难和磨难，都能一步一步走向成功。

人们总是对他人的成功羡慕不已。但是很少有人想过，那些平凡的人为什么成了人中精英，是什么使他们在平庸中脱颖而出，是什么使他们出人头地、与众不同的呢？是他们良好的习惯决定了他们的成败。一个人也许没有很好的天赋，但是，他一旦有了好的习惯，就一定会给自己带来巨大的收益。这些良好的习惯和品质使他在机会来临之时，或大胆出击，或顺应了历史发展的潮流，成为时代的弄潮儿，最终踏上了成功之路。相反，有许多曾经非常辉煌而成功的人士又因为其本身所固有或隐藏着的坏习惯在某一时段的定时爆炸，使其最终功败垂成。

一个人拥有的好习惯越多，人生就越容易成功；反之，人生之路就会因为自己的坏习惯而障碍重重。习惯能够发出神奇的魔力，如果你培养了它，它就会造就你。好习惯会使你活得更好、更精彩、更成功；而坏习惯会让你的生命大打折扣，甚至可能会让触手可及的成功变成失败。

好习惯是成功者的朋友。从小养成的好习惯对人的一生有十分深刻的影响。一个人拥有的好习惯越多，其成功的可能性也就越大。一个人能否成功是由多种因素决定的，人的行为习惯如何，是其中重要的因素。拥有良好的习惯意味着一个人拥有了积极的、主动的发展条件，而不良的行为习惯，无疑是影响人发展的桎梏。所以说，良好的习惯是事业成功的重要保证，是成功者的朋友。人生中最容易让我们造成失误的就是习惯，最容易助我们成功的也是习惯。成与败、得与失的区别，在于你有怎样的习惯。

成功者之所以成功，不完全是因为他们有着多么高的天赋和超常的才能，而是因为他们往往有着良好的习惯，并善于用良好的习惯来提高自己的学习、工作效率，进而提高自己的生活品质。如果我们对习惯的养成有很好的认识和了解，然后又能清楚地选择并养成自己所需要的好习惯，那么我们就能把握好自己的人生。

英国前首相玛格丽特·撒切尔是世界上著名的“铁娘子”、女强人。她曾经这样说：“有时事务太忙，我也可能感到吃不消。但生活的秘诀实际上在于把 90% 的生活变成习惯，这样你就可以习惯成自然了。”

撒切尔夫人

综观古今中外很多成功人士的奋斗历程，可以发现好习惯是他们走向成功的通道，比如，喜欢阅读、不睡懒觉、做事有条理、每日做笔记、遇事爱思考、对人有礼貌……

如果没有这些好习惯，成功只能是海市蜃楼，可远观，而永远无法靠近。试想，一个爱睡懒觉、生活懒散又没有规律的人，怎能约束自己勤奋工作？一个不爱阅读、不关心身外世界的人，能有怎样的胸襟和见识？一个自以为是、目中无人的人，如何与别人合作、沟通？一个杂乱无章、思维混乱的人，做起事来的效率会有多高？一个不爱独立思考、人云亦云的人，能有多大的智慧和判断能力……

好习惯其实就是好方法，是思想的方法、做事的方法。培养好习惯，就是寻找一种成功的方法。

既然习惯是人生的主宰，我们就应当努力养成好的习惯。只要你善于培养自己，良好的习惯就会属于你；只要你拥有良好的习惯，美好的人生就属于你。

养成好习惯，改掉坏习惯，绝不是一朝一夕就能完成的，需要我们持之以恒，有意识地下决心进行锻炼。要不断克服自身的惰性，要严格要求自己，“勿以善小而不为，勿以恶小而为之”，要在生活、学习、工作中有目的地培养自己的良好习惯。

训练成功习惯的第一步就是立即行动，从我做起，从现在做起；第二步就是先做对，再做好，循序渐进；第三步是保持好习惯，坚持下去！

二、养成学习习惯

学习习惯是指为达到预期的学习目标而形成的一种学习上的行为倾向性。是自动性行为，它既不需要外部的监督，也不需要自己的意志努力，而是一种动力定型。

当学习成为一种习惯时，就仿佛生活里的衣、食、住、行，缺少了就会感到不自在。著名思想家培根说过：“习惯真是一种顽强而巨大的力量，它可以主宰人的一生。”养成良好的学习习惯，会使你受益终身。培养好的学习习惯，无异于使我们获得了一笔终生受用的宝贵财富。好的学习习惯就像存进银行的钱，会不断地增值，而人的一生就在享受它的利息。它将对我们的学习、生活和今后的人生道路产生巨大的影响。

学习对于一个人的思想和能力来说，犹如水和食物对于人的生命一样重要。一个人一顿不吃饭就饿得慌，一天不喝水就渴得慌，几天不吃饭、不喝水就会死亡。同样，一个人如果不像吃饭喝水一样经常坚持学习，他的思想和能力就会僵化和停滞，就会被时代的列车远远抛在后面，就不能适应新形势、完成新任务、实现新发展，甚至还会出现更严重的问题。一个普通人不学习影响的只是一个个体，充其量是一个家庭，但如果是一个党员干部、尤其是负有带领一方百姓发展责任的领导干部不学习，那给党和人民带来的损失就不可估量了。早在20世纪50年代初期，邓小平就指出，一个领导干部只有时时处处不放松自己的学习，才能做到真正意义上的为人民服务，否则就不能适应形势发展的需要，就会对党的事业和群众的利益造成损害。所以，养成一个随时随地学习的良好习惯，对于一名领导干部来说，不是个人可有可无的爱好，而是一种崇高的责任，义不容辞。

一个人能力素质的高低，最终取决于能否锲而不舍地坚持学习。作为党的领导干部来说，读书学习，是增强党性、提高本领、做好工作的基本前提，也是我们党与时俱进、永葆生机的优势所在。毛泽东一生以书为伴，到晚年仍孜孜不倦；陈毅留下了“要知学问难，在乎点滴勤”的治学警句；周恩来“活到老，学到老，改造到老”更是激励我们终生学习的至理名言。而前苏联元帅库利克曾为苏维埃政权的建立立下过汗马功劳，可当第二次世界大战的战火烧到苏联后，他竟被贬为少将。主要原因就是他不善于学习，不肯接受新生事物，固守过时的训法、战法，导致苏军在德军的闪电战面前一败涂地。

谈到学习，我们有些领导干部总是以工作忙、腾不出时间为理由推托。岂不知，学习是工作的准备、工作是学习的实践，二者密不可分。学习是对领导干部最基本的要求。一名领导干部要想带领大家共同前进，就必须通过学习不断丰富自己。无论是品德的提升、还是专业知识的丰富，都离不开学习。一名领导干部因不学习而带来的灾难，将会比一般群众因知识缺乏带来的灾难更大。

那么,我们应该培养那些好的学习习惯呢?

1.养成以学为先的习惯。教育改变命运,学习成就未来。学习是正事,正事应先于娱乐。无论外面多么喧嚣,有多少诱惑,内心都保持着一种学习状态,都有一种对未来负责任的行动。以学为先,随处学习是许多成功人士的一个秘诀。

2.养成经常阅读的习惯。人类靠书籍文字传承文明,人们借读书认识世界。书籍改变了世界,读书丰富了人生。苏联伟大文学家高尔基说:"书是人类进步的阶梯,终身的伴侣,最诚挚的朋友。"读好书会使人开阔视野、丰富知识、陶冶情操、净化心灵。养成读书的好习惯,一定会使你受益匪浅。英国诗人、剧作家莎士比亚说:"书籍是全世界的营养品,生活里没有书籍,就像大地没有阳光;智慧里没有书籍,就好像鸟儿没有翅膀。"古今中外大量事例证明:书读得越多,知识面就越广,分析问题、解决问题的能力就越强。所以,多读书,读好书,养成良好的读书习惯,对领导者的一生是十分有益的。如果你每天能坚持阅读好书 1 个小时,一个月就是 30 个小时,一年就是 365 个小时,十年就是 3650 个小时,那么一生呢?计算出来的数字将是惊人的,其收获也将是相当大的。

3.养成积极阅读的习惯。其实,一个人的心灵史就是阅读史,一个人的精神境界的高低取决于阅读水平。要学会快速阅读,提高单位阅读量,学会读一本书的目录、图解和插图,为提前了解本书的内容,获取更有效的信息;当积极的读者——不断地提问,直到弄懂字里行间的全部信息为止。读什么书呢?除了读专业书籍以外,还要读中外名著或伟人传记,与高层次的思想对话,每天读十几二十分钟,有好处。

4.养成随时学习的习惯。知识在于积累,时间在于利用,处处留意皆学问。要不拘时间、地点,利用可利用的各种途径,经常给自己"充电",不断地学习新的知识,不断地丰富和发展自己。

5.养成按计划学习的习惯。俗话说得好:凡事预则立,不预则废。它告诫人们做事应有计划性,学习也当然应该有计划性。通过制订周密的计划,使

常读论语

学习的目标明确化，学习的内容条理化，时间安排程序化。按计划学习要克服制订计划易，执行计划难的倾向，这就要求我们在制订计划时切合实际，克服好高骛远的毛病，制订出科学合理的计划。另一方面要持之以恒地执行计划，长此以往必有收效。

6.养成专心致志的学习习惯。专心致志的学习状态是大脑思维活动对学习目标的高度指向，达到一种忘我的境界。在这种状态下能有效激发大脑的潜能，极大提高思维的效率。能使我们在一种积极的状态下学习，起到事半功倍的效果。

毛泽东曾经深刻地指出，“我们队伍里边有一种恐慌，不是经济恐慌，也不是政治恐慌，而是本领恐慌……我们干部的‘进货’，就是学习本领，这是我们许多干部所迫切需要的。”重温伟人的这段论述，面对新的形势任务，领导干部唯有增强学习的紧迫感，养成良好的学习习惯，才能克服“恐慌”，不断完善自我，肩负起党和人民赋予的重任，创造出自己人生崭新的辉煌。

三、学会管理时间

昨天是一张过期的支票，明天是一笔不能取用的存款，一切只有从今天开始。

我们正在跑步进入一个数字化生存时代、信息时代。时间就是金钱，效率就是生命。一个没有时间观念的人，在当代社会是不受欢迎的。一个没有时间观念的领导者，在当代社会是最容易失败的。

一个人、一个团队能否在自己的事业生涯中取得成功，秘诀就在于是否能够搞好时间管理。管好自己，就是最高的管理。美国托马斯·爱迪生说过：“世界上最重要的东西是‘时间’。”美国著名的管理大师杜拉克说过：“不能管理时间，便什么也不能管理!”“时间是世界上最短缺的资源，除非严加管理，否则就会一事无成”。

昨天是一张过期的支票，明天是一笔不能取用的存款，一切只有从今天开始。合理规划时间，力求以最少的时间完成最多的工作，才能收获比别人干几天还多的效益。规划时间的目的在于提高我们每天的工作效益，以赢得更多的时间。

时间是由一分钟一分钟组合而成的，世界上最快而又最慢、最长而又最短、最平凡而又最珍贵、最容易被忽视而又最令人珍惜的就是时间。虽然说时间是属于每个人的,但不是每个人都可以把握它。只有珍惜时间的人,才能把握好自己的人生。

事实上,善于利用时间比善于利用财富更重要,有道是"一寸光阴一寸金,寸金难买寸光阴"。金钱失去了,还可以赚回来;可时间失去了,却是永远都赚不回来的。人们可以储蓄金钱,积累知识,但却无法储蓄时间。

综观历史的长河,我们会发现许多伟人诸如发明家、文学家、科学家,他们之所以能成功,是因为他们有效地运用了时间,他们都是珍惜和运用时间的高手。

前苏联昆虫学家柳比歇夫,从26岁开始实行严格的"时间统计法",把每分钟、每小时自己干了什么,时间用得是否恰当,都进行统计记载,像吝啬的小商人核算金钱一样核算自己的时间,一直到82岁高龄,从未间断过。正是由于运用了严格的"时间统计法",柳比歇夫不仅取得了丰硕的科研成果,而且每天保证10个小时的睡眠时间,还经常参加体育锻炼、娱乐及各种社会活动。柳比歇夫之所以能够做到常人难以做成的事情,这和他的时间管理艺术是分不开的。

运筹时间的关键就是提高单位时间利用率。人们不论干什么事情,都要讲求效率。效率高者,事半功倍,反之则事倍而功半。要把所有的时间都看做是有用的,尽量从有限的时间里得到更多的满足。当然这种满足是多方面的,它不仅包括取得一定的成就,也包括从休闲中得到的快乐等等。

时间对于每个人都是公平的,关键是你有没有当好自己时间的"管家",能不能有效地管理和利用自己的时间。善于管理时间的人,能把一分钟变成两分钟,一小时变成两小时,一天变成两天,能用有限的时间做更多的事,最终换来成功。而不懂得管理时间的人,就只能任光阴虚度。

学会管理时间就必须从以下几方面努力:

1.学会制订计划。学习、工作、生活是无限的,时间却是有限的,要进行有效的时间管理,必须善于制订计划。对于自己的学习、工作、生活,得事先安排一个好的行事计划,如每周周末作出下周的计划,每月月末作出下月的计划。人生的每一件事情都跟时间有关,而善于有效地管理和利用时间,就可以大大提高学习、工作和生活的质量。

2.专注做最重要事情。有效的时间管理意味着合理安排各项工作。根据工作计划,可以将工作内容根据对于自身意义的大小编排出行事的优先顺序:重要且紧急的事、紧急但较不重要的事、重要但较不紧急的事、不重要且不紧急的事。这样我们就可以知道先做什么后做什么,不至于手忙脚乱,从早忙到晚,重要的事没做,不重要、次要的倒先做了。

3.要善于授权。作为领导者,一定要学会授权,将部门的工作分派到每一个人的头上,既责任到人,又相互配合。在授权的同时,一定要将任务表述清晰,不要让听者感到模糊,摸不着头脑,做起来也达不到我们预期的效果。

4.学会养成良好的生活和工作习惯。良好的习惯犹如通往理想境界的阶梯,使人一步步走向进步与光明;不良的习惯就像一只隐形魔掌,将人一步步推向黑暗的深渊而使人浑然不觉。如果我们不慎沾染上了某种不良习惯,千万“勿以恶小而为之”,一定要痛下决心,与之决裂,以免被这些自设的障碍毁掉自己的一生;如果我们生活工作的规律性机制尚未建立,那就要通过主观努力,培育自己的良好生活工作习惯。良好生活工作习惯的培育、形成和坚持过程,就是辉煌人生的铸造过程。养成良好的生活和工作习惯,也就提高了个人价值和工作效率。

5.学会管好自己的业余时间。人的生命大约三分之一是在业余时间中度过的,看看一个人业余时间在做些什么,就知道他一生的作为和人生的成败。爱因斯坦说:“人的差异在于业余时间,业余时间生产着人才,也生产着懒汉、牌迷、酒鬼和赌徒。业余时间能区分出高低优劣的人生境界。”在同样环境、同样时期、同样条件的业余时间里,两个文化程度相同的人,经过若干年以后,一个通过业余学习,可能成为具有某个方面特长的专家;另外一个不注意学习,就可能成为庸人。人的业余时间比工作时间长得多。古往今来,利用业余时间成才的事例比比皆是。可以说,一个只是在8小时工作时间内努力的人,他很难取得辉煌的成就。

6.学会把零碎的时间“焊接”起来。生活中有很多零星的时间是可以充分利用的，如果你能化零为整，那你的工作和生活将会更加有效。凡是在事业上有所成就的人，几乎都能有效地利用零星时间。英国伟大的生物学家达尔文曾说：“我从来不认为半小时是微不足道的一段时间。”汇涓涓细流遂成大海，积点滴时间而成就伟业。事物的发展变化，总是一个由量变到质变的过程，点滴时间看起来不显眼，但这些零零星星的时间积累起来，却能结出丰硕的成果。

我们要与时间拼搏，就是要有效地管理我们的时间。让有限的时间对于我们的工作具有更大的意义。

四、善于制订计划

如果你只从工作而不是从可用的时间上去计划工作时，就会陷入一种过度追求完美的危机之中。你会巨细不分，且又安慰自己已经把某些次要工作做得很完美，这样做的结果只能是主次不分。

任何一位事业有成的人，不是成功于他成功的时候，而是成功于他距成功很久以前的许多时间、许多事件，成功于他平时所做的充分准备与积累，成功于他善于制订计划。

《中庸》曰：“凡事预则立，不预则废；言前定，则不跆；事前定，则不困；行前定，则不疚；道前定，则不穷。”其意是说：凡事做好充分准备则成功，不做好准备就肯定要失败；说话提前有计划就不会有磕绊，做事提前有决定就不会受困，行动提前有安排就不会错乱，道路选定以前有目标就不会穷途末路。

儒家认为：存在于内的人，为学问的储藏，道德的储藏；存在于外的人，为计划的准备，力量的准备，为“事业资本”的准备。经营国家、天下的大业，就要以这些作为根本原则。

计划是在科学预测的基础上为实现组织目标对未来一定时期内的工作作出安排的活动，它包括对组织所拥有的和可能拥有的人力、物力、财力所进行的设计和谋划，找到一条合适的实现组织目标的途径。

计划是为实现目标而需要采取的方法、策略，就像打仗一样，我们的目标是要打败敌人，取得胜利，但是如何才能打败敌人，实现这个目标，这需要根据敌我双方的情况做一个比较，然后再进行谋划，如何以己之长攻敌之短来取得胜利。所以，只有目标，没有计划，往往会顾此失彼，或多费精力和时间。计划是实现目标的一个重要阶段。

智者有了目标后，便为实现目标进行周密、详细的计划，分轻重缓急、主次环节，先怎样做，后怎样做，中间遇到问题怎样解决等，都做到心中有数；而愚者就是有了目标，也不会考虑到这些，他们不管三七二十一，眉毛胡子一把抓，很多时候是抓住芝麻，丢了西瓜，耽误了时间，浪费了钱财，结果弄得很狼狈。所以为完成某个目标，合理的计划是很有必要的。

大成功是由小成功累积而成的。成功者善于计划，他们都是在达到无数的小目标之后，才实现他们伟大的梦想。不放弃，就一定有成功的机会，如果放弃，就已经失败了。为实现目标而做出计划，不怕艰苦，不懈努力，迎接自己的便将是成功。

古人言：“不谋全局者，不足以谋一域；不谋万世者，不足以谋一时。”因此，成功目标，应该是一个完整的行动计划，即人生目标领导下的各个远、中、近期目标，大目标之下的各类中小目标。各目标之间，还应该有很强的逻辑性。每一个小目标都是人生目标的分解，都是远大目标的“基因”和缩影，而每一个小目标的变化和调整，都会对整个目标体系产生积极的影响。

领导者在做决策时，如果不预先有所准备，很难成功；尤其是做重大决策，如果没有严格的准备，那么非常危险。可以这么说：“没有计划和准备，就是正在计划和准备失败。”你是否也正在计划失败呢？当然，没有人愿意计划失败，但是，你可能犯了这样的错误——没有制订详细计划，做好充分准备。

成功的人士都善于规划自己的人生，他们知道自己要达成哪些目标，拟订好优先顺序，并且拟订一个详细计划，把所有要做的事都列下来，并按照优先顺序排列，依照优先顺序来做。

你最好为你的每一天和每一周订个计划，否则你就只能被迫按照不时放在你桌子上的东西去分配你的时间，也就是说，你完全由别人的行动决定你办事的优先与轻重次序。这样你将会发觉你犯了一个严重错误——每天只是在应付问题。

为你的每一天定出一个大概的工作计划与时间表，尤其要特别重视你当天应该完成的两三项主要工作。其中一项应该是使你更接近你最重要目标之一的行动。在星期四或星期五，照着这个办法为下个星期作同样的计划。

请记住，没有任何东西比事前的计划能促使你把时间更好地集中运用到有效的活动上来。不要让一天繁忙的工作把你的计划时间表打乱。

为某一项工作定出完成的计划时间，也就是说，不要将工作战线拉得太长，这样你就会很快地把它完成。这就是你为什么要定出每日工作计划的目的所在。没有这样的计划，你对待那些困难或者轻松工作就会产生惰性，因为没有期限或者由于期限较长，你感觉可以以后再说。如果你只从工作而不是从可用的时间上去计划工作时，就会陷入一种过度追求完美的危机之中。你会巨细不分，且又安慰自己已经把某些次要工作做得很完美，这样做的结果只能是主次不分。

所以，我们在生活和工作中，要像许多成功者那样，当有了目标之后，就制订出一个详细的计划，把计划依照优先顺序排列好，这样会使达到目标的几率大幅度地提升，这也是每个成功者所做的事情。

每个领导都要养成制订计划的习惯，当你真正做到之后，保证你会出现一些惊喜的效果。

五、重视关键细节

细节是什么？词典的解释是，细小的环节或情节。也有人比喻说，细节是转动链条上的扣环，是千里钢轨上的铆钉，是参天枝柯上的叶蕾，是广袤田野上的萌芽……细节虽细，却是基础、根本，少不得，离不了。

重视细节不仅仅是对细节的关注，它体现的是一种务实的工作作风，一种良好的工作习惯，一种精益求精的敬业精神，一种义不容辞的责任。

细节往往能折射出一个人的学识、素养、品行、作风，反映出领导干部的权力观、地位观、利益观。从某种意义上说，领导干部在群众中的口碑，都是“好也细节，差也细节”。在工作中不注意细节，粗枝大叶，好高骛远，整天希望搞些“大手笔”，追求“大气魄”，只能事与愿违。重视细节，要求我们在工作中不能因细小而不为、因细微而不屑、因细琐而不顾。

细节决定成败。古人云：“千里之堤，溃于蚁穴。”如果我们平时不注重细节管理，使问题越积越深，积重难返，很可能有那么一天，我们的整个事业都会葬送在对细节的忽视之中。在当代管理实践中，我们缺少的不是雄才伟略的战略家，而是精益求精的执行者；不是各类规章制度，而是对规章制度不折不扣的执行。只有做到细致、细致、再细致，我们的事业才会永远立于不败之地。

细节因其“小”，往往被人忽视，麻痹大意，或被轻视，嗤之以鼻。细节因其“细”，也常常使人感到繁琐，不屑一顾。然而，很多时候，细节很可能决定事情的成败。历史上曾有一个著名的战役，有两位将军商定在某地会师以集中兵力对付敌军。但是，一位作战参谋在拟定命令时，把会师的地名误写一字，使得一支军队“南辕北辙”数百公里，贻误了有利战机，最终导致失败。在新疆，一家企业把出口商品的产地乌鲁木齐写成“鸟”鲁木齐，一下子损失16万元。战场、商场功败垂成，可能就在那一撇一点。一个螺丝可以使飞机从空中掉下来，一个小洞可以让巨轮沉入海底，一个蚁穴可以导致大坝垮塌，一个烟头可以引发森林大火，一丝火星可以造成瓦斯爆炸。教训告诉我们，细节疏忽不得，大意不得。

天下大事必作于细。重视细节，体现着认真负责的态度。有强烈的责任感，就会始终以如履薄冰、如临深渊的态度对待每一项工作，尽心竭力，唯恐有半点差池和闪失。重视细节，彰显着严谨细致的作风。工作不当“马大哈”，不搞“想当然”、“大概”、“也许”、“凑合过去”，要思维缜密，谋事周全，行事严谨。

重视细节，也是一种本领和才能。像科学研究一样，愈是在细节处，愈容易捅破“窗户纸”，探得奥秘，进入别有洞天的佳境。无论从事何种工作，细节检验着一个人是否有敏锐的眼光，是否有于细微处洞彻事理的头脑，是否能在平常事中干出不平凡的业绩。从细节处突破，就需要有精益求精的执著追求。

细节也体现着一个人的形象。1966年周恩来到邢台慰问地震灾民时，发现群众面对西北风而坐，就坚持要求改变会场布置，让卡车开到南头，作为临时讲台，他登上卡车，迎着大风对着麦克风发口令，请几千名群众“起立！”“就地向后转！”“坐下！”人们开始摸不清是怎么回事，当背风而坐后，看到呼呼风沙扑打周总理的衣襟和面颊时，才陡然明白过来，千万颗心为之震颤。人民总理爱人民的崇高风范，正是从这样一些细节中体现出来的。

这里要特别强调的是，对领导干部来说，严细深实是重要的领导素质。抓工作落实，要从细处着手；搞调查研究，要从基本情况进入；抓督促检查，要从细枝末节着眼。没有细，就没有严格要求；没有细，就不可能深入实际；没有细，一切工作都难以得到落实。求真务实，一个重要方面就是，想得细，做得实。

我们经常讲，工作要善于“从大处着眼，从小处入手。”大，不是大而无当，不是大而化之，不是笼而统之，而是要有全局观念和战略眼光。领导干部当然应该想大事、管大事，但这绝不意味着可以忽略具体的小事、环节、过程等。因为所有的计划、设想，终究要靠细致而扎实的工作来实现。

重视关键细节是管理工作的基础和灵魂。管理工作是由众多的管理者来承担的。只有每一位管理者都关注细节，改进细节，管理大厦才会坚不可摧。相反，如果管理者忽视关键细节，不从细节入手观察、思考和解决问题，管理工作必将漏洞百出，整个管理大厦就会像建立在流沙上一样，随时有坍塌的危险。世界级的名牌企业，都是在厘清发展战略的基础上，扎扎实实地抓细节管理，向细节管理要质量，通过坚持不懈的细节管理赢得竞争力。麦当劳的总裁弗雷德·特纳把麦当劳战胜竞争者的原因归功于细节，他曾说："我们的成功表明，我们的竞争者的管理层对下层的介入未能坚持下去，他们缺乏对细节的深层关注。"为了把细节做得更完美，麦当劳有一个创举式的方法，他们费尽心机编写了《麦当劳手册》，这本书是他们把细节管理做到极致的体现。可以说，重视关键细节是麦当劳管理思想的精髓。

温家宝曾经说过："中国有 13 亿人口，不管多么小的问题，只要乘以 13 亿，那就成为很大很大的问题。"

在实际生活中，许多人好高骛远、好大喜功，不重视从点滴事情做起、从细节做起，大事做不好，小事做不来，结果一事无成。在领导队伍中，有时也不乏这样的人。如有的人认为领导者只抓大事，细节的事情不用顾及。如果领导者只重视战略管理，而不重视战略的具体落实，再好的战略也会落空。因此，领导者不仅要有战略管理能力，也要具备洞察细节、监督细节的管理能力。如有的领导者经常具备司空见惯、习以为常的心理。这种心理直接影响对细节的改进。然而"当局者迷，旁观者清"，局外人士、服务对象往往会对那些受到忽视的细节加以批判。因此，领导者必须转变观念，注意收集整理这些批评意见，重视关键细节，增强细节意识。只有这样，领导工作才能做到无往而不胜。

六、今日事，今日毕

俗话说“今日事，今日毕”，其实是指决不拖延的道理。能当场解决的问题，马上解决，不把当天该完成的事拖到第二天。

不拖延是一种良好的习惯，有了这种习惯，做任何事都会变得更易成功。因为，你不再会因为各种原因或借口偷懒，也不会因为拖延而错失良机。成功者从来不拖延，也不会等到“有朝一日”再去行动，而是今天想到就动手去干。请记住：今天要做的事情，不要拖到明天。对于领导者，更应养成“今日事，今天毕”的习惯，严格实施时间管理。

与普通员工相比，领导者的工作多得多，责任重得多，如果不实行时间管理，将使自己的工作变得毫无头绪，终日忙碌却事业无成。因此，领导者应该制订每日的工作时间进度表。在每一天都制订一个目标，列出计划，检查执行的过程和结果，针对完成的情况，第二天再做出调整和改进。必须做到日日清，如果没有“今日事，今日毕”的觉醒，势必累积和拖延，长此以往，就会养成颓废的心态，给事业造成严重影响。如果领导者没有这种决心和雷厉风行的工作作风，将会使团队变得拖沓，丧失战斗力和凝聚力。

“今日事，今日毕”是一种良好的行为习惯。优秀的领导者懂得时间的宝贵，他会让自己从琐碎、繁杂的日常事务中脱身开来，将更多的时间花在思考和决策上。珍惜时间的领导者会抱着一种积极的心态，绝对不会浪费时间和精力，会及时解决当下能够完成的事情，绝对不会拖延到第二天。

海尔公司的管理制度中有一条是：“日事日毕，日清日高。”在海尔公司管理人员的案头，急办的、缓办的、一般性的材料都摆放得有条有理，井然有序，所有事情轻重缓急，一目了然。临下班的时候，椅子都放得整整齐齐。海尔公司的管理旨在使全体员工养成日事日毕、日事日清的良好习惯。领导者坚信，只有如此才能天天进步，不断提高。

和常人相比，比尔·盖茨的时间非常宝贵，在时间管理上，他有自己良好的习惯,盖茨还将这样的良好习惯灌输到微软公司里。比如,他尽量不带随从,尽量采取简朴和随意的出行方式,谢绝有关部门的接待和宴请,这样就可以让时间不被那些无谓的琐事浪费掉。采用时间管理软件进行日程安排的他,更懂得今日事,今日毕,每到一处,他都马不停蹄地按照计划工作,即便工作再忙,也会抽出一个小时看书,成为盖茨多年来严格遵行的好习惯。

养成今日事,今日毕的习惯,你无形之中就有一种紧迫感,会抓紧时间安排自己的事情,而不会无所事事地闲聊。你的办事效率会因而大大提高,每当完成一件工作,你就会体会到成功的喜悦。一个人的精力是无穷的,懒惰和颓废的人会将精力变得枯竭,勤奋的人精力总是源源不断的。他们认为时间可贵,就会以分秒计算时间,不断地修正失误和偏差,提高工作效率,能在半个小时内完成的事情绝对不拖延到一个小时。有这种习惯的人将工作放在首位,将其他的事情放在次要地位。如果有任务没完成,他们会寝食难安,这样的人就拥有了良好的时间管理习惯。

今日事,今日毕表现了一个重要的时间管理守则——珍惜今天,当日的事情当日做完。每天都全力以赴地投入工作,即使加班,牺牲休息时间也要完成任务,坚决不为自己留下余地。而一旦将自己置于非完成任务不可的境地,就会做出思考和判断,改进工作方法,对可有可无和重要的事情做出取舍,提高工作效率。

日本企业家松下幸之助是一位典型的“拼命三郎”,创业之初,他和员工同吃同住,一起工作,不完成任务就绝对不会下班。松下企业养成了这样的习惯后,迫使自上而下展开学习和思考,不断提高工作效率。不只是松下,日本的很多企业都养成加班的习惯,日本员工将按时下班当成一件可耻的事情,他们几乎每天都在比赛谁更晚下班。

要做到今日事,今日毕,必须依照工作重点进行时间分配和日常工作。对于领导者来说,什么是最重要的工作呢?当然是如何将决策层层分配到下属,要完成这一任务就必须进行人事决策,要竭力选择、培养和任用“优秀人才”。在这方面,通用电气公司前任首席执行官杰克·韦尔奇先生堪称导师。

为了完成繁重的工作任务，在领导通用电气公司的20年间，韦尔奇把50%的时间花在重点培养有天赋的管理人才上，为他们分派各种工作，增长他们的才干。为达到明确的目标，韦尔奇每个月都要发布会议时间，与公司的管理人员沟通。按照下属的特点和特长分配工作任务。在这个强有力的领导团队里，韦尔奇主张大家养成今日事今日毕的习惯，在工作中务必集中精力，实现高效率的工作。在韦尔奇的指导下，通用电气公司创造了无比优秀的业绩，成为企业界的楷模。

七、克服不良习惯

莎士比亚说过，不良的习惯会随时阻碍你走上成名、获利和享乐的路。我们必须承认，在我们的身上或多或少都有一些不好的习惯。习惯是慢慢养成的，不管我们有没有意识到，这些习惯对我们的成功无疑构成了潜在的威胁，因此，改变是必需的。

习惯的力量是巨大的，因为它具有一贯性。它通过不断重复，使人们的行为呈现出难以改变的特定的倾向。就像一句古老的箴言："习惯就像一根绳索。每天我们都织进一根丝线，它就会逐渐变得非常坚固，无法断裂，把我们牢牢固定住。"我们每天高达90%的行为是出自习惯的支配，可以说，每一天，我们所做的每一件事，几乎都是习惯使然。

习惯有好坏之分，好的习惯是你的朋友，它会帮助你成功。一位哲人说过："好习惯是一个人在社交场合中所能穿着的最佳服饰。"坏习惯则是你的敌人，它只会让你难堪、丢丑，给你添麻烦，损坏你的健康或者使你事业失败。奥格·曼狄诺认为："习惯若不是最好的仆人，它便是最坏的主人。"当陋习刚刚染身的时候人们往往不以为然，可是一旦病入膏肓，到了不可救药的地步，就后悔莫及了。因此，如果你要使自己获得成功，就应当杜绝坏的生活习惯。

人们常说，习惯成自然，当一个人将陋习视为自然时，他必将走向失败。

有些人习惯衣衫不整、头发凌乱地出入公众场合，或是打扮怪异，夺人眼球，丝毫不在乎周围那些惊讶的眼光；有些人习惯迟到、消极怠工，在所有人心中，他早已成了自由散漫、吊儿郎当，没有工作责任心的代名词；有些人习惯诸多借口，无论别人提出的批评多么富有建设性，他都会搬出一大堆理由辩驳，推卸责任，他给人的印象就是胸襟狭窄、刚愎自用；若一个人习惯于依赖别人，从来不敢提出自己的见解，人云亦云，拾人牙慧，又有谁能够放心地对他委以重任，安排他独当一面……当有些人将陋习视为自然的时候，他将会品尝到自酿的苦果。

有一个著名的试验足以说明习惯的威力：把青蛙放在开水中，青蛙会迅速跳出来；但是把它放在冷水中慢慢加热，青蛙就会感觉很舒服，直到最后被烫死。我们身上的很多不自觉行为，就像试验中青蛙所处的水一样，在不觉中产生危害。

给自己一段时间，总结你生活中的成功与失败，寻找成功与失败的根本原因，把这些原因一条条清晰地写下来，再把你生活中所有的习惯写下来，看看哪些习惯是好习惯，哪些是坏习惯。如果自己想不清楚，就求助于那些了解你的人，他们能一针见血地指出你的优点和缺点。当你把成功的原因和好习惯列成一栏，把失败的原因和坏习惯列成一栏之后，你会吃惊地发现，你的好习惯就是你成功的原因，而坏习惯正是你失败的原因。

达尔文说过，不管社会如何发展，生存得好的一定是那些平日里养成良好习惯的人。虽然有些残酷，却是一条经由实践证明的道理。

改变是不容易的，因为对一贯的做法感觉很自在、很舒服，所以，人都有一种本能的抗拒改变的倾向。但是，阻碍成功、妨碍前进的坏习惯必须改掉，理智的做法就是正视改变、迎接改变、接受改变。

那么，如何破除恶习，而代之以良好习惯呢？这样的改变往往在一个月内就可以完成。办法如下：

1.选择适当时间。事不宜迟，想改变习惯而又一再拖延，就会更加害怕失败。在较为轻松的日子，所下的决心即使面临考验也较易应付。

2.运用意愿力而非意志力。习惯所以形成，是因为潜意识把这种行为跟愉快、慰藉或满足联系起来。潜意识不属于理性思考的范畴，而是情绪活动的中心。运用理智对抗潜意识，简直难以制胜，因此，要戒掉恶习，意志力不及意愿力有效。

3.找个替代品。培养一种新的好习惯，那么改掉坏习惯就会容易得多。

4.按部就班。一旦决定改变习惯，就拟定当月的目标。要切合实际，善于利用目标的"吸引力"。如果目标太大，就把它化整为零。达到一项小目标时不妨自我奖励一下，借以加强目标的吸引力。

5.切勿气馁。成功值得奖励，但失败也不必处罚。在改变习惯的时间内如果偶有失误，不要自责或放弃，一次失误不见得是故态复萌。

避免重染旧习比最初戒掉时更困难。但是如果你把新习惯维持得越久，就越不会重蹈覆辙。

第5章 积极的心态

俗话说："播下一种心态，收获一种思想；播下一种思想，收获一种行为；播下一种行为，收获一种习惯；播下一种习惯，收获一种性格；播下一种性格，收获一种命运。"这句话是从心态开始，命运结尾的。它揭示出一个道理：一个人的心态如何，决定了他的人生命运走向和结果。

一、不同的心态导致不同的人生

“人与人之间只有很小的差异，但是这种很小的差异却造成了巨大的差异！这个很小的差异就是所具备的心态是积极的还是消极的，巨大的差异就是成功和失败。”

心态即一个人的心理状态，或者说是一个人在处理问题中所持的态度，其内涵包括信心、信念、毅力等。

美国伟大的哲学家威廉·詹姆斯曾说过：“我们这一代最伟大的发现是，人类可以经由改变心态而改变自己的生命。”还有一位伟人也曾说过：“要么你去驾驭生命，要么生命驾驭你，你的心态决定了谁是坐骑，谁是骑师。”你用什么样的心态对待你的人生，生活就会以什么样的态度来对待你。你消极委靡，生活就会暗淡无光；你积极向上，生活就会给你许多快乐。如果你时刻将自己定位在骑师的角色，积极主动地把握好、驾驭好自己的人生，以良好的心态待人处世，就可以把人生的舞台演绎得异彩纷呈。

看来，事物都有其两面性，问题就在于当事者怎样去看待它们。看事情的心态和角度不同，就会得到迥然相异的结果。面对金黄的晚霞映红半边天的情景，有人叹息：“夕阳无限好，只是近黄昏。”也有人想到的是：“莫道桑榆晚，为霞尚满天。”还有人认为：“但得夕阳无限好，何须惆怅近黄昏。”由此来看，对同一件事的不同心态，必然导致不同的结果。积极的心态有助于人们克服困难，使人看到希望，保持进取的旺盛斗志。消极心态使人沮丧、失望，对生活和人生充满抱怨，自我封闭，限制和扼杀自己的潜能。其中的关键在于如何把握自己的心态。

有个古代秀才赶考的故事。一位秀才初试失败后不气馁，回家苦读后第二次进京赶考，住在一个以前住过的店里。考试前一天，他接连做了两个梦。第一个梦是梦到自己在墙上种高粱；第二个梦是下雨天，他戴了斗笠还打伞。秀才很迷信，第二天就赶紧去找算命先生解梦。算命的一听，连拍大腿说："你还是回家吧，你想想，高墙上种高粱不是白费劲吗？戴斗笠还打雨伞不是多此一举吗？"秀才一听，心灰意冷，回店收拾包袱准备回家。店老板非常奇怪，问："明天才考试，你怎么今天就回乡呢？"秀才如此这般解释了一番，店老板乐了，说："我也会解梦。我倒觉得，你这次一定会考中啊。你想想，墙上种高粱不是高种(中)吗？戴斗笠打伞不是说明你这次是有备无患吗？"秀才一听，觉得有道理，于是精神振奋地参加考试，居然中了个榜眼。

一艘轮船在海上行驶，风暴袭来，船在浪峰里颠簸，绝大多数乘客都惊慌失措，只有一位老妇神情自若。风暴过后，人们问她为何在危险时刻能镇定自若。老人回答说："我有两个女儿，大女儿已经被上帝召回去了天堂，我这次乘船去二女儿家。刚才风浪大作的时候，我向上帝祷告：如果接我回天堂，我就去看大女儿；如果留住我的性命，我就去看二女儿。不管去哪里，都能同女儿在一起，有什么可怕的？"

在挫折、不幸、灾难降临的时候，我们务必保持平静的心态，因为惊慌、恐惧、忧郁只会使我们丧失理智，失去走出困境的机会和勇气。我们常常左右不了外部的世界，但是，我们可以把握自己的心态。把握住了自己的心态，也就是把握住了一个美丽而安宁的精神世界。

作为领导干部，在经济社会发展过程中，难免会遇到各种各样的问题，总会遇到一些不称心、不如意的事。比如谁都被人误解过，谁都不同程度地受到过不公正的待遇，受到或重或轻的打击和刺激，由此产生一些不良的情绪,这是正常的。重要的是别把不良的情绪、不良的心态留在心里。

有位领导干部因患重病离开了领导岗位,在住院期间,面对每一位去看望他的人,他说得最多的是别人如何对不起他,某某班子成员老跟他作对,某某下属忘恩负义,在他的记忆中,整个天空中只剩下怨恨的乌云,这怨恨煎熬着他的五脏六腑,使他日渐形销骨立。开始,还常有部属故旧去看望他,希望给他人生道路的末端带去温暖和宽慰。然而,他不停地拿自己的狭隘和怨恨折磨探视他的人。面对他无休止的怨恨和因仇恨而变得可憎的面目,大家都退避三舍。于是,很少有人去看望他,他更是怒火万丈,加深了怨恨的同时也加速了他的死亡。

如果不是这样,这位领导干部也许会度过他人生道路上一段风景宜人的晚程,也许会因精神愉快、治疗得当而病情好转。或许这位领导干部是有理由怨恨,也许真的有人对不起她,但是,拿别人的错误折磨自己,将自己锁在苦恼的深渊,唯一受损害的是他本人。

与此相反,有位领导干部身居高位,配有专车。因为他住的地方离办公室不太远。所以每天上班放着专车不用,坚持步行,结果有一次被一位莽撞的摩托车骑手挂倒在地,骑手吓得魂魄都散了,家属惊魂未定:"太危险了,连头上都擦破皮了。怎么这么倒霉,以后再也不能步行了。"这位领导则说:"这么危险的情况下却只是擦破了点皮,真是幸运。所谓大难不死,必有后福啊!"继续坚持每天步行上班。结果是每天精神愉悦、身体健康。

所以,凡事往好处想,就会觉得人生快乐无比。人生没有绝对的苦乐,只要凡事肯向好处想,自然能够转苦为乐、转难为易、转危为安。这种积极的心态是成功的起点,是生命的阳光和雨露,让人的心灵成为一只翱翔的雄鹰。消极的心态是失败的源泉,是生命的慢性杀手,使人受制于自我设置的某种阴影。换种心态看问题,不仅可以为自己获得更大的发展空间,还可以以一种更坚强的姿态去拓展人生新的领域,甚至使得自己的前途和命运获得新的重大改变。

有一位黑人父亲带着儿子去参观梵·高故居,在看过那张小木床及裂了口子的皮鞋之后，儿子问父亲：“梵·高不是位百万富翁吗？”

父亲答：“梵·高是位连妻子都没娶上的穷人。”第二年，这位父亲带儿子去丹麦，在安徒生的故居前，儿子又困惑地问，“爸爸，安徒生不是生活在皇宫里吗？”父亲答：“安徒生是位鞋匠的儿子，他就生活在这栋阁楼里。”

这位黑人父亲是一个水手，他每年往来于大西洋各个港口，他的儿子叫伊东·布拉格，美国历史上第一位获普利策奖的黑人记者。20年后，在回忆童年时，伊东说：“那时我们家很穷。在当时像我们这样地位卑微的黑人是不可能有什么出息的，好在父亲让我认识了梵·高和安徒生。这两个人告诉我，上帝没有轻看卑微的人。”

伊东的父亲用梵·高和安徒生的事迹教育了伊东，使他树立了良好的心态，克服了肤色、人种、家境等先天不足的条件，最终取得了成功。很多时候，人的出身、相貌、家境等等先天条件是无法改变的，但至少，内心状态、精神意志完全是自己控制的。

美国成功学学者拿破仑·希尔说过的一段话更是精辟地阐述了心态的意义：“人与人之间只有很小的差异，但是这种很小的差异却造成了巨大的差异!这个很小的差异就是所具备的心态是积极的还是消极的，巨大的差异就是成功和失败。”

张国焘在长征途中分裂中央的图谋破产后，硬着头皮到了陕北。张国焘拒不承认自己“反对北上、另立中央、分裂红军”和“右倾机会主义路线”的错误，心中对中央作出的《关于张国焘错误的决定》极为排斥，对中央让他担任陕甘宁边区政府代理主席认为是给个闲职。加之以前拥戴他的那些部下，大多数离他而去，有的还掉过头来反戈相击，这一切使他产生了失意后的悲观和颓废，心中异常痛苦，强烈的愤恨使他对共产主义运动以及毛泽东产生厌恶。1938年4月5日，张国焘在代表中共参加祭扫黄帝陵的活动结束后，谎称去西安办事，钻进了西安绥靖公署主任蒋鼎文的房车，投靠到敌对阵营，最终走上了叛党叛国的道路。

与此相反，一代伟人毛泽东则从来都是保持革命乐观主义精神的革命者，同时这种精神也一直影响着后来人，他的一生中经历过许许多多的艰难坎坷，他老人家经常说的话是："道路是曲折的，前途是光明的。"

1929年6月间，红四军在第三次打下福建龙岩时召开了红四军党的第七次代表大会。这天，毛泽东的红四军前敌委员会书记一职被选掉了。同时他又大病一场，患的是当时很难治愈的疟疾。在他养病期间，外界没有了毛泽东的消息。国民党的报纸甚至发了一个号外，称"匪首"毛泽东被"击毙"于山中。远在莫斯科的共产国际，也郑重其事地发了一则一千多字的《讣告》。说中国共产党的奠基者、中国游击队的创立者和中国红军的缔造者之一的毛泽东同志，因长期患肺结核在福建前线逝世。1929年10月10日，人们用担架抬着毛泽东来到了上杭，住在城南汀江岸边的一座临江小楼上面。第二天，就是农历九月九日重阳节。触景生情的毛泽东禁不住回首往事。秋收暴动，中央责怪他没有坚持攻打长沙，撤了他的政治局候补委员之职。传到井冈山，说成是开除了他的党籍，一度不能过组织生活。几个月前，又在红四军"七大"上落选，失去了前委书记之职。这次挫折不是来自"远方"，而是来自"眼前"——被自己的部下选掉。对毛泽东来说，这个打击恐怕比天边飞来的那些指责贬黜来得更大。然而，要想成为英雄，就必须经历这些沧海。想到此，毛泽东欣然赋词一首：

人生易老天难老，岁岁重阳。今又重阳，战地黄花分外香。
一年一度秋风劲，不似春光。胜似春光，寥廓江天万里霜。

毛泽东为这首采桑子词取名为《重阳》。古代诗人常常"吟咏生命，怀念故乡，移情老人"的重阳节，在毛泽东的人生感受里却格外地透露着远非闲病之人所能达到的乐观和高昂。他把人们引到一个革命家和共产主义战士的新的感怀世界；他把秋日菊花勾起的感伤和寂寞，投射到对开阔的大自然的凝视之中，从中体会到春天的生命状态，心情显然又归于明朗。试想，如果毛泽东那时候没有良好的心态，而是相反，那他首先精神会垮下去，接着身体也就此垮下去,在当时那种条件下,那只有死路一条!可是,因为他是毛泽东,即使在那样的条件下,他依然保持着良好的心态,保持着革命乐观主义精神,所以,他不仅活下来了,而且在后来的峥嵘岁月里建立了不朽功勋!

不同的心态导致不同的人生。心态影响人的能力,能力影响人的命运。一个人能否成功,关键在于他(她)的心态。人生问题就是个心态问题。总之,心态决定人生是否能够最终成功,决定人生最终能够达到什么高度。

二、控制好自己的情绪

上帝要毁灭一个人,必先使他疯狂。

在美国加州有一个聪明漂亮的小女孩,她的父亲买了一辆大卡车。她父亲非常喜欢那辆卡车,总是为那辆车做精心的保养,以保持卡车的美观。

一天,小女孩拿着硬物在她父亲的卡车上刮下了很多的刮痕。她父亲盛怒之下用铁丝把小女孩的手绑起来,然后吊着小女孩的手,让她在车库前罚站。四个小时后,当父亲平静下来回到车库时,看到女儿的手已经被铁丝绑得血液不通了!父亲急忙把她送到急诊室,手却已经坏死,医生说不截去手的话是非常危险的,甚至可能会危害到小女孩的生命。就这样小女孩永远失去了她的一双手!但是她不懂……她不懂到底发生了什么……父亲的愧疚可想而知。

大约半年后,小女孩父亲的卡车进厂重新烤漆,又像全新的一样了,当他把卡车开回家,小女孩看着完好如初的卡车,对他天真地说:“爸爸,你的卡车好漂亮哟,看起来就像是新卡车。但是,你什么时候能把我的手还给我?”

不堪愧疚折磨的父亲终于崩溃,最后举枪自杀。

《三国演义》中蜀国的刘备,因为被东吴夺走了荆州,杀害了他的结拜

刘备

兄弟关羽，一怒之下，率百员战将，御驾亲征发动了对东吴的战争。东吴的孙权起用陆逊为大都督，抵御刘备。陆逊以柔克刚，后发制人，火烧蜀军连营700里。刘备70余万人马被杀得大败而归，蜀国从此一蹶不振。

拿破仑·希尔说："一个人除非先控制了自己，否则他将无法控制别人。它也使我明白了这句话的真正意义：'上帝要毁灭一个人，必先使他疯狂。'"《孙子兵法》上说，主不可以怒而兴师，将不可以愠而致战。如果刘备能控制好自己的情绪，冷静地寻求对策，蜀国可能不至于这么早就衰落了。而一场家庭悲剧的发生，只是因为父亲没能控制住自己的恶劣情绪。这就说明，控制情绪，不仅对一个个人、对个人的事业和人生非常重要，甚至对一个国家和民族的命运都是非常重要的。

美国《情绪智力》的作者丹尼尔·戈尔曼教授把人的情商能力概括为五

大方面。第一,认识自身情绪的能力。第三,自我激励能力。第四,认识他人情绪的能力。第五,人际关系处理能力。

那么他排在第二位的情商能力是什么呢?就是妥善地管理自己情绪的能力。就是能够不让自己的情绪像一匹脱缰的野马而控制不住。

"情绪"就像影子一样每天与人形影相随。在我们日常的生活、学习和工作中,时时刻刻都体验到情绪的存在,时时刻刻都体验到情绪给我们的心理和生理上带来的变化。每个人从自身的经验出发,都对自己的情绪有固定的看法,但是,情绪实际上比我们想象的要复杂得多。

那么,什么是情绪呢?普通心理学中讲:情绪是指人对认知内容的特殊态度,是以个体的愿望和需要为中介的一种心理活动。情绪包含情绪体验、情绪行为、情绪唤醒和对刺激物的认知等复杂成分。

上世纪初,英国医生费里斯和德国心理学家斯沃博特同时发现了一个奇怪的现象:有一些病人因头痛、精神疲倦等,每隔 23 天或 28 天就来治疗一次。于是他们就将 23 天称为"体力定律",28 天称为"情绪定律"。20 年后,特里舍尔又发现了"智力定律"。后来,人们就将"体力定律"、"智力定律"和"情绪定律"总称为生物三节律。

一个人从出生之日起,到离开世界为止,生物三节律自始至终没有丝毫变化,而且不受任何后天影响。三种节律都有自己的高潮期、低潮期和临界日。以情绪为例,在高潮期内,人的精力充沛、心情愉快,一切活动都被愉悦的心境所笼罩;在临界日内,自我感觉特别不好,健康水平下降,心情烦躁,容易莫名其妙地发火,在活动中容易发生事故;而在低潮期内,情绪低落,反应迟钝,一切活动都被一种抑郁的心境所笼罩。但一个人的情绪不可能一直处于低潮,也不可能一直高涨。人的情绪总是从兴奋到抑制,从抑制再到兴奋,往复循环。因此,如果我们在某种程度上能够了解情绪、认识情绪,将不仅有利于我们的身心健康,而且对我们的学习、工作甚至事业的发展都十分有利。

由于情绪的变化,我们可以将情绪简单地分为消极的情绪和积极的情绪。大凡恐惧、仇恨、愤怒、贪婪、嫉妒、报复、忧伤之类的情绪都属于消极的情绪，而积极的情绪阵营中则经常包括爱、希望、信心、同情、乐观、忠诚、快乐等。

毫无疑问，我们都知道积极的情绪是有益的，而消极的情绪是有害的。

首先，积极的情绪有益于人的身体健康，而消极情绪对我们的健康危害很大。科学家们已经发现，经常发怒和充满敌意的人更可能罹患心脏病。哈佛大学曾调查了1600名心脏病患者，发现他们中经常焦虑、抑郁和脾气暴躁者比普通人多三倍。心理学家还做过这样一个实验：设法收集人在生气时呼出的气体，然后将这些气体溶于水中，将溶液注射到小白鼠的体内，发现小白鼠在一段时间后死亡。科学实验告诉我们，人在生气的时候，体内的免疫细胞的活性下降，人体抵御病毒侵害的能力减弱，因此容易受到病毒的侵入，导致疾病；人情绪不好的时候，体内还会分泌出一种毒性的荷尔蒙，这种荷尔蒙聚积起来，会形成和漂白粉一样的分子结构，对人体产生不利的影响。时间一长，人容易患上慢性病甚至癌症。

其次，情绪会干扰人的理性判断和决策。人在进行判断的时候，容易受到情绪的干扰，进而影响到决策。

最后，情绪具有感染性。积极的情绪会使整体团队显得积极阳光，而消极情绪也会传染给整个集体，使大家都很沮丧。

然而，美国密歇根大学心理学家南迪·内森的一项研究发现，平常人一生中平均有近三分之一的时间处于情绪不佳（消极的情绪）的状态。既然消极的情绪对人的影响极大，而我们又无法完全消除消极的情绪。所以我们应该学会努力控制消极情绪，并尽可能地将之转化为积极情绪。有句名言讲："控制你的情绪，不然它就控制你。"只有能控制自己情绪的人，才能把握自己的未来。

那么，怎样控制情绪呢？情绪控制的能力可能因人而异，但是如果我们平时加以良好训练，情绪控制能力是可以慢慢培养和形成的。主要应注意以下几个方面：

第一，正确认知情绪。首先是要掌握情绪的有关知识。其次是要认真分析、评估自己的情绪状况，看自己的情绪及情绪控制有哪些缺欠，缺欠在哪里？最后是要理性的认识情绪，理智地考虑消极情绪的后果。

第二，克服紧张情绪。压力、矛盾、冲突、风险、危机，很容易使我们紧张。过多的紧张对工作对身体对生命都没有好处，那克服紧张的情绪方法是什么？有正确的目标，沟通协调，学会享受，参加一些文明的娱乐活动。

第三，培养自己的忍耐性。要调整好心态，心平气和地做人做事。要树立适当的目标。张弛有度，沉着冷静。学会冷处理，学会缓解和释放压力。遇到情绪急躁时，可以采取以下紧急步骤：第一步，离开引发情绪失控的环境，包括人、事、物。第二步，将大脑的注意力分散到其他愉快的事情上。第三步，深呼吸，并进行快走或者爬楼梯等运动以改变身体的生理形态。

第四，化解消极情绪。学会放松，及时将注意力从自己的消极情绪上转移到其他方面去。可以通过改变注意焦点、分散注意力，做自己平时最感兴趣的事，改变环境等具体实施，把不良情绪化为积极的行动。同时，可以用“幽默化解法”来化解消极情绪。幽默的作用有二：一是生活的调味剂。幽默感强的人，通过调侃自己，减轻心理上的挫折感，求得内心的安宁。二是精神的消毒剂。以幽默的态度应对现实，往往可以使本来紧张的情绪变得比较轻松，使一个窘迫的场面在笑语中消逝。可以通过看漫画或喜剧表演、讲笑话、自我解嘲等具体实施。

第五，锻炼自控能力。尽量平和情绪，稳定协调情绪，不要大起大落，不要喜怒无常。顺境的时候不要忘乎所以，得意忘形；逆境的时候不要垂头丧气，消极委靡；遭受打击的时候要泰然处之，应付自如。一是遇到事情和问题先别急，要冷静思考其原因。二是碰到恼人的事情，先不要发火，努力让自己安静下来，然后再做决定。三是一定要学会制怒，喜怒哀乐是人之常情，但有些事情一旦爆发，事后是无法弥补的。具体和简单的技巧包括转移注意力、数数字等，一二三四五六七，慢慢数，一般数到 60 位的时候，有火也就发不起来了，心态自然平和了。

第六，培养积极情绪。要想得开。快乐是一生，愁苦也是一生。善于自找乐子，自己找乐趣。当出现不良情绪苗头的时候，可以寻找自己喜欢的东西缓和及激发积极良好的情绪。比如，做自己喜欢做的事情，看动画片，听音乐，唱喜欢的歌曲等。这种自得其乐的方法能起到很好的“抚慰心灵”的作用。

第七，顾及他人情绪。学会换位思考！不能光看自己的情绪，要顾及他人的情绪。考虑事情要从大局出发，对上不卑不亢，对下恩威并重，并敢于有技巧地说不。

第八，适当合理宣泄。激动的情绪一直闷在心里，或者因为压力太大了，可以适当的宣泄。可以找一个肯听你倾诉的好朋友，把自己的心里话尽情地说给他听，甚至可以讲得泪流满面；也可以找一个没有人的地方，对着远处大声叫喊一会儿；再可以对着不会损坏的东西重重地给它几拳头或者几脚。“哭泣宣泄”也是一个好办法。从医学角度讲，短时间内的痛哭是释放不良情绪的最好方法，是心理保健的有效措施。因为人在情感激动时流出的泪会产生高浓度的蛋白质，它可以减轻乃至消除人的压抑情绪。但要注意不能时间过长或遇事就哭，那样反而会加重不良情绪体验。还有“书写疏泄”、“运动疏泄”等。书写倾诉可以使自己与自己的情感世界联系起来，从而能完全充分地表达情感，将愤怒压抑的情感发泄出来，得到解脱。从事体育活动能使人的情绪得到改善，摆脱情绪困扰。

第九，营造情绪环境。家庭和睦，老师和蔼，同志合作，社会和谐，对我们的影响特别大。这是一种无形的训练，无声的培养。要提高自身素养，建立良好人际关系。

第十，提升自我。树立正确的世界观、人生观、价值观。培养自己宽广的胸怀，养成积极、开放、阳光的心态，培养三思后行的习惯，培养幽默感等等。

三、心态阳光世界都会充满阳光

生命的本质在于追求快乐，使得生命快乐的途径有两条：第一，发现使你快乐的时光，增加它；第二，发现使你不快乐的时光，减少它。

阳光就是日光。在日常用语中，一般用来形容积极开朗、充满青春活力或者公开透明。在日常生活中，阳光代表着健康积极的生活态度，代表着热情向上的精神风貌。

阳光是世界上最光明、最美好的东西，她驱赶黑暗，给人们身心温暖；她如柔风拂面，使人感觉美丽芬芳；她普照大地，让世界充满希望。

海伦·凯勒说："面对阳光，你就看不到阴影。"阳光心态是一种积极的认知，就是人的心里充满阳光!就是积极、健康和充满关爱的心态。

阳光心态让人有一种全身心的释放，站在高处看世界，站在山上看风景，自然是另外的享受，另外的快乐！

阳光心态不一定要你付出多少，也不需要你如何去惊心动魄，只需要一个健康的心态，一个发自内心的微笑。

阳光心态能使人心境良好，身心健康，人际关系处理恰当，适应环境并力所能及地改变环境。具备阳光心态可以使人深刻而不浮躁，谦和而不张扬，自信而又亲和。

一个人是否拥有阳光般的心态，直接或间接地影响到工作、学习、生活的方方面面。拥有健康、热情、积极、向上的心态，做好一切工作就有了良好的开端，出色地完成工作任务也就有了一个强健的保障。

然而，人有悲欢离合，月有阴晴圆缺。生活中，既有花香鸟语，也有风霜雨雪；既有花开花落，也有潮起潮落；既有缘来缘去，也有分分合合。一个人行进在漫长而又曲折的人生道路上，不可避免地遇到这样那样的问题和困扰。当今社会，在给人们带来丰厚物质回报的同时，也让人们心理承受着前所未有的压力，各种心理问题日渐显现。很多时候人总是对自己缺乏自信，或者对自己的成功太苛刻，于是你就会觉得缺失，你会自然地不快乐起来，其实这种不快乐也是对自己缺乏自信，而当性格当中不快乐多起来的时候那份自卑也开始滋长，那么怎么办呢？我们总不能因为一点点的烦恼就让自己整天愁眉苦脸吧，如果不懂得调节自己的心态，任其自由发展下去，最终会泛滥成灾。

有个哲人说："人生的终极目的是快乐。金钱、权力、科学、艺术、道德、宗教都只是途径。"亚里士多德说，生命的本质在于追求快乐，使得生命快乐的途径有两条：第一，发现使你快乐的时光，增加它；第二，发现使你不快乐的时光，减少它。人之快乐在于心之快乐，人之幸福在于心之幸福。我们不妨打开心灵的窗户，保持一种阳光心态，坦然、乐观地面对困境，让自己时常拥有一颗快乐之心，用太阳的温暖战胜那份自卑，把所有的阴霾都从心灵中赶出去，让理智、和谐的阳光根植于我们的心田。一旦拥有了阳光心态，就能享有快乐的空间、成就幸福美丽的人生！一旦拥有了阳光心态，面对各种烦恼，会不断地调节自己，化被动为主动，变不利为有利；面对生活中的顺境与逆境，能够泰然处之，沉着应付；做到宠辱不惊，临危不乱；碰到高兴事时，不会欣喜若狂，手舞足蹈，忘乎所以；遇到烦心事时，不会牢骚满腹，心情沮丧，委靡不振。

积极、健康、向上的阳光心态并不是天生的。清华大学经济管理学院吴维库博士提出塑造阳光心态的主张。提出要引导人们调整好自己的心态，营造知足、感恩、乐观开朗的心理，树立积极、豁达、向上的人生态度，把个人内心和谐作为开启社会和谐之门的一把钥匙。那么，怎样塑造阳光心态呢？

第一，天堂、地狱由心造。西方有一句格言是，怀着爱心吃素菜，胜过怀着怨恨吃牛肉。一个人幸福不幸福，在本质上和财富、地位、权力没关系。幸福由思想、心态决定，心可以造天堂，也可以造地狱。

一个日本武士问一个老禅师：师父，请问什么是天堂？什么是地狱？老禅师轻蔑地看了他一眼,说你这种粗糙、卑鄙的人,根本不配和我谈天堂。武士被激怒了,嗖地拔出刀,把刀架在老禅师的脖子上,说糟老头,我要杀了你!老禅师平静地说,这就是地狱。武士明白了,愤怒的情绪是地狱,把刀收回鞘中。老禅师又平静地说,这就是天堂。武士听明白了,心情好就是天堂,马上跪下说谢谢师父。

第二,不能左右天气,但可以改变心情。今天下雨了,道路泥泞,但你应该想,下雨空气湿润有益健康;农民的庄稼终于可以保住了,今年的物价不会大涨了。今天刮沙尘暴了。但你应该想,正因为有沙尘暴,才知道美好天气的可贵。今天下雪了,你刚好没穿够衣服,冷得打哆嗦。但你应该想,瑞雪兆丰年,明年会是个丰收年了。

第三,不能改变环境就适应环境。有一个印度人练习搬山术,苦练了若干年,发功准备搬山,发了半天功发现山没动。他向师父抱怨,搬不动山。师父对他说,山搬不过来你过到山哪边去不就行了吗。

第四,改变不了事情就改变对事情的态度。事情本身不重要,重要的是人对这个事情的态度。一个人因为发生的事情所受到的伤害不如他对这个事情的看法更严重。

有位副处长,干了10多年还是副职,心中愤愤不平。但是,中国各级行政机关工作人员,数量为500余万人,能够到达县处级的只有64多万,比例为12%左右;包括行政机关、政党机关和社会团体的公务员和参照公务员管理人员,数量为1053万人,县处级仅仅是一个零头。如果他能从这个角度看问题,情况就会发生很大的变化。有的副教授因为没有晋升为教授而心情不太好。但是,如果他能够从另外一个角度想:“还有很多讲师连副教授都不是,还有很多人想到大学当讲师但来不了,我现在是副教授了,已经不错了,而且我一直在向教授努力。”如果没法改变这个事实,就改变对这件事的态度,问题就解决了。

第五,没法避免错误,但可以选择宽容。要学会忘记、谅解、宽容。不原谅等于给了别人持续伤害你的机会。帮了别人的忙要立刻忘掉,不要把自己对有老小两个和尚下山化斋，回来的路上遇到了一条河，河边有一个靓丽女子，女子不敢过河。老和尚有心想去帮她，又怕别人说闲话，小和尚毫不犹豫把女子背过河去。快到庙的时候，老和尚说，出家人不近女色，你为什么要背那个女子？小和尚说，我已经把她放下在河边了，你怎么还背着她啊？

别人的恩惠成为别人的包袱，要打开鸟笼，让鸟飞走，把自由还给鸟。

第六，压力大的时候学会弯曲。积极上进是对的。因为没有达到最好，所以还要努力。因为没有达到顶点，所以还有上升空间，有希望是一个人上升的动力。但如果不善于妥协，不学会弯曲，不善于对当前状况满意，那你就会永远生活在痛苦中。

成功学告诉大家，不想当将军的士兵不是一个好士兵，不想当船长的水手不是一个好水手。但是很遗憾，往往一支军队只有极少数人可以当上将军，一艘船上只有一个人能当船长。如果你不服气，你想当，那你只有比他人都优秀。但如果每个人都想当将军、当船长，那就只有你死我活，大家都得不到、成不了。结果是没法组成有序的组织结构，社会不成其为社会。

第七，没有足够的本钱，就要学会利用现有资源。巧妇难为无米之炊。但如果家里没米，你可以先下面条，而不能干等着饿肚子。如果有柠檬，就做柠檬水。你就别嚷嚷怎么没有苹果、香蕉啊？当你具备的条件不足时，你不必只顾埋怨。你要做的是利用现有的资源把事情做成而不是消极等待。当你选择全力以赴时，你不会后悔。当你消极等待而不投入，你将失去另一个机会，你现在走的每一步都是通向未来的进步的阶梯。

第八，不能样样得到，就要善于放弃。人生会有很多的欲望，包括财物、名利、感情、地位等等。但不可能样样得到，十全十美。人的精力有限、时间有限、寿命有限，所以一定要集中精力去做一些能做好的事情，能做成的事情，自己爱做的事情。同时要明白：结果往往未必尽如人意。我努力了，我尽力了，我认真了，我三思而后行了，但其结果怎么样，有时候就不是我个人所能控制的。所以我们要有所取舍，并善于放弃。

第九，不能样样顺利，但可以事事尽心。人生不如意事十之八九。但在此之外，不是还有一两件开心的事情吗？毛泽东说过："我们的同志在困难的时期，要看到成绩，要看到光明，要提高我们的勇气。"所以要学会笑面人生，生命是宝贵的，活着是幸福的，工作是美丽的，开心每一天。这样的话，就会拥有一种阳光的、健康的心态。如果老想不快乐的事情，怎么会愉快呢？

有一个人在自己的左右手掌中各文了两个字，左边是开心，右边是快乐。我们未必人人都要这样做，但同样可以时刻提醒自己要塑造阳光心态。拥有了阳光心态，你将拥有超然豁达的人生；拥有了阳光心态，你就不会在苦闷失落中迷失自己；拥有了阳光心态，你就不会在色彩缤纷的社会中失去方向；拥有了阳光心态，你会拥有阳光般的笑容，让别人都能感受到阳光般的温暖；拥有了阳光心态，你的生命将会更灿烂、更美好！

四、常怀一颗感恩之心

感恩是个泊来词。感恩二字，《牛津字典》给的定义是："乐于把得到好处的感激呈现出来且回馈他人。"《现代汉语词典》的定义是："对别人所给的帮助表示感激。"

在美国，每年 11 月的第 4 个星期四是感恩节。它是美国人民独创的一个节日，是一个充满感谢和爱的节日。

1620 年，著名的"五月花"号船满载一批在英国受到宗教压迫而追求宗教和政治自由的 102 名清教徒横渡大西洋，在酷寒的 11 月里，到达现在美国马塞诸塞州的普里茅斯登陆。在第一个冬天，他们遇到了难以想象的困难，半数以上的移民都死于饥饿和传染病，活下来的移民只有 50 来人。这时，心地善良的印第安人给他们送来了生活必需品，还特地派人教他们怎样狩猎、捕鱼和种植玉米、南瓜。在印第安人的帮助下，移民们终于获得了丰收。为了感谢上帝赐予的丰收，并感谢印第安人的真诚帮助，他们举行了盛大的庆祝活动。从此，这一习俗就延续下来，并逐渐风行各地。1863年，美国总统林肯宣布每年11月的第4个星期四为感恩节。每年的这一天，美国人欢聚一堂，进行一次特殊的祈祷，感谢、颂扬上苍在过去一年里的仁慈和恩惠。非但如此，它更成为一种帮助穷人的社会活动。

有一首歌叫《感恩的心》。“感恩的心，感谢有你，伴我一生，让我有勇气做我自己……”

每当听到《感恩的心》这首歌，总会有一股暖流涌过心田。感恩，是人世间最朴实而又最厚重的情感。

那么到底什么是感恩呢？

感恩是从我们心灵深处自动生发出来的一种强烈的认同。对太阳的感恩，那是对赐予我们温暖的感激；对蓝天的感恩，那是对涤净我们心灵的认同；对草原的感恩，那是我们对“野火烧不尽，春风吹又生”的生命力量的叹服；对大海的感恩，那是我们对海纳百川、兼收并蓄的一种倾听。

感恩是一种无私。母亲用子宫孕育我们10个月，尔后用乳汁将我们哺育长大。而更伟大的是母亲从不希望得到什么。

感恩是一种铭记。生活中、工作中、学习中所遇之事所遇之人给予的点点滴滴的关心与帮助，都值得我们用心去铭记。感恩就是对那些无私的人性之美和不图回报的惠助之恩铭记在心、铭刻在骨。

感恩是一种表示。是对别人给予帮助的感激，是对他人的付出萦绕心间情感的呈现，是为了擦亮蒙尘的心灵而不致麻木。

感恩是一种尊重。是对自然规律、社会规律和生命价值的敬畏与崇拜，是一种对自然、社会、他人的尊重，这种尊重是从我们灵魂深处和血管里喷涌出的尊重他人与自尊。

感恩是一种态度。是一种处世哲学，是生活中的大智慧。感恩可以消解内心的积怨，感恩可以涤荡世间一切尘埃。人生在世，不可能一帆风顺，种种失败、无奈都需要我们勇敢地面对、豁达地处理。

感恩是一种品德。是一个人与生俱来的本性，是一个人不可磨灭的良知。一个连感恩都不知晓的人必定是拥有一颗冷酷绝情的心。如果人与人之间缺乏感恩之心，必然会导致人际关系的冷淡和紧张，所以，感恩是现代社会健康人格品质的象征。

感恩是一种收获。“送人玫瑰，手留余香。”“人人爱我，我爱人人。”心存感恩之心，我们自身才会因此变得愉快而又健康，才会朝气蓬勃、豁达睿智、好运常在、远离烦恼，才能收获更多的人生幸福和快乐。

感恩是一种报答。古人云“施人慎勿念，受施慎勿忘”、“知恩图报”、“滴水之恩，涌泉相报”。感恩就是尽己所能，对于曾经给予我们、帮助我们的一种从内心和行为上的回报。但感恩又不仅仅是为了报答，因为许多令人动容的恩泽是我们无法回报的，有些恩情更不是等量回报就能一笔还清的。

中国人历来讲究要感激养育之恩、知遇之恩、提携之恩、救命之恩的。那么我们到底应该感恩谁呢？

光阴荏苒，生命轮回。追根溯源，之所以有了生命，乃是父母养育之恩。这是来到世上的第一个恩泽渊源，这是永远还不清的恩泽。因此，人生天地间就应该怀着一颗感恩的心，去报答父母的养育之恩。

“十年修得同船渡，百年修得共枕眠。”我们还要感恩人生道路上的伴侣，他（她）是每个人的人生另一半。当我们走向婚姻殿堂的时候，注定了这个人要与你相拥着走向人生的尽头。爱在伴随着你，相互支撑在伴随着你，新的生命轮回在伴随着你。这是人生道路上的天籁。因此，我们要感恩自己人生的另一半。

人的成长过程中，除了父母的养育之恩，等到上学，有老师的授业教诲之恩；工作以后，又有领导关怀、栽培之恩，同事的配合、支持之恩，朋友的友情、帮助之恩。年纪大了之后，又免不了要接受晚辈的赡养、照顾之恩。

人生一世草木一秋，我们还要感恩大自然给予我们的恩赐。春踏青，夏戏水，秋看色，冬观雪。美丽的大自然给我们带来愉悦的享受，赐予我们丰富的收成，赠给我们富饶的资源。山水有情，人亦有情，我们应该感恩大自然的慷慨。

那么，我们该如何常怀一颗感恩之心呢？

我们应该学会感谢你生命中出现的每一个人每件事。感恩国家和社会；感恩那些帮助过你，给过你温暖，帮你度过生命中寒冷冬天的人。感谢你生命中发生的每一件事，不论是甜蜜还是苦涩，它们组成你生活的一部分。心存感恩，知足惜福，人与人、人与自然、人与社会之间才会变得和谐、美好。

要将感恩作为一种自觉意识。鸦有反哺之义，羊有跪乳之恩。蜜蜂采花而去，嗡嗡的一番表白，这是感恩；葵花向着太阳，永远注视着天空，这是感恩。对于有精神、思想、文化的万物之灵——人来说，知好知歹，有恩当报尤其重要。当感恩成为一种自觉意识和自觉行为，当感恩成为一种健康的心态，我们的身心和灵魂便有一种超脱和升华。

要将感恩作为一种责任。很多时候我们对自然、对社会、对领导、对同事，甚至父母妻儿的付出漠然置之，认为那是自己应该得到的，是天经地义的。其实，世界上没有那么多的理所当然。历史上很多英雄豪杰，成在“振臂一呼，应者云集”，败在“离心离德，孤家寡人”。所以，感恩其实就是一种利人利己的责任：对自己的责任，对亲人的责任，对他人的责任，对单位的责任，对社会的责任。因为只有铭恩于心，才会有恒久的责任。

要乐于为他人奉献。人常说：“施恩于人共分享。”人生在世，要学会分享给予，养成互爱互助的德性。给予越多，人生就越丰富;奉献越多，生命才更有意义。股神巴菲特，已经为社会捐出了自己超过2/3的财产，他这样做的原因是怀着深深的感激之心。巴菲特不仅感激自己能身在美国这样一个伟大而富裕的国家，还感谢自己能处在这样一个管理完善、好公司众多、机会层出不穷的美国证券市场。另外，巴菲特对自己的好老师格雷厄姆也心存感激。

感谢他人为自己成功的付出。“经营之神”松下幸之助曾经说，当他的公司规模愈扩大时，他必须以九十度的鞠躬来感谢他的员工和无数顾客，正是他们造就了松下今日的成功。任何有价值的工作都不可能在没有他人帮助的情况下完成。达尔文说:“要是没有为数众多的可敬的观察家们辛勤搜集到的丰富资料,我的著作便根本不可能写成,即使写成了也不会在人们心目中留下任何印象,所以我认为荣誉应归于他们。”

要感恩对手甚至敌人,还有那些曾经伤害过你,给你以经验教训,让你不至再受伤害而至成功的人。

古代有个落魄的人,邻居欺侮他连饭都吃不上,便扔给他一只死耗子,还说“给你一块肉吃”。正在这时,有人带着一只猫路过,想用死耗子喂猫,于是用一文钱向落魄者买下那只耗子。随后,落魄者用一文钱买来茶叶,摆地摊卖茶。不料,这一文钱越滚越大,他开了茶馆,后来成了大富豪。这时,他做了一只金老鼠,送给曾嘲笑过他的那个邻居,并说,感谢当初他扔的那只死耗子,那给了他机会和动力。

正确面对失败。在微软公司,有个著名的故事。一位名叫史蒂文斯的应聘者到微软应聘时,落聘了,不过,他觉得面试时微软对软件产业的理解令他耳目一新。于是他给公司写了封感谢信,感谢微软为他提供面试机会,虽然落聘,但也让他大长见识。这封信后来被送到总裁比尔·盖茨手中。三个月后,微软出现职位空缺,史蒂文斯收到了聘用通知书。十几年后,凭着出色业绩,史蒂文斯成了微软公司副总裁。

常怀一颗感恩之心,还要养成一些良好习惯,如:停止抱怨,避免逃避责任,善于赞美他人,对人真诚微笑,关爱他人,知足常乐。等等。

当感恩成为一种自觉,当感恩成为一种健康的心态,生命就会得到滋润,灵魂便有一种超越。无论你是何等的尊贵,或是怎样的卑微;无论你生活在何地何处,或是你有着怎样坎坷的经历,只要你胸中常常怀着一颗感恩的心,随之而来的,你的心中就会不断地涌动着温暖、自信、坚定、善良等。自然而然地,你的生活中便有了一处处动人的风景。

五、心态平和境自高

"贪如火,不遏则爆原,欲如水,不遏则滔天。"

心态平和,就是要抱布衣之心态,宁可清贫自在,不求浊富多忧。不在意、不刻意追求和贪图功名利禄、权钱财色,视名利淡如水,淡泊明志。不作非分之想,只求顺其自然,辛勤工作,安分守己,知足常乐,以平静、自然、坦荡的心态来面对一切。这是一种拒绝庸俗的超脱和清醒,更是一种为人为官之道。因此领导干部要想为人民掌好权、用好权,一定要始终保持心态平和,不存非分之想,不贪不义之财。

领导干部能否固守淡泊、保持心态平和,实在是很重要。随着改革的深入和社会主义市场经济的发展,经济成分、利益主体、社会组织和生活方式日趋多样化,给人们的思想观念和人与人之间的关系不可避免地带来许多影响,包括一些负面的影响。西方资产阶级意识形态和生活方式成为少数人顶礼膜拜的人生哲学,极端个人主义、享乐主义、拜金主义等思潮一度沉渣泛起。历史上产生并遗留下来的一些腐朽落后的东西,在今天的社会生活中依然存在。这些都会对一些领导干部的思想道德观念产生冲击,使他们在廉政、勤政问题上形成复杂的心态。而领导干部一旦心态失衡,必然会被物欲所困,被名利所累,陷入极端个人主义的泥坑不能自拔,最终走上腐化堕落的邪路。

原河北省常务副省长丛福奎,从一个普通工厂的技术员一步步走上领导岗位,直到当上常务副省长,仍为自己没能当上省长而感到失落不平,由此变得心灰意懒、意志消沉,进而转向求神拜佛、乞求神灵保佑,最后完全背弃了理想信念,走向堕落。又如江苏省原建设厅厅长徐其耀,就在他事业如日中天时,却把政绩当做向党讨价还价的筹码,因班子调整自己没能当上"一把手",自认为是党亏待了他,由此心理失衡。为了寻求补偿,他要"堤内损失堤外补”，依靠掌握权杖的罪恶之手，频频伸向非分之财，最后贪欲的洪水把自己推向罪恶的深渊。再如四川省原交通厅厅长刘忠山，也是觉得现有的名分与自己的贡献不相符，心态严重失衡，萌生了“不谋仕途谋钱途”的念头，开始羡慕西方发达国家的五颜六色，海外大亨富贾的奢侈生活，一心追求物质享受，下决心要为自己筹备一个殷实富裕的晚年，并让儿女到国外去过好日子，从此开始用自己手中的审批大权，换取大量的不义之财，为自己铺就了一条不归路。

“物必自腐，而后虫生”。内因是事物变化的决定性因素，上面那些案例证明，绝大多数领导干部的腐败都是从思想道德上的腐化堕落开始的，而思想道德的腐化堕落又来源于不平衡和不健康的心态。因此，要使领导干部严格廉洁自律，除了组织上的教育、管理、监督之外，更重要的是要引导他们努力克服不健康的心理障碍，保持心态平和。只有慎独淡泊，保持心态平和，才有可能拒绝诱惑，建立起自己坚实的理性王国。

领导干部保持心态平和，有利于正确对待自己和组织。一个人最难认识的是自己，最难战胜的也是自己。分析这些领导干部堕落犯罪的失衡心理，多由不能正确对待自己和组织所致。凭实而论，这些人确有不少是能人、有贡献者，然而当他取得成绩后，却不能正确对待自己，轻则刚愎自用，看不到自己的缺点和弱点，自以为是，总认为自己最了不起；重则居功自傲，目无组织，胸无群众，听不得批评意见，更受不得半点委屈，总觉得自己贡献大，党和人民给自己的太少，从而产生心理失衡，稍有点不如意，便满腹牢骚，迁怒于组织，对组织不满，对党不满，最终走向极端。倘若能保持心态平和，意识到山外有山，天外有天，天下能人比比皆是，自己能做到的，别人也能做到，甚至做得更好。认识到自己能走上领导岗位，离不开组织的培养和关怀、领导的关心和教诲、同志们的支持和帮助。所取得一点成绩，也是各方努力配合的结果，是集体智慧的结晶，个人只不过是“沧海之一粟”，丝毫不值得骄傲自满，更不能向组织讨价还价、凌驾于组织之上。如此，就会坦然面对个人的名誉地位，以感恩和报效之心来对待党和人民赋予自己的权力和地位，权力越大，地位越高，越应该如履薄冰，兢兢业业，始终如一为党为人民谋利益。

领导干部保持心态平和，有利于自觉抵制各种诱惑。人有七情六欲，生活中也充满了各种各样的诱惑，领导干部面对权、钱、利、色的种种诱惑。能否把握住自己，始终站稳脚跟，关键在于自身。古人说“罪莫大于多欲，欲不除，如蛾扑火，粉身乃止；贪无了，如猩嗜酒，鞭血方休”，“贪如火，不遏则爆原，欲如水，不遏则滔天”。贪婪与堕落是一对孪生兄弟，腐败分子之所以腐败，“腐”就腐在心态失衡，人格变质，“败”就败在追求享乐，私欲膨胀。领导干部倘若能和普通百姓一样，固守淡泊，知足常乐，始终保持心态平和，就不会去盲目攀比，不会心态失衡，更不会铤而走险，想方设法以权谋私，搞权钱交易，栽倒在权钱利色的诱惑下。“家有黄金万两，一日不过三餐”。作为人民“公仆”的领导干部，倘若能保持心态平和，多想想下岗工人，多想想困难群众，我们的薪酬待遇、生活水平远在他们之上，相比之下，他们尚且没有多大的怨言，作为人民“公仆”的领导干部为何就不能知足常乐呢？若有如此心态，再大的诱惑也能抵得住、抗得牢。

保持心态平和，说起来轻松，真正始终如一地做到这一点，确实也非易事。要保持心态平和，要保持清正廉洁，就必须视个人名利淡如水，视人民利益重于山，经受住各种诱惑的考验。在我们党80多年的发展历程中，各个不同时代涌现出来的勤政为民的典范、廉洁奉公的楷模，虽然所处的时代不同，职位高低也有差异，但他们都有一个共同点：那就是能够始终如一地保持平和的心态，所以才能在各种利欲诱惑面前不动心、不贪心，跨越历史时空赢得人民的尊敬和爱戴。反之，那些被人民唾弃的腐败分子，无一不是为利所累，为欲所惑，为权所动，贪图享受，追逐名利，最终自毁前程。

要保持心态平和，就必须坚持学习，勤于学习，并真正学以致用。政治上的坚定来自于理论上的清醒。党员干部只有坚持学习，才能有坚定的政治信念和判别是非的具体标准，也才能面对名利得失始终保持一颗平常的心。从近年来查处的一些腐败分子看，很多都是因为放松学习，放松世界观改造，价值观发生扭曲，思想认识模糊，在物质利诱面前失去平常心，最终走向堕落。

要保持心态平和，就必须正确处理好贡献与索取的关系，增强奉献意识。在对待权力问题上，贡献与索取是两种根本对立的权力观。一种认为权力的价值在于满足个人或少数人的私欲，有了权力就有了一切；另一种认为掌权就是一种贡献，领导就是服务，领导权力只能用来为人民谋利益，绝不能为个人或少数人谋私利。领导干部为党和人民多做些工作，取得一些成绩，是领导干部应尽的职责，既不能居功自傲，更不能以此作为资本向组织和人民索取报酬。

六、以“空杯心态”接纳新事物

空杯就是要把自己“当人看”。

何谓“空杯心态”？古时候一个佛学造诣很深的人，听说某个寺庙里有位德高望重的老禅师，便去拜访。老禅师的徒弟接待他时，他态度傲慢，心想：我是佛学造诣很深的人，你算老几？后来老禅师十分恭敬地接待了他，并为他沏茶。可在倒水时，明明杯子已经满了，老禅师还不停地倒。他不解地问：“大师，为什么杯子已经满了，还要往里倒？”大师说：“是啊，既然已满了，干吗还倒呢？”禅师的意思是，既然你已经很有学问了，干吗还要到我这里求教？这就是“空杯心态”的起源，象征意义是，做事的前提是先要有好心态。如果想学到更多学问，先要把自己想象成“一个空着的杯子”，而不是骄傲自满。

发明家爱迪生在开启了人类史上直流电的“电力时代”以后，发展了交流电技术的威斯汀豪斯公司想通过这项技术与爱迪生合作，受限于自大的心态和自己在直流电方面的投资利益，爱迪生固执地站在交流电的对立面，以自己的影响力宣讲“交流电不如直流电”。然而，谁也无法逆转社会的发展规律，“交流电” 这个新生事物终以锐不可当之势浮出水面，赢得了世人的认可。在铁的事实面前，那些曾经崇拜、迷信爱迪生的人们惊讶地发现：交流电比直流电有许多好处。爱迪生错了！

爱迪生

即便是伟大如爱迪生这样的人，如果要想应对时代和环境的变化、学到更多学问、提升自己能力，就必须先具备“空杯心态”。如果不敢和不能将杯子“归零”，不能以“空杯心态”学习和接受新的知识、技术、思想，都有可能陷入失败的境地。

领导者的工作具有全局性、综合性、战略性和复杂性，尤其是在知识经济时代和信息时代，管理工作总是要面临许多复杂多变的因素，这就要求领导者必须具备“空杯心态”，不断地虚心学习，学习新的知识、获取新的信息、掌握新的技术、积累新的经验，提高分析判断能力、计划决策能力、组织指挥能力、协调控制能力和探索创新能力。只有这样，领导者才可能具有对新事物的敏感性；才可能思路开阔，头脑灵活，善于提出各种新的设想和方案；才可能通过富有远见卓识的战略设想，为组织的未来发展规划合理的美好蓝图。

“空杯心态”最基本的要求就是要将心里的“杯子”倒空，将自己所重视、在乎的东西以及曾经辉煌的过去从心态上彻底清空了结。其具体内涵包括以下四个方面：

“空杯心态”就是一种挑战自我的永不满足。“空杯心态”就是随时对自己拥有的知识和能力进行重整“刷新”，清空旧的、过时的，为新知识、新能力的进入留出空间，保证自己的知识与能力总是最新的；就是永远不自满、永远在学习、永远在进步、永远保持身心的活力。在攀登者的心目中，下一座山峰，才是最有魅力的。攀越的过程，最让人沉醉，因为这个过程，充满了新奇和挑战,空杯心态将使你的人生渐入佳境。

“空杯心态”就是对自我的不断扬弃和否定。事物的发展是经过不断否定实现的。事物的运动变化和发展是“外在否定”和“内在否定”协同促成的结果,是事物自我完善、自我发展的运动过程。客观事物的复杂性,人们认识能力的有限性,决定了人类实践只能是接近真理的过程。昨天正确的东西,今天不见得正确;今天正确,不见得明天还正确。上一次成功的路径和方法,可能会成为这一次失败的原因。不论组织还是个人,不犯错误都是美好的愿望,犯错误才是客观的现实。人类认识自己就已经很困难,而不断地否定自己则难上加难。否定自我需要胸襟、需要坦诚、需要胆魄、需要“空杯心态”。

“空杯心态”就是忘却成功,学习变化。受到批评要警惕、警醒,得到赞扬更要警惕、警醒。在鲜花和掌声面前,看到差距;在困难和挫折面前,不失信心。这便是成熟和进步,这便是“空杯心态”。空杯就是要把自己“当人看”。人无完人,任何人都有自己的缺陷,都有自己相对较弱的地方。也许你在某个行业已是行家里手并十分成功,也许你已经具备了丰富的技能,但是对于新的环境,新的政策,新的对手,你仍然没有任何特别之处。你需要用空杯的心态去重新整理自己的智慧,去吸收现在的、别人的、正确的、优秀的东西。如果你不去领悟、不去感受、不去学习,仍然高枕无忧地躺在过去成功的经验之上,那将是很可怕的结局。

“空杯心态”就是不断清洗自己的大脑和心灵。空杯就是经常给自己的心智洗澡。文韬武略的商汤王在他的洗澡盆上写了九个字——“苟日新,日日新,又日新”,他在洗澡的时候,外洗身,内洗心,所以他在洗完澡后“身心舒畅”。我们现在洗澡,只洗身,不洗心。在洗澡的时候,还怨这个恨那个。真正的洗澡,应该是外洗身,内洗心,把外在和内在的过时的东西、心灵的杂草、大脑的垃圾等等,通通一洗了之,把身心洗得干干净净,清清爽爽。

以“空杯心态”接纳新事物,从根本上说就是要求领导者永远不要把过去当回事,永远要从现在开始,进行全面的超越!让“归零”成为一种常态,一种延续,一种不断要做的事情。领导者要使自己具备“空杯心态”,就要注意把握以下两个方面：

一是倒空“自我”。对于往往会在得意之时忘形，却又最不该忘形的领导者们而言，最容易犯的错误之一，就是在成绩面前不能倒空“自我”。这样导致的结果，往往就是无法继续成长、超越，导致因小失大、后退乃至更严重的错误产生。成功是一种荣耀，是一个光环，但同样会成为一种障碍、一块人们继续前进的绊脚石。有些人面对挫折会迎难而上，敢于克服困难，最终走向成功；但面对成绩时却无法保持平静的心态，在成绩面前沾沾自喜，满足于眼前的成功。在他的眼里，“杯子”已经满了，已经装不下更多的东西。在今后的工作中，他们可能不愿意去创新，去开拓新的道路，而只会走自己熟悉的路子，用自己熟悉的工作方法来做事。如果一个人总是习惯于满足过去，就会陷入孤芳自赏、敝帚自珍的封闭境地，就会成为孤陋寡闻、不思进取的井底之蛙。而保持“空杯心态”的唯一的方法就是倒空“自我”。这是一种对工作、学习、生活、生命的放空。放得越空，拥有越多。如果你不愿意放弃，就无法重塑，倒掉心中盛满的，才能让心灵甚至整个生命重生。“此空为彼满”，“放弃是为了更深一层的拥有，要有空杯心态，这样会拥有得更多”。

二是不断地学习。在实际工作中，很多领导者一旦在一个岗位上工作了一段时间，就会觉得工作起来非常熟练，无须接受新的学习，总觉得一些方法、技巧学得差不多了，一些工具已经熟练应用，虽然也想着给自己充充电，但是因为有了老的知识——即“杯子中的浑水”，学习的时候总是下意识地感到不以为然，即使学了，在实际工作中也不能好好地运用，然后慢慢地变成了“吃老本”。其实，真正经得起风雨的人，是那些常怀“空杯心态”、不断学习的人。在知识经济时代，科技飞速发展，知识更新加快，如果不虚心学习新的知识和方法，即使你原来的专业知识很扎实，也一样会被社会的进步潮流所淘汰，我们只有走出过去经验的误区，打破自己的思维惯性和懒惰，克服自己自以为是的骄傲，全面接受新的知识和技能，才会与时代同行。所以要不断地学习，要活到老，学到老！

七、共赢心态帮助自己获得成功

人与人之间，事物与事物之间都存在着差异，正是由于差异的存在，才有了林林总总、丰富多彩的大千世界。要学会尊重个别差异，不挑剔、不嫌弃。

“共赢”，在经济学意义上是相对于零和而言的。意即在现实的经济活动乃至社会现实活动中，买卖双方的关系不再是“此消彼长”的简单线性关系，一个人收入的增加并不必然地导致社会上另外某个人收入的减少，获利不必然是以对他人的侵害为条件的，而是指在经济活动中互利互惠，共同得利。但是，“共赢”的含义绝不仅仅局限于此，它还标志着人和人之间传统的紧张关系的消解以及建立在一种新的经济增长方式基础之上的，人与人的全面协调发展和平共处关系的形式。“共赢”不是建立在人对人的依赖或者占有基础之上，而是以相互促进，共同发展为目的的一种方式。

知识经济时代，是以合作共赢为主题的时代。科学技术的迅速发展，使得专业化分工成为必然，专业化人才必须互相合作，才能取得最大的效益。单兵作战的时代已经不适应现代社会与经济的发展，一个人如果只知有己，不知有人，那么，他努力的成绩会在别人反对或掣肘之下被抵消。只有善于合作、懂得分享、利人利己的人才能实现人生的大成功。著名的心理学家荣格有这样一个公式：“我＋我们＝完整的我”，绝对的我是不存在的，只有融入我们的“我”，才能实现真正的我。在这种时代背景下，是否具有共赢心态，对于领导者显得尤为重要。

2006年的全国十大杰出青年、安踏掌门人丁志忠，讲出了他成功的原因：“51％与49％，是父亲教给我的黄金分割比例。他很早就告诉我，你做每件事情，都要让别人占51％的好处，自己只要留49％就可以了。长此以往，可以赢得他人的认同、尊重与信任。”

这充分说明领导者心怀共赢的重要性。在两个人的现实对弈中，领导者如果不懂得共赢的好处，没有共赢的心态，只是选择对自己最有利的策略，不考虑社会或任何其他对手的利益，导致的最终结局只会是对所有人都不利。原来打算利己，结果却是损人不利己，得到的是双输。只有当领导者拥有共赢心态，愿意考虑到对方的利益，按利他的共同规则出牌，才可能以较小的代价换取更大的利益。因此，共赢心态是领导者必须具备的一项基本素质，也是确保领导工作获得成功的一个重要前提。

共赢心态需要学会换位思考。在工作中，部门与部门之间、个人与集体之间、员工与员工之间，由于利益的冲突或组织协调等多方面的因素，难免会出现矛盾与分歧。但只要在工作中懂得换位思考，多从其他同事的工作角度出发，多站在对方的立场上考虑问题，多去发现别人的优点，多一份理解与包容，相信在我们身边就不会存在那么多不愉快的事情了。学会换位思考，以一颗平常心去面对生命中的一切变化，你便会有意外的收获。古人云："君子坦荡荡，小人常戚戚"，其实只要我们心胸开阔一点，襟怀坦荡一点，就会觉得海阔天高，人自然也就开朗乐观了。

共赢心态强调尊重差异，合作互补。人与人之间，事物与事物之间都存在着差异，正是由于差异的存在，才有了林林总总、丰富多彩的大千世界。要学会尊重个别差异，不挑剔、不嫌弃。人与人的相处，贵在包容。肯定自己的选择，接受和对方之间的差异，这样人们相处才没有负担。同时，它更能让我们听到来自不同方面和不同层次的意见和声音，从而避免决策失误。试着去了解这些差异，并珍视、善用这些个别的天赋。多问问题，试着去了解你的上级、了解你的同事、了解你的下属。虽然这并不一定都会成功，但当你开始这样做的时候，你就向成功的领导者更迈进了一步。

共赢心态提倡发挥团队的智慧和力量。共赢心态强调精诚合作、互相支持、互相学习的氛围，从而达成一个人或部分人不能达成的事业，让每一个人都能感觉到团队比自我强大的力量。领导者作为团队的领头羊和一名成员，要学会欣赏人、团结人、尊重人、理解人，这既是一种品德、一种境界，也是一种责任。与上级、与同事、与下属，大家在一起共事，既是事业的需要，也是难得的缘分。但“金无足赤，人无完人”，个人的阅历、知识、能力、水平、性格各不相同，相处久了，难免有些磕磕碰碰，但只要是不违反原则，就应从维护团队利益出发，求同存异，坦诚相见，多一些忍让和宽容，多一些尊重和信任，多一些支持和谅解，在合作共事中加深了解，在相互尊重中增进团结。只有互相支持不拆台、互相尊重不发难、互相配合不推诿，才能使整个团队在思想上同心、目标上同向、行动上同步，作为团队中的个人也才能用团队的智慧和力量去解决面临的各种困难和问题，这样才能既为团队的成长添砖加瓦，也为自己的职业生涯铺好道路。

那么领导者怎样才能使自己具备共赢心态呢?

一是培养气度。心中有气度的领导者，才会有共赢心态。领导者“站高一点”，就是一种气度，把考虑的范围突破到“我”之外，实现从“我赢”到共赢的升华。《孟子·尽心上》说：“孔子登东山而小鲁，登泰山而小天下。”所登愈高，则所见愈广，所视之对象亦愈见其小。孟子的意思是眼界高的人志大，眼界小的人则心小，用今天比较流行的说法，是“心有多大，舞台就有多大”。明代陈眉公说：“如何是独乐乐？曰:无事此静坐，一日是两日，如何是与人乐乐？曰:与君一席话，胜读十年书。如何是众乐乐？曰:此中空洞原无物，何止容卿数百人。”众乐乐是一种胸襟，一种气度。共赢就是因为“众乐乐”的气度，因为“天人合一”的大胸怀。领导者的气度决定着他的共赢范围，也决定着他的成就大小。共赢的领导者知道让步，知道以退为进，把蛋糕做大了，让别人和社会都赢，他也就获得了更大的利益。反之，不能共赢的领导者肯定缺乏气度，整天盘算的是自己的好处，这样的人，成不了大事，对社会的影响力和贡献也不可能增大。

二是学会尊重。共赢的内在是尊重，尊重与你有关联的多边关系，尊重自己。尊重他人，就不会强迫他人；尊重自己，就不会把自己变成依附。《孟子·离娄下》提到：“君之视臣如手足，则臣视君如腹心，君之视臣为犬马，则臣视君为国人；君之视臣如草芥，则臣视君如寇仇。”领导者只有先尊重别人，方能得到别人的尊重。还有一个很重要但是容易被忽略的就是尊重相互之间的关系，也就是在共赢过程中的合作形式、合作内容。有人说：我尊重你，你也尊重我，但是我们不可能共赢。什么原因？没有尊重双方的联系纽带。共赢必定有某种形式把参与方连接在一起，双方的关系经过沟通确定后，就要赋予足够的尊重，只有这样，就不会抱怨你拿的利益多，而我得到的利益少了，共赢的局面才能够长期存在。

孟子

三是懂得体谅。体谅就是承认人的差别，站在别人角度考虑问题，多为他人着想。孔子说：“君子和而不同，小人同而不和。”君子肯定差异而得其和谐，小人否定差异而失其和谐。共赢的最终目标就是在和谐中各有所获。有着高体谅心态的人，会以确定和维护良好的人际关系作为行为的导向。这样的人通常能在领导和群体之间建立良好的关系，使双方都会感到温暖和信任，沟通顺利，共识也容易达成。在管理上，有“人群取向”和“任务取向”两个风格。“人群取向”就是体谅，此风格的领导者善于提供令人愉快和满意的工作环境，“任务取向”的领导者以绩效为导向，创造高效率的工作风气。共赢正好为这两种不同的管理风格创造了会合点。共赢的心态必然有体谅的表现，共赢的心态是为了“做大蛋糕”的共同追求。领导者只要心存共赢，两种风格就会自然结合，从而产生强大的团队效应。

第6章 宽阔的眼界

站得越高，看得越远。只有眼界宽广、目光远大，才能看得更广、更远，才能心胸开阔。领导者只有眼界宽广、目光远大，才能从全局、从国家利益来考虑问题，才能放眼全局，集中精力抓大事。

一、眼界决定境界

所谓眼界，是指人们认识客观事物的程度与广度；所谓境界，是指人在修养、学识和道德上所达到的程度或层次。站得高才能看得远，看得远才能做得好。眼界越宽广，境界越高，这就是眼界决定境界。

眼界决定境界。雄鹰飞翔蓝天时，犀利的目光紧紧盯住地上奔跑的兔子；青蛙坐在井里时，仰望的目光只有井口那么大的天空。这便是动物的眼界，视野所及，心之所止。人却不然。如果没有放眼宇宙的眼界，怎会有霍金坐在轮椅上探究到黑洞的奥秘？如果没有独特的音乐感受，怎会有帕格尼尼成为演奏界“魔鬼天才”的神话？如果没有远大的政治抱负，怎会有毛泽东领导百万雄师摧毁蒋家王朝的历史创举？正是非凡的眼界，才成就了历史上一个个举足轻重、英名永存的人物。

有意义的人生，就是不断追求高境界的人生。境界源自内心，折射精神，反映一个人的思想和行为动机。不能要求所有的人都具有至高无上的境界，但只要坚持不懈地努力，每个人都可以提升自己的境界。高尚的境界是高尚行为的基础。领导干部要成为党的宗旨的模范实践者，就必须要有高尚的境界，抱有“先天下之忧而忧，后天下之乐而乐”的胸怀，锻炼“苟利国家生死以，岂因祸福避趋之”的勇气，常存“衙斋卧听萧萧竹，疑是民间疾苦声”的忧思，修炼“清风两袖朝天去，免得闾阎话短长”的品行。

一定的眼界又反映和影响着一定的思想境界。站得越高，看得越远。做任何事情，只有眼界宽广、目光远大，才能看得更广、更远，才能心胸开阔。目光如鼠、见识短浅，是不可能有崇高境界的。

邓小平强调，领导干部“眼界要非常开阔”。他曾经明确指出：“考虑任何问题要着眼于长远，着眼于大局，眼界要非常开阔，胸襟要非常开阔”；“要从大局看问题，放眼世界，放眼未来，也放眼当前，放眼一切方面”。领导干部的眼界宽广应有以下三方面的内涵：

放眼世界的战略思维。“会当凌绝顶，一览众山小”。世界眼光、战略思维，是各级领导干部特别是高级干部的必备素质。在当今这样一个各国、各地区之间联系日益增强的开放世界里，是否有战略的眼光、开放的思维，是否善于取他人之长、补自身之短，是决定一个国家、一个地区经济社会发展水平的关键因素。闭目塞听、封闭落后，必然被时代所淘汰。要有放眼世界的战略思维，就是要站在世界的高度，从全球的角度来认识国情，善于从全球着眼考虑与谋划我们自己的事情，进一步理清发展思路，激发创新活力。只有把中国的每一步发展都放在国际大格局中运筹帷幄，才能使我国的改革开放和现代化建设事业不断向前推进。

洞察未来的深邃眼光。“风物长宜放眼量”。领导干部是一任接一任的，而党和人民的事业是长久的。领导干部想问题、办事情、作决策，都应着眼未来、着眼长远，从最广大人民的根本利益出发，不断增强工作的前瞻性、预见性。决不能为了个人的“政绩”和升迁做表面文章，搞短期行为。尤其是领导干部，更要站得高，看得远，想得深。洞察未来，还要求我们在实际工作中有一种未雨绸缪、见微知著的能力和本领。任何事物的发展总是遵循一定规律的，都有一个由隐到显、由小到大的演变过程。

统揽全局的宽阔视野。“不谋全局者，不足以谋一域”。目无全局的将领，即使争得一城一池，最终难免全军覆没；目无全局的棋手，纵然围得一子一目，终究难逃满盘皆输。经济社会生活是一项复杂的系统工程，是否具有统揽全局、驾驭全局的视野和能力，是衡量领导水平和执政水平的重要标志。江泽民曾经指出：“讲政治，很重要的一条，就是要讲全局、懂全局、谋全局。这对于各级党政一把手来说极为重要。”领导干部应当树立全局观念，培养系统思想，讲究辩证思维，善于在千头万绪的工作和错综复杂的矛盾中，牢牢把握和处理好各种重大关系，统筹兼顾好各方面的工作。要抓方向、谋大势、管大局，注重研究和思考带有全局性、前瞻性、战略性的重大问题，善于把自己所从事的工作和担负的责任放到现代化建设的全局中去把握，放到改革、发展、稳定的大局中去衡量。只有这样，才能站得高、看得远、抓得准，才能在一些重大问题上分清是非，不断提高驾驭复杂局面的能力，保证各项工作始终沿着正确的方向前进。

宽广的眼界不是与生俱来、自然生成的，必须经过坚持不懈的努力，经受长期艰苦的磨练。

拓宽眼界，必须多学习，用知识武装头脑，让智慧拓展思维空间。首先要学习马列主义、毛泽东思想和中国特色社会主义理论体系，学会用马克思主义的立场、观点、方法观察和判断世界形势，认识和处理复杂问题。同时还要努力学习和掌握反映当代世界经济、政治、文化发展的各种新知识，用人类社会创造的一切优秀文明成果武装头脑。其次要学习中国和世界的历史知识。现代领导干部的眼光，不仅应具有现实的广度，而且应具有历史的深度。要认识今天的世界，就不能不知道它的过去。通过对历史的深入了解，对历史发展规律的正确把握，更深入地认识今天的世界。再次要在实践中开阔视野，增长才干；善于向群众学习，从群众中吸取智慧和力量。只有确立不断学习、全方位学习、在实践中学习的理念，做学习的楷模，才能以高尚的品德、广博的知识、丰富的经验、开阔的眼界，不断充实和提高自己，不断推进事业向前发展。

拓宽眼界，需要加强修养，不断战胜自我。拓宽眼界不是轻而易举的事情，它必须战胜种种诱惑和考验，克服种种困难和挫折。古人说："破山中贼易，破心中贼难。"人要战胜的最大敌人正是自己。在新的历史条件下，领导干部遇到的诱惑和考验很多。有的人往往见诱心动，见财心痒，见色脑昏；有的人虽然主观上想开阔眼界、提高境界，但遇到一点麻烦就知难而退，有了一点过失就自暴自弃。如何在考验和困难面前抗住诱惑、顶住干扰？如何去战胜"小我"、成就"大我"？重要的是加强修养，加强世界观、人生观、价值观的改造，自觉做到自重、自省、自警、自励，"慎独"、"慎初"、"慎微"、"慎终"，堂堂正正做人，踏踏实实做事，清清白白做官，不为私欲遮住眼。

拓宽眼界，需要与时俱进，不断超越自我。领导干部眼界的拓宽，不是一蹴而就、一劳永逸的事情，而是一个逐步积累、逐渐升华的过程，一个不断否定自我、超越自我的过程。人们常说,“山外有山,天外有天”,“欲穷千里目,更上一层楼”。对于经过不断努力和锻炼,在提高境界、开阔眼界上所取得的每一点进步和成绩,决不能自以为是、沾沾自喜,而应把它看成是不断突破自我、超越自我的一个步骤和环节,看成是为进一步提高自我、完善自我的一个步骤和环节。社会在进步,时代在发展,实践在深化,开阔眼界、提高境界永无止境。旧的问题解决了,还会出现许多新的问题;已经达到了一定境界和层次,还有新的高峰等着我们去攀登。如果满足于已有的进步,陶醉于已有的成绩,固步自封、不思进取,就会被时代所淘汰。“苟日新,日日新,又日新”。只有在新的起点上不断迈进,在否定自我的过程中不断超越自我,与时俱进,锐意进取,才能永立潮头,拓展更宽更广的眼界,不断达到新的更高的境界。

二、把握全局的战略眼光

毛泽东的《论持久战》就连蒋介石读到后,也不得不颔首称是,点头称颂。

战略眼光,是指从全局、长远、战略的高度看问题、作决策的预见能力,是人们分析和解决宏观性、前瞻性、政策性等重大战略问题的立场、观点和方法。领导者是否有战略眼光,不仅直接影响到领导者观察、分析、判断事物运动变化发展的立场、观点,而且直接影响到领导者的领导方法、领导艺术、领导绩效。

大至治国安邦,小至企业求存图兴,倘若没有高瞻远瞩、明察秋毫的战略眼光和居安思危的忧患意识,必将在险象环生、弱肉强食的生存法则面前被淘汰出局,走向衰亡。

抗战爆发后,图谋已久的日本侵略者攻势凌厉,推进神速。在不长的时间内,华夏大好河山,多陷敌手。铁蹄所到,炎黄子民,屡遭荼毒和凌辱。面对凶恶的敌人，求胜心切的主战派提出“速胜论”的战略主张。而以汪精卫、戴季陶为代表的亲日派则认为，敌强我弱，抗战必败，抗战必亡，只有与日本全面合作，开门揖盗，方能苟延残喘。

是战？是和？各界仁人志士忧心如焚，莫衷一是。

然而在延安枣园的一间窑洞里，中国共产党的领袖毛泽东在对国际形势、敌我双方的国情、政治、经济、力量对比进行了综合分析后，高瞻远瞩地指出：中日战争，我方既不能速胜，也不会速败速亡，而是一场持久的战争。在他所著的《论持久战》中分析道：敌强我弱，欲求速胜，欲速不达。但敌国是小国，国小力贫，人力、物力、国力都不堪承受长期的战争。中国是大国，地域辽阔，人力、物力都较日本占有优势。因此，采取“在战略上藐视敌人，在战术上重视敌人”的战略战术，发动民众，全民抗战，进行持久的战争，以时间换空间，积小胜为大胜，扬我所长，克敌所短，就能陷敌于人民战争的汪洋大海。敌人发动的是不义的侵略战争，我方进行的是反侵略的正义战争，日本在中国的所作所为，必然会引起英美等老牌帝国主义国家的不满，必然会得到同情中国人民正义事业的友好国家和人民的理解和广泛支持。得道多助，失道寡助。因此，毛泽东高瞻远瞩的预见到，抗战必胜，抗战才有出路，唯有抗战，才能免遭亡国灭种。

这一远见卓识的论断一经发表，立刻在全国引起巨大的反响。它不仅给了投降派一记响亮的耳光，也给全国人民的抗战事业指明了方向。毛泽东的《论持久战》就连蒋介石读到后，也不得不颔首称是，点头称颂。旋即，《论持久战》作为抗日战争的纲领性文件被印发各战区，在八年抗战中，指导全国人民取得了反法西斯战争的全面胜利。

领导干部是否具备相应的战略眼光，关系到能否正确处理改革、发展、稳定的关系，关系到能否全面实践科学发展观。在国际竞争日趋激烈、科学技术突飞猛进、社会生活深刻变革的今天，党的执政环境和根本任务发生了巨大的变化，培养和提高领导干部的战略眼光能力显得尤为迫切。

战略眼光的基本要求是一切着眼全局，即把全局作为观察和处理问题的出发点和落脚点，以全局利益作为最高价值追求。其具体内涵主要包括以下三个方面。

一是对工作必须有全局谋划，不可陷入事务主义。领导干部应当善于思考——善于把具体问题提到原则的高度加以分析、思考，不能只罗列现象，看不到本质；善于把局部问题放在整体中加以思考，不能只见树木、不见森林；善于把当前问题放在过程中加以思考，不能急功近利、鼠目寸光。就是说，对于工作一定要重视规律性、系统性、前瞻性的思考，重视想大事、谋全局，努力做到高瞻远瞩。现在流行一种说法，叫“细节决定成败”，但是，这里必须有一个前提，即战略指导是正确的，离开了这一前提，战略上发生了失误，细节没有意义，或者只有相反的意义，正所谓“南其辕而北其辙”。

二是判断是非得失必须以全局利益作标准，不可因小失大。在中国土地革命战争时期，“左”倾军事冒险主义者在敌强我弱、力量对比悬殊的情况下，反对一切必要的退却，结果造成全局的失败。毛泽东说：“他们看问题仅从一局部出发，没有能力通观全局，不愿把今天的利益和明天的利益相联结，把部分利益和全体利益相联结，捉住一局部一时间的东西死也不放。”邓小平说：“有些事从局部看可行，从大局看不可行；有些事从局部看不可行，从大局看可行。归根到底要顾全大局。”我国从战略上调整国有经济布局，坚持“有进有退，有所为有所不为”的方针，正是着眼全局，为了从根本上提高国有经济的整体素质和整体效益；国家实行可持续发展的战略方针，也是着眼全局，为了把今天的发展同明天的发展联结起来，避免由于今天的“发展”而使明天的发展丧失必要条件。

三是在事关全局的问题上必须旗帜鲜明，不可随波逐流。全局利益是根本利益，丢掉了全局就是丢掉了根本，在事关全局的问题上，一定要立场坚定、旗帜鲜明，这是原则性、党性的表现；而在事关全局的问题上模棱两可、摇摆不定、随波逐流，甚至颠倒黑白、混淆是非，就是丧失原则、丧失党性。所谓妥协、让步、退却等等，都是联系于全局的需要所采取的策略和手段，是为了实现原则性而实行的必要的灵活性；如果离开了原则性，离开了全局的需要，甚至破坏了全局的发展，那就不是灵活性，而是机会主义。

放眼全局的战略眼光，从根本上说就是要求领导者正确处理各个局部之间的关系，包括空间上各种要素、时间上各个阶段之间的关系。领导者要在实际工作中体现战略眼光，要注意把握以下几个方面：

一是善于把握重点。每一局部在全局中都有其特定的、各不相同的地位和作用。因此，对待各个局部不可以平均使用力量，必须把握重点。荀子说："主好要则百事详，主好详则百事荒"。从一定意义上说，抓住了重点就抓住了全局，丢掉了重点就丢掉了全局，正所谓"一着不慎，满盘皆输"。重点主要有三类：一是主要矛盾和中心任务，它决定战略主攻方向，对全局的发展起主要的决定作用。二是重大矛盾和战略布局。主要矛盾规定了工作的战略主攻方向，但主要矛盾不是唯一矛盾；围绕主要矛盾还有一系列重大矛盾，它规定了工作的战略布局，主要矛盾和重大矛盾相互联系、相互作用，共同推动全局的发展。三是关键环节和工作的着力点。构成全局的各个局部在发展中是不平衡的，有些局部比较薄弱，有的局部最薄弱，这些最薄弱环节中的某些重要环节常常成为制约全局发展的关键环节。善于抓住并着力解决这些关键环节，是加快推动全局发展的必要条件。

二是坚持统筹兼顾。强调重点不是否定一般，而是为了更好地带动一般。这就要求在突出重点的基础上，统筹兼顾各个方面。统筹兼顾是我党历来的方针，也是一项重要领导艺术。毛泽东把这个方法叫做"弹钢琴"。在新世纪新阶段，党中央提出科学发展观的战略思想，其根本方法就是统筹兼顾。党的十七大报告提出："必须坚持统筹兼顾。要正确认识和妥善处理中国特色社会主义事业中的重大关系，统筹城乡发展、区域发展、经济社会发展、人与自然和谐发展、国内发展和对外开放，统筹中央和地方关系，统筹个人利益和集体利益、局部利益和整体利益、当前利益和长远利益，充分调动各方面积极性。"

三是注意照应阶段。阶段之间既互相区别，又互相联结。互相区别，要求领导者立足当前，只能去做那些现阶段应该做而又可能做到的事情，不可超越阶段;互相联结,要求领导者既立足当前、又放眼长远,在实现当前任务的同时为下一阶段的发展准备必要条件,而不是使下一阶段的发展丧失必要条件。立足当前,放眼长远,要求增强预见性。没有科学预见,就没有战略眼光。有了科学的预见,才能胸怀远大目标,才能关照好发展的各个阶段,才能未雨绸缪,争取主动,防患于未然。

三、放眼全球的世界眼光

当今时代是一个经济全球化、世界多极化深入发展的时代,是一个科技突飞猛进、各种思想文化相互激荡的时代,世界正朝着你中有我、我中有你、相互依存的方向演进,地球变得越来越"小"。在"地球村"上,此地发生的事情会对彼地产生影响,任何一个国家和民族都不可能超脱于世界潮流之外而实现发展。在这种情况下,要建设富强民主文明和谐的社会主义现代化国家,我们的领导者就必须树立世界眼光,善于统筹国内国际两个大局,既从中国的角度看世界,又从世界的角度看中国。

综观人类社会发展史可以看出,有没有世界眼光,在很大程度上影响和决定着一个国家和民族发展的进程和实力的强弱。我国的汉唐时期,比较注重对外交往,与周边国家乃至西亚、欧洲的贸易活动、文化交流十分活跃,因而呈现出国力强盛、自信大度的局面,中华文明走在了世界文明的前列。而在鸦片战争以后,中华民族之所以落后挨打,一个重要原因就是清王朝实行闭关锁国政策,对当时的世界潮流茫然无知。世界其他国家和民族的情况也大抵如此。特别是近现代以来,一些西方国家之所以逐步发展强大起来,是与他们注重以世界眼光看问题、努力跟上时代潮流分不开的。

党的十一届三中全会以来,我国进入改革开放的历史新时期,全面改革的进程势不可当地展开了,对外开放的大门毅然决然地打开了。在改革开放的推动下,我国以世界上少有的速度持续快速发展起来,综合国力极大增强,人民生活明显改善,国际地位显著提高。今天的中国同世界的关系发生了历史性变化，中国的前途命运日益紧密地同世界的前途命运联系在一起。树立世界眼光，是推动科学发展、促进社会和谐的需要，也是推动建设持久和平、共同繁荣的和谐世界的需要。

在当今时代，要实现中华民族的伟大复兴，更不可能孤立地在一个封闭的环境中进行。现代世界的经济全球化趋势越来越明显，中国的建设和发展离不开这个总趋势。在经济全球化过程中，各国经济的发展与世界整体的依存度将会越来越高，各国之间的经济联系也会越来越紧密，任何一个国家的经济发展都不能游离于世界整体发展趋势之外；而一个局部地区出现的某种情况和趋势，也都可能对其他地区乃至整个世界经济产生或大或小的影响。

各级领导干部担负着领导、组织和管理本地区、本部门的改革和现代化建设的历史重任。从中国的现代化建设事业来说，一个地区、一个部门的工作只是一个局部，从世界范围来说，更是一个局部。但是，“不谋全局者不足以谋一域”，为了做好局部的工作，一个合格的领导者必须具备世界的眼光，具备世界性的全局意识，具备领导和驾驭全局的能力，从世界整体发展的趋势和世界政治经济格局的角度来认识和指导本地区、本部门的工作，以对世界发展大势的把握来进行决策，把地区和部门的工作融入世界的大格局之中。

世界上每一种文明都有它自己的长处，但任何文明都不可能在完全封闭的状态下得到发展。尤其是在当代，随着经济全球化的加快，世界各种文明之间的联系和交往日益紧密。相互间的影响日益增强，各国的发展，既是立足于自身的发展，也是在与世界比较中的发展。面对一个绝对相互依存的全球化时代，中国与世界之间的相互依存关系不断深化以及中国在世界上的地位和威望的不断上升，更要求每一个领导者必须具备科学的世界眼光，要更多地关注国际事务，随时关注世界潮流的变动，紧紧盯住世界生产力、文化等方面发展的动向和趋势，兼收并蓄，海纳百川，不断吸取其他国家、民族和文明的经验，把握时代发展的趋势，使我们的经济、政治和文化都能充分体现时代精神和创造精神。在处理日常工作甚至包括个人事务时，更应该多一份世界眼光，坚持用宽广的眼界观察世界。

培养世界眼光,就要学会从世界的视角看中国。要注重从全球经济角度审视中国经济和社会发展,善于从全球着眼考虑与谋划我们自己的事情。经济全球化趋势的发展,大大加深和加强了各国间的经济联系,深刻地改变着当代经济、社会生活和世界面貌。世界更加关注中国的发展,中国的发展也更离不开世界。正因为这样,无论是谋划一个省、一个地区的发展,都必须自觉地将其放在这样一个大背景下来想问题、想办法。只有把中国的每一步发展都放在国际大格局中运筹帷幄,才能使我国的改革开放和现代化建设事业不断向前推进。

培养世界眼光,应大力克服狭隘的经验主义、地方主义的倾向。在有些同志的头脑中,还有比较重的封闭意识,固步自封、夜郎自大、不思进取的保守意识和狭隘的经验主义、地方主义思想,整天埋头于本地区、本部门的具体工作,不了解、不熟悉,也不关心世界大局,看不清世界发展的历史潮流,看不清本地区、本部门工作与世界大局的关系。实际上,日常工作中出现的一些问题,在决策中造成的一些失误,往往都与缺乏世界的眼光、视野不开阔、知识陈旧、思想闭塞有很大关系。从思想根源上分析,都是因为缺乏对当代世界的了解,认识上落后于世界形势的发展和变化。对于我国现代化建设事业来说,这种倾向十分有害。

培养世界眼光,必须坚持理论武装和保持清醒的政治头脑。培养正确的世界眼光,除了密切关注世界的变化趋势,还必须加强学习,使自己对当代世界的经济、政治、科技和法制等有较深刻的了解和把握,具备良好的理论素养,拥有与世界打交道的必要知识,具有唯物辩证的思维,能把理论与实际,内外各种因素密切联系起来。唯有如此,才能使我们在纷繁复杂的社会现象中,把握世界大势和时代脉搏。这种理论素养中,最基本、最重要的就是运用马克思主义、邓小平理论解决中国实际问题的能力。要培养正确的世界眼光,还必须始终保持清醒的政治头脑,要善于从政治上判断形势和分析问题,善于透过现象看本质,在错综复杂的局势中始终保持清醒,坚持党的路线、纲领、方针、政策不动摇,坚持以经济建设为中心不动摇。

培养世界眼光,需要大胆借鉴。以全球的视野和宽广的胸襟来学习一切于我有用的东西，把别人的经验变成自己的财富，又必须依靠我们自己努力,必须发展我们自己的创造,必须坚持独立自主、自力更生的方针;需要从战略高度宏观地“俯瞰”全球视野中的世界,准确判断中国的方位,推进事业发展,认真处理好继承优良传统与大力开拓创新的关系;需要加大对外开放的力度,大胆地“引进来”和“走出去”,通过发展开放型经济来促进本地区经济的快速发展,还要注意经济全球化不利的一面,观察和掌握各种可能对中国经济建设造成负面影响的动向,做到心中有数,及时采取相关对策,趋利避害,防范和减少各种可能发生的风险,保护国家经济的安全,从而切实加快自己的发展。

世界眼光的培养和运用,必须置之于坚实的现实基础上。最主要的,就是基本国情,对基本国情要有清醒的认识,要一切从本国国情出发,善于把马克思主义“应用于本国的经济条件和政治条件”,而不是从其他任何的主观意志出发,不能照搬别国模式。要在不断探索的基础上,形成和发展中国风格和中国特色。还要注意经济全球化不利的一面,观察和掌握各种可能对中国经济建设造成负面影响的动向,做到心中有数,及时采取相关对策,趋利避害,防范和减少各种可能发生的风险,保护国家经济的安全,从而切实加快自己的发展。

四、见微知著的敏锐眼光

敏锐的眼光,是指领导者反应灵敏、眼光锐利、见微知著,能够透过纷繁复杂的社会现象,敏锐地发现即将对工作产生影响的变革及其征兆,能够时时掌握时代的脉搏,把握前进的方向,同时提出适应这一变化的设想、战略和切实可行的计划。这是一种适应时代发展趋势、与时俱进、随时调整领导行为的难能可贵的能力；是复杂的现代领导工作对领导者的素质提出的一条基本要求;也是确保领导工作获得成功的一个先决条件。

《韩非子·说林上》曰："圣人见微以知萌，见端以知末，故见象箸而怖，知天下不足也。"汉代袁康《越绝书·越绝德序外传》云："故圣人见微知著，睹始知终。"见微知著，就是说见到事情的苗头，就能知道它的实质和发展趋势。

在第一次世界大战中，法德两军对峙，一名法军参谋用望远镜偶然观察到对面山包上有一只家养波斯猫，这只名贵品种的波斯猫每天都出来晒太阳。根据观察结果，法军分析研究了各种时空条件，决定对这个山包实施炮轰，果然炸毁了一个德军高级指挥所。

领导者必须具备见微知著，透过现象看本质的本领，只有抓住了万千社会现象中的"亮点"，借机而上，乘势而动，就能够抢占领导活动的制高点，夺取领导工作的主动权。

善于见微知著，是领导干部的观察分析能力的体现。领导的基本职能就是决策，而通过观察获取信息是决策的基础，决策的过程就是观察（获得信息）——分析、判断、综合（处理信息）——（产生新信息）制定决策——发出指令（输出信息）的过程。及时、准确、适用的信息是正确决策的基础，而善于观察进而对事物的分析、判断、把握能力又是决定决策水平高低的重要条件。因此，是否善于见微知著，进而不断提高观察分析能力，对于领导干部显得尤为重要。

善于见微知著，就必须善于保持全局的均衡与协调，就必须敏锐地发现可能影响甚至破坏这种均衡与协调的因素，防患于未然。尤其是在改革和发展的关键时期，更应清醒地认识到前进道路上存在的许多不确定性因素和可能出现的风险与挑战，未雨绸缪，善于应对。"月晕而风，础润而雨"。及时发现和果断解决这些问题，特别是苗头性和局部性问题，就能不断增强工作的科学性、预见性和有效性，从而迅速地、有针对性地采取切实有效的措施，把问题消灭在萌芽状态，取得工作的主动，更好地实现好、维护好和发展好人民群众的利益。

善于见微知著，就必须全面地看问题或事物。所谓全面，就是要一分为二地看问题或事物，也就是要用矛盾的眼光看待一切问题或事物，在统一中把握和掌控对立，在对立中寻找和体现统一。领导者不论为人还是处世、认识还是实践，都需要讲究全面性。否则，难免就会碰钉子、栽跟头。善于见微知著，就应学会通过不同的角度、不同的方式进行观察。世界上任何事物都有两个或多个方面，都是对立统一的。在观察时既要看正面，又要看反面；既要看有利因素，又要看不利因素。全面地看待每个事物，扬利抑弊，对事物的把握才能准确、完整。

善于见微知著，就必须深刻地看问题或事物。而所谓深刻，就是不能表面地看问题或事物，而是深入问题或事物的内部，去看问题或事物里面的问题或事物，问题或事物背后隐藏着的问题或事物，不能被其表面上的一些特点、现象所迷惑。粗枝大叶、蜻蜓点水都是不行的。我们常说“实事求是”就说明了这个问题。“实事”是事实，“实事”中包含的“是”更是事实。“实事”是现象，而“是”才是本质。“是”是更深刻的事实。然而，深刻的东西都是肉眼看不见、摸不着。“会看的，看门道；不会看的，凑热闹。”这个“看”，不是用眼睛直接看，而是用脑子去想。

那么领导干部怎样才能增强见微知著的敏锐眼光呢？

一是提高政治敏锐性。日常人们所说的政治敏锐性，就是在不同时期要对党的方针政策有正确的理解和掌握，或对上级的要求与指示要及时领会和把握，并结合实际贯彻执行。这种能力是衡量一个班子、一个干部，特别是领导工作能力的一把尺子。政治敏锐性强，工作就能始终沿着党的正确方向前进；政治敏锐性差，工作就会陷入迷茫，甚至失误，偏离党的路线方针和政策。领导者政治上具有了敏锐性，就能在千头万绪的纷繁工作中增强预见性、科学性和创造性，就能在处理各种急、难、险、重的任务和突发性事件中应对自如，掌握主动。增强政治敏锐性，最重要的就是要有政治意识、政治头脑，善于从政治上分析、观察和处理问题，把握大政方针，明辨大是大非。

二是博学以增智。“智者知也，独见前闻，不惑于事，见微而知著也”。领导干部要善于见微知著，首先就要成为智者。居高声自远，厚积而薄发，只有站得高，才能看得远，只有懂得多，才能看得准。领导干部位置“居高”，学识也要“居高”，要有一览众山小的气概，要炼就一双火眼金睛，看得清，看得细，看得远，看得准。因而领导干部要成为善于见微知著的智者，就要做到博学，不断积累知识和经验，不断提高自身素质，为善于发现问题、分析问题和科学决策在主观方面打下坚实的基础。

三是细察以见微。见微知著，善于见微是基础。领导干部要有敏锐的观察能力，就要做到广闻博识、兼听则明，注意收集各个方面的信息，包括好的和不好的信息，既要听喜报，又要闻忧讯；就要做到细察见微，细察是见微的关节点，领导干部通过观察接触问题和事物，发现苗头，掌握动态；就要有超常的敏锐度，要善于发现蛛丝马迹，要比一般人看得早些，看得细些，想得深些。古人云：“将飞者翼伏，将奋者足局，将噬者爪缩”，“千里之堤，溃于蚁穴”。西方也有“天使在想象中，魔鬼在细节里”的谚语。领导干部要注意发现将飞者翼伏的姿态，要注意发现能溃千里之堤的蚁穴；要注意发现产生质变的细节。领导干部做到细致观察还要注意走出两个误区，一是避免一叶障目，不见泰山，走出受细小事物的蒙蔽、看不到事物全貌的误区，二是避免坐井观天，管窥蠡测，走出观察事物受客观条件制约产生局限性的误区。

四是精思以知著。“学而不思则罔”，“行成于思”，这些古语都说明“思”的重要性。思想家就是在善于观察、善于思考的基础上，善于归纳总结出具有指导意义的理论而成就的。观察和分析信息的过程就是思考的过程。见微知著，先见微，再析微，然后才知著，精思是善于知著的重要保证。人们观察到的往往是事物的表象，所接受的信息往往粗精同在，真伪并存。但是事物的发展都有一般的规律，表象反映本质，量变的必然导致质变，偶然中有必然，必然中有偶然。领导干部要乐于动脑，勤于思考，凡事要问个所以然，要探个究竟，同时还要善于思考，精于思考，按照“去粗存精，去伪存真，由此及彼，由表及里”的方法，对所观察到的事物和形势，对调查中听到的反映和意见，对所掌握的各种信息进行分析和研究，分清主次，鉴别正误，找出规律。

五、面向未来的长远眼光

优秀的赛车手在努力超越对手时，眼睛望向哪里？肯定不是手里的方向盘，也不会是两边穷追不舍的法拉利，而是正前方的车道……

眼光长远的人往往能够走在时代的前沿。他可以看见别人看不见的东西，掌握事物发展的未来趋势，因而能够先行一步。在这个竞争日趋激烈的时代，这是成功所不可或缺的元素。短视者只能迎接失败，即使他们以前有过很优越的条件。他们往往被眼前的利益所迷惑，在透支享受今天的同时，忘记或忽略了给明天播种，最后只能被明天抛弃。

就像下棋一样，技高者能看出五步七步甚至十几步，低能者只能看出两三步。高手顾大局，谋大势，不以一子一地为重，以最终赢棋为目标；庸手则寸土必争，结果在辛苦中屡犯错误，以失败告终！

人生就像是马拉松比赛，谁先到达终点，谁就是胜者，谁就是英雄。没有听说谁在路上边采摘野花边跑还获得了比赛冠军的。而且，过程是为目标服务的，再美妙的过程如果得到的是苦果，也不会有太大的意义。

优秀的保龄球选手在投球时，眼睛望向哪里？肯定不是手里的球，也不会是两边的球槽，而是最前方，前方的球瓶。优秀的赛车手呢？他在努力超越对手时，眼睛望向哪里？肯定不是手里的方向盘，也不会是两边穷追不舍的法拉利，而是正前方的车道……任何需要经过直线运动，而到达远距离目标的竞争行为，都有一个共同的原则：眼睛向前看！

比尔·盖茨也告诫人们：想得远一些。他说："我的成功大部分应归功于我能够关注长远目标，而不受一些眼前利益的干扰。能够做到这一点并不需要什么天才的智力，但的确需要某种特别的努力。"

作为领导者，更应具有远见卓识。一般说来，领导人越有远见，眼界越高，他所领导的事业发展就越有潜能，正如人们常说的："人无远虑，必有近忧。"

任何企业都会追求赢利，但许多企业追求的只是当时赢利。所谓"当时"，指的是当天、当月、当年，或更长一段时间。这种追求带有很大的局限性，实际上是放弃更多赢利。企业经营如下棋：吃掉一卒、一兵算不了什么，把对方将死才算有本事；赢一盘棋算不了什么，三局两胜才算有本事；赢一场棋算不了什么，场场赢下去才算有本事。

芬兰的诺基亚公司是靠加工木材起家的芬兰百年企业。1990年前的芬兰诺基亚公司主营业务有两块：一块是木材加工，另一块是橡胶制品的生产。芬兰位于北欧，只有500万人口，本国市场很小，几十年来，诺基亚主要是为前苏联提供橡胶制品。由于市场稳定，所以生产和生活都很好。但是，1990年环境突然发生了改变：苏联解体，诺基亚原有的市场突然没有了，企业面临着生存问题。新任董事长奥利拉上任后经过调查，作出了正确的决策，迅速出售掉部分木材加工、橡胶制品和电视机生产企业，集中精力做通信产业。到现在，诺基亚已经是世界排名第一的移动通信器材供应商了。

作为一名领导者，不仅要关注眼前，更要瞄准未来。"凡事预则立，不预则废"，这是中国民间广为流传的古老名言，也是领导干部必须高度重视和遵循的一个准则。这就要求广大领导干部，不论是想问题，还是做事情，都要进行超前思考，在立足现实的基础上，着眼于长远发展。任何事物在变化之前，总要表现出一些征兆、迹象和苗头，这就是人们常说的"山雨欲来风满楼"。只要我们善于观察分析、及时洞悉事物发展变化的各种征兆、苗头，就能见微知著、未雨绸缪。尤其是在对市场经济的未来发展趋势的分析与把握上，广大领导干部更是要具有深邃的洞察力，从而预先谋划未来策略或行动。否则，就可能在今后的市场经济的变化莫测面前，束手无策。

放眼未来，关注长远，所以韩信不为一时的胯下之辱而失去长远的成功机会；看清了世界变化的形势，关注到中国需要繁荣昌盛的长远目标，才有了令世界瞩目的改革开放；看清了中国加入WTO后面临的严峻形势和长远的机会与利益，一批批中国民营企业才在激烈的市场竞争中壮大发展，茁壮

成长。看清了眼前,也知道长远的形势变化,所以成就了他们的事业与辉煌。

放眼未来,关注长远,一个人才能顺利通向成功。反之,如果只关注眼前,而忽略长远,无论个人与国家都不能长久地生存和发展。看不到赂秦之弊,只求一朝一夕的苟安,燕赵韩魏等七国终灭于秦;看不到暴政之下的民怨对国家安危产生的深远影响,秦终灭于项羽一人手下,身死国灭为天下笑,失去长远眼光的人终不能久立于世。

在立足当前的基础上放眼长远,这是一个重要的方法论原则。首先,立足当前,预见未来。因为事物发展具有连续性,今天是昨天的延续,明天又是今天的延续。所以,领导者在进行战略谋划时,必须立足今天,总结昨天,预见明天。其次,研究当前,规划未来。事物有现象和本质之分,现象是入门的向导;现象又有真相和假象之别,领导者在进行战略谋划时,又必须深入研究当前,透过纷繁复杂的现象,揭示事物的本质和规律,从已知推断未知,从现实把握未来。

在现实生活中,有少数领导干部不能用长远眼光谋划当前工作,显得有些急功近利,有些浮躁冒进。他们干工作、搞项目,缺乏一种发展的眼光、长远的眼光、全面的眼光,而只顾眼前利益或一己私利。有的热衷于“短、平、快”,喜欢“显山露水”、追风逐浪,今天比盖高楼大厦,明天争建大道广场,搞一些劳民伤财的形象工程、政绩工程,瞎折腾,只重视任期内出政绩,对事业发展缺少长远规划;有的急于升迁,本职工作还没做好,就开始设计自己的“升迁蓝图”,板凳没坐热就开始跑官要官,在一个岗位上没干几年就急不可耐地往上钻营,或想方设法调入自认为实惠的部门。

有些欠发达地区,为了追赶发达地区,眼睛只盯着速度指标,心里盘算着什么时候赶上和超过别人,由此在制订“规划”时生怕胆子不够大,步子迈得太小,却很少因地制宜地扬长避短。比如有些地方的经济生态本来就比较脆弱,还要层层加码追求增长速度,势必造成“掠夺性”的开发,超出发展潜力承受能力,造成经济生态恶化。事实证明,经济社会必须协调发展,任何违背科学发展规律的短视行为,都将得不偿失。

因此，领导者要注意处理好眼前利益与长远利益的关系。眼前利益即是现实的利益、最近的利益、当下的利益。长远利益是由一个一个眼前利益构成的，是通过一个一个眼前利益来实现的。离开了一个一个具体的眼前利益，就无所谓长远利益，实现长远利益也就成为一句空话。为了长远利益，眼前利益不可不改善，不可多改善，不可不照顾，不可多照顾。照顾眼前利益要以不影响长远利益为宜。从根本上讲，眼前利益和长远利益是统一的，而不是对立的。但是，在现实生活中，群众的眼前利益和长远利益之间的矛盾又是经常发生的，有时甚至是不可避免的。对此，必须正确处理眼前利益和长远利益的关系，使各方面尽量满意和均衡。

用长远眼光处理眼前利益，还需有壮士断腕的勇气。着眼长远，有时可能就要放弃一些眼前的利益。割舍利益，自然不容易。西方有句谚语：在利益面前，思想都会出丑。足见利益的魔力。但为了党和人民的更大利益，为了地方的可持续发展，领导者必须有足够的勇气和魄力，宁可一时少点GDP，也要保住青山绿水；宁可暂时速度慢一点，也要做好打基础的工作；宁可吃些眼前亏，也要为子孙后代留下福祉。

六、用发展的眼光看问题

事物总是处于不断的变化之中，过去曾经成功了经验和做法，随着时空的转换以及外在环境的变化，在现在和将来也许就不再是成功的经验了。“时移则势异，势异则情变，情变则法不同”。“世上唯一不变的，那就是一切都在变”。

有一则关于爱因斯坦的寓意深刻的故事：在一次学年考试中，爱因斯坦的一位学生拿到考试卷后对他说：“教授，试卷上的问题怎么和去年的一样啊”？爱因斯坦回答：“是的，但是今年的答案就不同了。”

世界上的万事万物是变化发展的。因此我们不能用一成不变的眼光看待人和事。人们要正确地认识事物、分析问题，就必须用发展的眼光观察和处理问题。首先，要把事物如实地看成一个变化发展的过程。1946 年电子计算机刚刚发明时重 30 吨，占地面积 167 平方米，由 1.8 万个电子管、1000 只电容器、7 万个电阻组成，运行速度只有 5000 次 / 秒；之后每 5~8 年运算速度提高 10 位、体积缩小 10 倍；今天大规模集成电路的智能化计算机运算速度达到上百亿次。如果用静止的观点看问题，就会像“刻舟求剑”故事一样，注定要失败的。

爱因斯坦

世界上任何事物都不是静止不动的，万事万物都处于不断的发展变化之中。要认识和改造客观世界和面对的事物，同样也不能用静止的眼光。邓小平总结中国社会主义建设的经验教训，提出了“发展才是硬道理”的著名论断。为全党全国人民规划了一个坚持以发展为主题，用发展的眼光、发展的思路、发展的办法解决前进中的问题，从而把中国特色社会主义事业不断推向前进的战略思路。改革开放以来的社会实践证明：坚持用发展的眼光看问题，用发展的眼光解决发展中的问题，现代化建设各项事业就能获得更多的发展机遇和发展空间。

发展的眼光，应该是历史的。事物发展本身就是一个连续不断的过程。任何有意忘却历史、割断历史的做法，都不利于人们认识和把握正在发生的社会巨变，不利于领导者在纷繁复杂的现象中抓住问题的本质。唯有以深邃的历史眼光，以实事求是的态度，具体问题具体分析，才能看清正在发生的深刻变革，把握事物发展的趋势和方向，才能应对时代不断提出的新挑战和新课题。

发展的眼光，应该是辩证的。“照辩证法办事”，这是邓小平在抗日战争时期就提出的一句名言。辩证法把世界上的一切现象和事物，都看作是普遍联系和永恒运动、变化、发展的，把事物的发展看作是自身所固有的各种矛盾运动的结果。用矛盾的观点来把握事物，是唯物辩证法的一个基本要求。辩证就是要看到事物的两面性，对于相对立的两个方面就都要抓住，使其在既相互对立又相互依存中发展。

发展的眼光，应该是全面的。在整体与部分、全局与局部的关系上，必须兼顾两者。对待任何一个事物，都应当全方位的、多层次地去审视它的特征。有了这样的观念，就不会一叶障目，只见树木，不见森林，只看一点，不及其余。用全面的眼光看待问题，会看得更深入、更清晰，更容易正确理解和判断事物，也更容易帮助领导者做出正确决策。

发展的眼光，应该是前瞻的。以前瞻的眼光，按照事物发展的规律，洞察未来环境的变化，对事物未来发展方向和趋势做出预测，将为我们提供更多的发展机会。前瞻的眼光需要有充分的准备作基础，超前的意识、创新的思维、不断学习的能力，是领导者能保持前瞻的眼光的必备条件，也是领导者既能反映现实，又能领导发展新潮流的前提和基础。

"刻舟求剑"的故事大家都知道，很多人不以为然。然而，现实中的确有拘泥成法、固执不知变通的人。作为领导者，不能静止地看问题，世界上的事物总是不断地发展变化，想问题办事情都要考虑到这种变化，要坚持用发展的眼光看问题、解决问题。

用发展的眼光看问题，就要不安于现状，居安思危。唯物辩证法告诉我们，事物是在不断发展的，发展就是事物从低级到高级、从简单到复杂的新陈代谢过程，是一个旧事物死亡、新事物产生的过程。早在先秦时期，《左传》便提出为政要"居安思危"，"思则有备，有备无患"；《周易》主张"安而不忘危，存而不忘亡，治而不忘乱"；孟子也提醒人们"生于忧患，死于安乐"。先哲的这些警世名言，包含着社会政治中"安危"、"存亡"、"忧患"、"安乐"等对立面在一定条件下可以相互转化的辩证思想，是从当时社会政治实践中总结出来的重要经验：用发展的眼光看问题，就是要不安于现状，要居安思危，这是实现政治清明、社会进步和国家长治久安的一个重要条件。经过30多年的改革发展，各地的经济社会与过去相比确实发生了翻天覆地的变化，但随着经济全球化趋势不断发展，我国产业升级和转移加速，区域经济竞争日趋激烈。“逆水行舟，不进则退”，领导者不能满足于现状，应当克服惰性心理，积极面对发展，扫除发展的心理障碍；要不断寻找问题，发现缺点，找准发展切入点；要多向比较，找出差距，把不满足现状的迫切愿望、敢于直面挑战的坚定信心，转化为促进地方发展的永恒动力；要时刻提醒自己，不断开拓进取，适应社会不断发展的需要。

用发展的眼光看问题，就要不畏惧困难，直面挑战。否定之否定的规律揭示了事物发展的方向道路。即总趋势是前进的，但道路是曲折的。困难虽然是成功路上的拦路虎，但是战胜困难的过程既是一个锤炼领导者意志的过程，也是一个把障碍转化为成功机遇的过程，领导者应当学会用发展的眼光看困难，准确把握困难后面隐藏的巨大机遇。因此，领导干部必须用发展的眼光看问题，要锐意进取，勇于开拓，增强信心，坚定发展信念；增强责任心，直面挑战，不断磨炼意志、增长才智，提高自己解决问题的能力；发扬团结协作的精神，诚心诚意为人民谋利益，“俯首甘为孺子牛”。

用发展的眼光看问题，就要不怕担风险，大胆创新。现实生活中，有些领导干部之所以不敢大胆尝试，甘当“维持会长”，根本原因就在于怕担风险，这是不作为的表现，与为官之责差之甚远。领导者只有在实践中不断创新，才能避免“黔驴技穷”；只有在实践中不断创新，才能把问题看深看远；只有在实践中不断创新，才能让我们的事业长盛不衰。在实践中不断创新，关键是要树立创新意识。作为领导干部，实现创新，一是“求新”。要执著追求创新，不安于现状，不因循守旧、抱残守缺，不甘寂寞和平庸，争强好胜，敢为人先；要培养创新兴趣，开发创新思维，养成创新习惯，勇于革新发明，争创前所未有的成果。二是“出新”。把创新作为实现可持续发展的新增长点。在工作中时时处处注意学习，抓住新机遇，迎接新挑战，发现新问题，适应新规则，找到新方法，接受新信息，宣扬新观念，带来新启发，取得新成绩，构建新理论，做出新判断，开创新事业。在创新过程中，不能急于求成，应由易到难，循序渐进，积小胜为大胜。既要注意加强协作，又要加强自主创新，争取创新的主动权。从“发展才是硬道理”到“发展是我党执政兴国的第一要务”，再到“科学发展观”，发展已经成为中国走向强盛、人民迈向富裕的关键词。

用发展的眼光看问题，这是被我国近、现代史和我国改革开放、现代化建设实践一再证明了的一条重要经验，也是现如今建设和谐社会的必然要求。作为一个领导者，必须要学会用发展的眼光来看问题、解决问题。

七、大处着眼，小处着手

“什么是不简单？把每一件简单的事做好就是不简单；什么叫不平凡？把每一件平凡的事做好就是不平凡。”

所谓“大处着眼，小处着手”，指的是领导者既要从全局长远观点出发去考虑主要的关键的问题，又要能够在细节处把具体事情做好。它讲的是领导者如何正确处理整体与细节、主流与支流的问题。

“大处着眼，小处着手”是一种辩证的眼光，是一种领导策略，也是一种领导方法，更是一种领导艺术。大处着眼靠的是眼界，小处着手靠的是态度。“大”是要解放思想，“小”是要实事求是；“大”是可持续发展战略，“小”是现代管理制度；“大”是方向，“小”是方法。

北齐的刘昼说：“夫曲思于细者，必忘其大；锐精于近者，必略其远。”其意是对琐碎事情过分注重者，必然容易淡忘大事；专注于精心计算眼前利益的人，必定忽略了长远的目标利益。作为一个领导者，首先应当从“大处着眼”，深谋远虑、总揽全局。这样，工作才有中心，才有重点，才有明确的目标，才能使工作始终围绕大局、保证中心，才能在复杂多变的形势和繁琐具体的事务中不迷失方向。如果眼界狭隘，满足于一得之功和一孔之见，只见树木，不见森林，一叶障目，不见泰山，往往会在局部的利益中失去大局，最终满盘皆输。

作为一个领导者，在大事跟前一定要非常清楚。小事不糊涂，不能说是有见识；大事一定不肯糊涂过去，这就是智慧加决断。

战国时期，孔子的学生宓不齐作单父县长，齐国人攻打鲁国，单父是必经之地。单父的老人们向宓子请求说：“地里的麦子已经熟了，请你任凭人们出去收割吧！不要管是不是他种的。让单父的百姓增加些粮食，总比留在地里，让敌人获得资助强些。”他们请求了三次，宓子都不同意。不多久，齐兵就来了，抢走了麦子。季孙氏听说以后很心疼，派人去把宓子拐弯抹角地骂了一顿。宓子生气地皱着眉头说：“今年没有收到麦子，明年可以再种。如果让不耕种的人趁机获得粮食，就会使他们越发希望有敌人入侵。单父一年的小麦能否收到，并不影响鲁国的强弱。如果使老百姓有了侥幸获取的心理，世风坏了，对鲁国所带来的损害几代人都恢复不过来。”季孙氏听了十分惭愧，他说：“如果入地有门，我难道还有脸去见宓子吗？”宓子的做法对于解救危难似乎有点迂腐，但对于维持国家的长治久安则关系甚大。

像宓子这样，有了长远和总体的把握，就如多了一只眼睛。这只眼睛长在身外，高屋建瓴，从上往下俯视。这样，每当遇到问题的时候，能看到自己，也看到对方，看到事件之内，也看到事件之外，看到现在，也看到过去将来，因此能做出英明的决策。

汉宣帝时有一位宰相名叫丙吉。有一年春天，丙吉乘车经过繁华的都城街市中，碰见有人群殴，死伤极多，但是他若无其事地通过现场，什么话都没说，继续往前走。不久又看到一头拉车的牛吐出舌头气喘吁吁，丙吉马上派人去问牛的主人到底怎么回事。旁边的随从看见这一切觉得很奇怪，为什么宰相对群殴事件不闻不问，却担心牛的气喘，如此岂不是轻重不分，人畜颠倒了吗？于是有人鼓起勇气请教丙吉。丙吉回答说：“取缔群殴事件是长安令或京兆尹的职责，身为宰相只要每年一次评定他们的勤务，再将其赏罚上奏给皇上就行了。宰相对于所有琐碎小事不必一一参与，在路上取缔群众围斗更不需要。而我之所以看见牛气喘吁吁要停车问明原因，是因为现在正值初春时节，而牛却吐着舌头气喘不停，我担心是不是阴阳不调。宰相的职责之一就是要调顺阴阳，因此我才特地停下来询问原因何在。”众随从听后恍然大悟，纷纷称赞宰相英明。

从丙吉的话中，可以看出，领导者从大处着眼对大局的判断和掌握，以及注重抓纲举目是何等的重要。

领导者既要从“大处着眼”，还要从“小处着手”。既要中心突出，又要把方方面面的工作照顾到；不仅要集中精力关注和抓好主要矛盾和中心工作，同时也要关照非主要矛盾和一般工作，只有这样，才能统揽全局，做好工作。

任何大的、对成功有决定意义的事件都是由大量的小事、细节累积组成。正如荀子在《劝学》中所阐述的：“不积跬步，无以至千里；不积小流，无以成江海……”凡事皆是由小至大，小事不愿做或做不好，大事就会成空想。自古凡有大成就者，其实没有什么特别的，仅仅是比普通人多注重一些细节而已。“泰山不辞抔土，故成其高；江海不择细流，故成其深。”智者善于以小见大，从平淡无奇的琐事中参悟深邃的哲理。他们把处理琐碎的小事细节当做是一种经验的积累、是为宏图伟业做准备、是万里长城的一块砖。他们不厌其烦地拾起身边细碎的石块，日积月累，构筑起的却是高耸雄伟的大厦。只有站在大厦俯瞰脚下的壮美景色时，人才会体味到小事细节的重要。成功从来都不是一蹴而就的，成功是一个不断积累的过程，可以说是一个把细节做完美的过程。

海尔集团总裁张瑞敏在谈到员工的敬业精神时说，“什么是不简单？把每一件简单的事做好就是不简单；什么叫不平凡？把每一件平凡的事做好就是不平凡。”

任何大的东西都是由无数个小事物构成的，每一次成功都是无数个细节的累积。只有心中常怀远大理想，在平凡的工作岗位上踏踏实实从小事做起，从点滴做起，持之以恒，坚持不懈，就可以干出一番惊天动地的事情来。干小事成大事，变小胜为大胜，才能一步一步到达光辉的顶点。一个好大恶小，不愿做小事的人是成不了大气候的。

领导者如何从"小处着手"？就是要把简单的事做好，把容易的事做好。领导者当然要有战略家的眼光、气派和谋略，但小事也同样不能忽略，特别是带趋向性的小事。日常生活和工作中的小事、细节，并不是无足轻重。在适当的时候、适当的场合它就有可能转化为大事、成为决定成败的关键。挑战者号航天飞机上的密封圈就如同千里之堤上的蚁穴，平时或许没什么，一旦大水来临它就是关键！天下之事，必作于细。当重大决策作出后，必须要落实在具体细节上。只有兢兢业业做好、做细一切工作，才能充分实现战略目标。作为领导干部，在实际工作过程中，必须驾轻就熟，举重若轻；对重要工作和事关全局的重大决策，必须慎之又慎，举轻若重。要形成往深处做、往实处做的工作作风，不能热衷于做表面文章。要养成身体力行抓落实的工作作风，要抓好从运筹决策到制订方案，直到组织实施，监督检查，信息反馈，全面总结的每一个环节，切实取得工作成效，从而推动全局工作。

在构建社会主义和谐社会的今天，如何为人民群众搞好服务，离不开扎扎实实、细小繁杂的具体工作。对领导干部来说，求真务实、重视细节是一种应有的素质和作风。抓工作落实，要从细处着手；搞调查研究，要从基本情况进入；抓督促检查，要从细枝末节着眼。没有细，就没有严格要求；没有细，就不可能深入实际；没有细，一切工作就难以得到落实。与老百姓生活最密切相关的是他们的衣食住行、吃喝拉撒、生老病死。一样解决不好，百姓就会受苦受累，不得安生。所以，要真心地把群众最关心、最直接、最现实的利益问题作为重点来解决，眼光放得低一点，大话说得少一点，工作做得实一点。只有一心一意为群众，从大处着眼，从小处着手，才能达到民生和谐、社会和谐，才能实现和谐社会建设的目标。

"大处着眼，小处着手"是做好领导工作的本质要求，也是领导者最重要的素质和能力。作为领导者，对待工作要善于从全局的长远的战略的高度来分析问题和解决问题，高瞻远瞩，运筹帷幄，未雨绸缪，掌握大势，办好大事；同时，要注意工作方法，养成严谨的工作作风，抓工作善于从细处入手，从小事做起，以小搏大，以局部的进展推动全局工作，不断提高领导成效。

第7章 博大的胸襟

海纳百川、有容乃大、心胸豁达、胸怀坦荡、雍容大度、大气磅礴、雅量十足以及“宰相肚里能撑船”，都是对博大胸襟的生动描述。综观古今中外，凡是做成大事者，必有宽广的胸襟。作为一名领导者，应当胸襟博大，胸怀大局，宽厚大度，从容镇定，能容言、容人、容事，淡然对待荣辱得失，求同存异，团结众人齐心干事。

一、大胸怀成就大事业

一个人的事业是和他的心胸相连的。成就事业，是一切进步人类的共同理想和追求。一般的说，成就事业很难，需要许多条件，其中必不可少的是胸怀。事业越大，所要求的胸怀越宽广；而胸怀越宽广，就越有利于成就事业。

千古一帝秦始皇，常有“囊括宇宙之意，并吞八荒之心”，最后灭六国而四海一；青年刘邦见始皇出游盛况，顿生“大丈夫当如是”的雄心，最后终于创下汉朝四百年的基业；宋代范仲淹正因为有“先天下之忧而忧，后天下之乐而乐”的广阔胸怀，才使他成为一代名相；周恩来因自小就有“为中华崛起而读书”的胸怀大志，所以成为一位为全世界人民所尊敬的伟人。由此可见，博大的心胸是成就大事业的重要因素。

唐太宗可谓功高盖世，如果没有开阔的胸襟，善待直谏者魏征，那会是另一副模样。魏征的《十思》《十渐》等谏书，尖锐批评唐太宗的缺点，皆人

唐太宗

所不敢言，而唐太宗却欣然接受。后魏征因病请求辞职，唐太宗说："金必锻炼而成器，朕方自比于金，以卿为良匠，岂可去乎？"气量狭小之辈，无论如何也说不出这样的话来。唐太宗终成为历史上广纳谏言、勇于改过的治国明君。

与此相反，气量狭小者，往往导致身败名裂、国破家亡的噩运。同为帝王的李煜，虽会说"问君能有几多愁，恰似一江春水向东流"之类的美丽词句，因为心中只有雕栏玉砌和美人，最终却把自己的江山拱手送给别人；施耐庵笔下有一个王伦，本来他应是梁山泊的元老大哥，但他心胸狭窄，先是刁难林冲，后是为难晁盖，最后落了个身首异处的下场；更可悲的是林黛玉了，心眼可能只有针鼻儿大小吧，别人一句话，她可以三天不理人，结局是在如花的年龄就香销玉殒了。所有这些，如此结局，不能不说和他们的心胸狭窄有关。

由此看来，一个人的心胸，可以让他从平民到帝王，也可以让他从帝王到百姓；可以使他成就经天纬地的事业，也可以使他落个身首异处的下场；可以令他名垂宇宙，令人景仰，也可以令他默默无闻，一生如草芥。

为什么胸怀与事业之间具有如此密切的内在关联呢？这是因为，胸怀决定着建功立业的志向和抱负，大志需要有大心胸；胸怀决定发展战略与规模，有多大的胸怀，想做多大的事业，就有多大的愿景与之相对应。概言之，就是心胸包天地。即胸宽则能容，能容则众归，众归则财聚；心胸宽则思广，思路广则出路多，出路多则竞争力强。胸襟狭小的人，只能看到蝇头小利和眼前的利益；胸襟开阔的，往往眼光高远，不计小利，以大局为重。

综观三国历史，真正的豪杰，能在乱世之中成就伟业者，皆是胸怀宽广，气吞山河，有容人肚量，礼贤下士的贤德之主。就拿曹操、刘备、孙权、吕布、袁绍五位地方霸主相比，气量大小，心胸如何，决定了他们的最后命运，这绝对是客观的事实。

袁绍四世三公，门人如云，武将无数，地盘最大，军队最强，雄踞河北，傲视群雄，是何等的威风。董卓谋反，众人推为盟主。此时曹操、刘备皆是无名小辈，没有一寸战功，更没有一块地盘。然而袁绍其人外强中干，有致命弱点:一曰优柔寡断,二曰心胸狭窄,三曰嫉贤妒能。董卓大败,本应一鼓作气,消灭逆贼,他却鸣锣收兵,给对手以喘息之机,这是他的第一弱点。其后曹操势力渐大,为统一北方,兴兵伐袁,忠臣沮绶犯颜直谏"避其锐气,击其惰归",惹怒袁绍被囚入大牢。袁绍盲从拍马奉承之辈,好大喜功,举全部兵力,与曹操决战于官渡,因乌巢失火,兵败负伤。这是他的第二弱点。兵败之后,本应沉痛思考,吸取教训,自责自醒,向智者讨教,厉兵秣马,收复失地,他却因为好面子,无法面见沮绶而将其杀害。这是他的第三个弱点。如此,三个致命弱点,被曹操消灭,也是迟早的事。

再说吕布,本一介武夫,头脑简单,四肢发达,虽有万夫不当之勇,却喜怒无常,用今天的话说,就是个二浪子。他见利忘义,好色贪财,心胸狭窄,反复无信。只因为有陈宫辅佐,才得了几座城池。曹操捉到吕布后,吕布愿降,曹征求刘备意见。备曰:"公不见丁原、董卓之事乎?"一句话把吕布送上了断头台。吕布之败,也败在心胸和性格。"三姓家奴"的名声就坏了他的大事。

难怪曹操与刘备煮酒论英雄时,把吕布、袁绍当做无能之辈。曹公断人,入木三分。

宽阔的胸怀是一种伟大的力量、一种自信,也是一种无形的感召力和凝聚力。只有胸怀宽广,才能广泛吸引人才,争取多数。事关江山社稷的宏大事业,绝不是一两个人或少数人就能够干成的,必须有事业所需要的各级各类人才加入进来,并充分发挥其积极性、创造性。我国历史上那些成就大事业者,都能够礼贤下士,广开进贤之路。正所谓"海纳百川,有容乃大"。如果领导者心胸狭隘,奉行"武大郎开店"的用人政策,吹毛求疵,嫉贤妒能,那么优秀人才就不可能为其所用。这样的人又怎能成就大事业呢?

只有胸怀宽广,才能做到"兼听则明",实施正确的决策。成就事业的过程,就是制定和实施正确决策的过程。为了制定正确的决策,就必须掌握各种信息,听取各方面的意见,善于比较多种不同的决策预案。如果胸怀不宽,别人就会"报喜不报忧",听不到真实情况;就会自以为是,刚愎自用,听不进不同意见。这样,"一招不慎,满盘皆输"的状况就不可避免。只有胸怀宽广,才能理智地思考问题,明智地处理问题。讲到胸怀,人们往往会想到“诸葛亮三气周瑜”的故事。周瑜器量狭小,意气用事,最终被“气”而死。这说明,成就大事业者,对不顺心的事情应拿得起、放得下,不被它扰乱心智。心智乱了,就不可能正确地判断和处理问题,非犯大错误不可。

检验领导者的胸怀是否宽广,最好的试金石是对“错误”和“政敌”的态度。在党的七大上,毛泽东力主选举犯了严重错误的王明进入中央委员会。这对于团结那些犯过错误的同志,共同推进中国人民的解放事业,具有重大意义,也充分体现了毛泽东的博大胸怀。经验表明,胸怀宽广的人大都知道错误与正确、政敌与朋友之间的辩证关系。美国总统林肯曾试图跟他的政敌交朋友,引起一位官员不满,他认为林肯应该利用权力消灭他们。对此,林肯则十分温和地说:“当他们变成我的朋友时,难道我不是在消灭我的敌人吗?”

所以说,一个能够开创一番事业的人,一定是一个心胸开阔的人。人要成大事,就要有开阔的胸怀,只有养成了坦然面对,包容一些人和事的习惯,才会取得事业上的成功与辉煌。

领导者修炼胸怀要注意以下几点:一是要立大志,有大志才有长远目标,才会有创业的动力和激情。二是处理好取与舍的关系,没有舍就没有得。能舍一池之水,便能做一池之主,能舍一江之水便能成一江之气,要懂得取舍之道的真谛,要修炼心怀就要先修炼取舍;三是提高经受磨难的能力。宽广的胸怀是在不断的痛苦考验中锻炼出来的。只有从炼狱中经历过的人才会发现通向天堂的途径和方法。通俗地说就是要想当老板就要先睡地板。四是拿得起放得下。得与失在人生发展中皆属正常,胜与败更是兵家常事,几分超然,几分大度,放心胸于坦然处,留一步路宽,让一分人前。学会“释怀”天地宽。五是善于“夹着尾巴做人”。自高、自傲、自大是心胸狭小的表现,不是真正的成功者的本色。要有自知之明和谦逊美德,不张扬、不浮夸。与低于自己的人相处时,要把别人当人看;与高于自己的人相处时,要把自己当人看。懂得学会忍让。忍让是胸怀修炼的基本功,能够忍辱负重,才能实现既定目标。

二、胸襟是被冤枉撑大的

中央决定要做一个关于建国以来若干历史问题的决议，邓小平针对当时有人贬低和否定毛泽东的议论，断然指出："毛泽东思想如果不写或写不好这个部分，整个决议都不如不做。"他还指出，"最核心的一条就是确立毛泽东的历史地位，坚持和发展毛泽东思想"。

阿里巴巴集团主要创办人、阿里巴巴集团主席兼首席执行官、雅虎中国CEO兼总经理马云，说过一句很有意思的话："男人的胸怀是被冤枉撑大的。"

马云自1999年创办阿里巴巴网站以来，创造了一个电子商务的神话。阿里巴巴已经成为全球最大的B2B网站之一，2002年阿里巴巴营收600万美元，2004年营收6800万美元，仅两年就增长了将近10倍。2008年11月5日，阿里巴巴正式在香港上市，IPO定价港币13.5元，大约募集14亿美元的资金，创下港交所单一IPO金额的新高纪录，在国际企业IPO规模仅次于谷歌。

而马云自己对于这样一个成绩的自我评价却是"今天很残酷，明天更残酷，后天很美好，但绝大部分都死在明天晚上，所以每个人都不要放弃今天。"马云是个注重今天的人，注重现在是对未来最好的承诺。他从一个领导者的角度认为，电子商务将会影响人类生活方方面面，未来三年还是电子商务的基础建设时期，各界都会持续投资；作为一个领导人，最重要的要有眼光、胸怀和实力，特别是要有海纳百川的胸怀，"男人的胸怀是被冤枉撑大的"。不管别人怎么冤枉你，或自己受委屈都没关系，自己要有海阔天空的胸怀;能笑是因为有胸怀,能傲是因为有实力。

人生在世,尤其当你处于从属地位的时候,难免被人冤枉,滋味当然不好受。年少轻狂的时候,是受不得冤枉的,哪怕受到针尖那么小的冤枉,也会条件反射般弹跳起来,非要辩个眼球充血嘴角冒泡方肯罢休,可有些事情越辩越黑。有些人,根本不听你的辩论。所以,与其浪费时间作无谓的争辩,还不如用事实和实力证明自己。

对那些事业有成的成功人士,在他们辉煌的背后,其实也有他们的艰难、他们的不容易。他们超乎常人的忍耐,铸就了他们人格的魅力,博大的胸怀。他们成就的奠基,冤枉占有重要的因素在里面。冤枉并且贯穿他们努力的事业到成功认可之前的阶段。

南非的民族斗士曼德拉,因为领导反对白人种族隔离政策而入狱,白人统治者把他关在荒凉的大西洋小岛罗本岛上27年。当时尽管曼德拉已经高龄,但是白人统治者依然像对待一般的年轻犯人一样对他进行残酷的虐待。

罗本岛位于距开普敦西北方向7英里的海湾。岛上布满岩石,到处都是海豹和蛇及其他动物。曼德拉被关在总集中营一个“锌皮房”里,工作是打石头,将采石场采的大石块碎成石料。有时从冰冷的海水里捞取海带,还做采石灰的工作。他每天早晨排队到采石场,然后被解开脚镣,下到一个很大的石灰石田地,用尖镐和铁锹挖掘石灰石。因为曼德拉是要犯,专门负责他的看守就有3人,他们总是寻找各种理由虐待他。

但是,当1991年曼德拉出狱当选总统以后,曼德拉在他的总统就职典礼上的一个举动震惊了整个世界。总统就职仪式开始了,曼德拉起身致词欢迎他的来宾。他先介绍了来自世界各国的政要,然后他说,虽则他深感荣幸能接待这么多尊贵的客人,但他最高兴的是当初他被关在罗本岛监狱时看守他的3名前狱方人员也能到场。他邀请他们站起身,以便他能介绍给大家。

曼德拉博大的胸襟和宽宏的精神,让南非那些残酷虐待了他27年的白人汗颜得无地自容,也让所有到场的人肃然起敬。看着年迈的曼德拉缓缓站起身来,恭敬地向3个曾关押他的看守致敬,在场的所有来宾以至整个世界，都静下来了。

后来，曼德拉向朋友们解释说，自己年轻时性子很急，脾气暴躁，正是在狱中学会了控制情绪才活了下来。他的牢狱岁月给他时间与激励，使他学会了如何处理自己遭遇苦难的痛苦。他说，感恩与宽容经常是源自痛苦与磨难的，必须以极大的毅力来训练。

他说起获释出狱当天的心情："当我走出囚室、走出通往自由的监狱大门时，我已经清楚，自己若不能把悲痛与怨恨留在身后，那么我其实仍在狱中。"

从政为官，面临冤屈荣辱的抉择不可避免。中国改革开放的总设计师邓小平一生光明磊落，对那些投机钻营、好搞宗派活动的，玩弄权术、专门整人的，要小聪明、搞小动作、不老老实实的人深恶痛绝。他曾告诫党的干部："要团结大多数，包括那些反对过自己而反对错了的人。我们不要因为过去谁整过自己就记仇。对同志不要记仇，不要念旧恶。"邓小平是这样说的，也是这样做的，在几十年的工作生涯中，他曾三落三起，多次受委屈，但他从未记过谁的私仇旧恨。20世纪60年代，邓小平曾两次被打进冷宫并被划入"中国最大的走资派"之列，沉寂了10多个年头，然而他第三次复出后，中央决定要做一个关于建国以来若干历史问题的决议，邓小平针对当时有人贬低和否定毛泽东的议论，断然指出："毛泽东思想如果不写或写不好这个部分，整个决议都不如不做。"他还指出，"最核心的一条就是确立毛泽东的历史地位，坚持和发展毛泽东思想。"此言一出，他这位无产阶级革命家的宽宏气度和宽阔胸襟无不让世人敬佩仰慕。

邓小平在政治生涯中历经"三落三起"，而且每一"起"都是一个新的起点，新的高峰。他曾幽默地对别人讲：如果对政治上东山再起的人设立奥林匹克奖的话，我很有资格获得该奖的金牌。无论是在中国，还是在世界的政治舞台上，像邓小平这样"三落三起"的传奇经历是极为罕见的，没有虚怀若谷的胸怀和超人的气量是绝对达不到这种境界的。

宰相肚里之所以能撑船，是因为他在当宰相之前，忍受了整船的烦恼；

将军额头之所以可以跑马，是因为他在当将军之前，忍受了无边的冤气。当他的胸怀被冤枉一点一点撑大的时候，他的事业也就一步一步迈向成功。

当好领导要能忍得住误解和委曲。人和人站位不一样，思考的角度不一样，看问题的方式方法不一样，对同一件事，可能会有不同的认识和评价。在这个过程中，很多时候由于宣传不到位、传达不到位、解释不到位，造成不同领导之间、领导与下属之间、干部与群众之间的认识不一样，思想不统一。有时会有误解、冤枉、委屈。当一个好领导，要能正确对待这种误解、冤枉、委屈，要相信时间是解决问题的最好办法，相信自己身正不怕影子歪，相信总有一天水落石出，真相大白。这样说，也不是要你干等，必要的主动的宣传、解释、沟通是十分有效的手段。受不了误解，一遇冤枉就委屈得不得了，怨天尤人，或者暴跳如雷，都不是解决问题的根本办法。

往往是领导干部要忍让的事情会更多，委屈会更大，而且很难倾诉。很多领导干部都会有这样的体会。因此，在误解与委屈跟前，能否做到忍让确实体现着一个领导干部心理素质的高低。遇到委屈才会谈得到忍让，遇到委屈时，应该注意以下几点：一是要静下心来，常思己过。尽量少埋怨他人，从主观上查找原因；二是在无关紧要的问题上，得理也得让人，些许小事不妨装装糊涂，一笑了之；三是要学会妥协，尽量保持克制，避免纷争。小不忍则乱大谋，相信时间会说明一切。

三、宽容是和谐的前提

“人非圣贤，孰能无过”，既然大家都难免出错，又何须死揪小辫子不放；既然没有血海深仇，也没有根本利害冲突，纵使有一些磕磕碰碰、小小摩擦，又何须凡事都争个你低我高、你劣我优呢。

宽容，就是心胸宽阔有气量，能容人容物，不斤斤计较。唯宽可以容人，唯厚可以载物。宽容是衡量一个人品德修养的重要标志。一个具有宽容之心的人，往往能够正确对待社会中的矛盾和前进中的困难，变冲突为祥和，化干戈为玉帛，使摩擦减少到最低限度，产生巨大的感召力、吸引力和凝聚力。《论语》中的“宽则得众”，《尚书》中的“必有忍，其乃有济；有容，德乃大”等，讲的就是这个道理。

宽容是尊重的前提，宽容是共生共存之道，宽容是友好相处的法则。说大一点是国家之间的相处之道，说小一点是人与人之间的相处之法。宽容是一种风格，是一种修养。宽容是力量的体现。海纳百川有容乃大，君子处世兼容并包。锱铢必较谓小人，宽宏大量是君子，腹中行舟乃圣人。宽容能赢得朋友，宽容能凝聚力量，宽容能成就事业。

宽容，通常是指待人有度量，不苛求。它首先表现在对他人过失的一种谅解。

“春秋五霸”之一的楚庄王，一次夜宴将相，有一人乘风吹灭蜡烛之机拉住了楚庄王爱妃许姬的衣袖，许姬在黑暗中揪下对方的帽缨，要求庄王立即点亮蜡烛，惩办那人。但是，庄王却没有动声色，相反他要求所有宴会人员都摘下帽子，扯断帽缨，开怀痛饮，尽欢而散，史称“绝缨会”。这正是楚庄王的过人之处。在他讨伐郑国时，有一步将唐狡骁勇善战，威震敌胆，立下了赫赫战功，庄王下令重赏他，唐狡却说，不敢再受了。庄王惊讶地问为什么？唐狡告诉庄王宴会上是他拉了许姬的衣袖，大王却不究死罪，他感恩不尽，所以舍命相报。正是宽容，解脱了一个犯有小错的猛将；楚庄王亦以其宽宏大度，成就了一代霸业。

宽容，是一个人卓识、心胸和人格力量的体现。能宽容，就能发展壮大。曹操之所以能从仅有几个子弟兵，到剿灭北方群雄，占据中原，拥有百万大军，与他“山不厌高，水不厌深”的胸怀是分不开的——连仇人都能容而后

诸葛亮

用，还有什么不能用的呢？三国时那个在政治上颇不得志的曹植，却说出了一番颇富哲理的话：“天称其高者，以无不覆；地称其广者，以无不载；日月称其明者，以无不照；江海称其大者，以无不容。”据《宋稗类钞》记载，吕蒙正初入朝堂时，有一朝士指着他说：“这小子也参政？”吕蒙正装作没听见。而与吕蒙正同列的人却几次让吕蒙正追问那个人是谁，吕蒙正不允，说：“若知其姓名，怕以后不能忘记，所以还是不问的好。”吕蒙正后来终于成为北宋的宰相。

宽容，意味着不会再为他人的错误而惩罚自己。宽容地对待你的敌人、仇家、对手，在非原则的问题上，以大局为重，会让人得到退一步海阔天空的喜悦；化干戈为玉帛的喜悦；人与人之间相互理解的喜悦。人生于世，并非踽踽单行，在这个世界里，每个人各自走着自己的生命之路，熙熙攘攘，难免有碰撞，所以即使心地最和善的人也难免要伤别人的心，如果冤冤相报，非但抚平不了心中的创伤，而且只能将伤害者捆绑在无休止的争吵战车上。

三国时，诸葛亮被刘备三顾茅庐将之招入麾下，刘备称之为“如鱼得水”，而关、张兄弟却不以为然。在曹兵突然来犯时，兄弟俩便“鱼”呀“水”呀地对诸葛亮冷嘲热讽，诸葛亮胸怀全局，毫不在意，仍然重用他们。结果新野一战大获全胜，使关、张兄弟佩服得五体投地。如果诸葛亮当初跟他们一般见识，争论纠缠，势必造成将帅不和，人心分离，哪能有新野一战和以后更多的胜利呢？

宽容促进和谐，和谐需要宽容。和谐不是对抗，也不意味着同一，而是以多元和差异为前提的。特别是现在社会正处于改革、转型时期，处在一个鼓励竞争、讲求效率的时代，人们思想活动的独立性、选择性、多变性、差异性日益突显。面对这种局面，要实现班子的和谐、单位的和谐乃至社会的和谐，就要求社会中的每一个人都要始终保持一种宽容的心态。这种宽容可以是对人的宽容，也可以是对事的宽容。这是构建和谐团队、和谐社会不可缺少的基本人文素养，也就是说，对别人的创新及劳动要鼓励、肯定，对别人取得的成绩要认同喝彩，对别人遇到的挫折、失败要同情、理解、帮助。有了这种宽容的氛围和精神，就能尊重别人作出的各种选择，容许各种利益关系的存在，在大事讲原则、小事讲风格的基础上共同发展提高，在求大同、存小异的基础上实现共赢。领导干部的宽容主要体现在三个方面：

一是容人。人无完人，人各有所长，都有其所短。能否容人之长，又能容人之短，是搞好工作、团结同志的重要一环。经常在一起工作的同时，由于工作经历、思维方式和性格气质不同，不可能每个人的想法、意见都完全一致，工作中难免会出现误解、分歧和矛盾。这需要我们多换位思考、将心比心，"不以律己之律律人"，要有容纳别人的弱点和缺点的雅量和吸取别人长处的肚量。同志之间要多沟通、多商量，不闹个人意气，不计较个人恩怨得失，不搞无原则纠纷。要严于律己、宽以待人、相互信任、相互支持、相互尊重、相互谅解、坦诚相见。这样才能营造出愉快、融洽的工作氛围，才能"人和万事兴"，共同推动心齐气顺、风正劲足局面的形成。

二是容言。人与人交往，言为媒，容言则广开思路，集思广益。表扬，奉承人的好话谁都愿意听，但批评、讽刺的话就不一样了。这就要看一个人的气量了。气量小，一遇到批评或不同意见，没容别人把话说完，就瞪眼睛，甩手走人。有的甚至打击报复，时时处处刁难对方，给小鞋穿。气量大，有风度，既能听得进甜言蜜语，也能容得下直言不讳。对待媚言，一笑了之；对待贬言，义正词严；对待良言，积极采纳；对待批评，有则改之，无则加勉。自古英才凡成大事者，无不具有超人的气量和风度。

三是容事。人与人之间的关系是通过一件件具体事情联系起来的。这其中，有易事，也有难事，有好事，也有坏事，有喜事，也有有利或有害的事。容事，也就是能将难容之事，以平常之心待之。从古到今，从国内到国外，从遥远到眼前，能装天下大事的大有人在。俗语说的宰相肚里能撑船，就是这么一个理。

宽容是一种君子之风，是精神的成熟、心灵的丰盈。以宽广的胸怀待人处事，以饱满的热情工作生活，健康的体魄，完美的人格，正是我们孜孜以求的人生境界。要保持宽容之心，需要人们不断加强修养。

宽容源于无私。要做到心胸开阔、坦荡无私，就要见贤思齐，注意学习优秀人物的思想和风范，不断加强自身修养，下大力气严于解剖自己，克制和抛弃私欲，戒骄戒躁。在处理工作和人际关系中，不计个人恩怨，不搞亲疏远近，更不能搞"窝里斗"，从事业的大局出发，大事讲原则，小事讲风格，求大同存小异，遇事多沟通。思想境界提高了，心胸才能宽广，品德情操才能日臻完善，才能做到胸怀宽广如海洋、心灵明亮如日月。

宽容源于自知。想想辩证唯物主义的时空观：宇宙之大，无边无际，个人是何等渺小；时间之长，无始无终，个人的一生何其短暂。再想想全世界60多亿人、全中国也有十几亿人，大家走到一起容易吗？不容易，这是一种缘分。"人非圣贤，孰能无过"，既然大家都难免出错，又何必死揪小辫子不放；既然没有血海深仇，也没有根本利害冲突，纵使有一些磕磕碰碰、小小摩擦，又何必凡事都争个你低我高、你劣我优呢。"相逢一笑泯恩仇"，鲁迅先生这句名诗应成为处理人际关系的座右铭。

宽容源于自信。"海纳百川，有容乃大。"曾看过一组连载漫画，第一幅是帆船与大海，第二幅扩展到蓝天白云，第三幅扩展出的是男人背心上的图案。这组漫画的题字是："世界上最宽广的是海洋；比海洋更宽广的是天空；比天空更宽广的是男子汉的胸怀。"诚哉斯言，只要以博大的胸怀坦诚待人，就能真心换真心；只要人人都献出一点宽容，这世界将会变得更加美好。

当然，宽容要有度。事物的发展过程都有一定的度。没有达到这个度叫"不及"，超过了这个度叫"过"。只有"无过无不及"，才能正常健康地发展。事物要达到和谐，它的各部分、各方面之间必须保持一种确定的关系，这种关系规定了它们各自所应有的“度”。领导者讲宽容,要把握好度,必须坚持原则,必须遵循法制和道德规范。对于绝大多数可以教育好的人,宜采取宽恕和约束相结合的方法;而对那些蛮横无理和屡教不改的人,则不应手软。从这一意义上说“大事讲原则,小事讲风格”,乃是可取的态度。

四、具有容人的雅量

领导者的胸怀是不是很宽阔,很大程度上是看他是不是能够容人,尤其是容得下反对过自己并明显反对错了的人。如果记旧账、报私怨,就会因私损公,废置人才,贻误事业。对领导干部来说,能容人,善用人,确实是大本事,大能耐,也是事业发展、百业兴旺的基础。

春秋时,齐襄公乱政,鲍叔牙随公子小白出奔至曹国,管仲则随公子纠出奔鲁国。齐襄公被杀,纠和小白争夺君位,管仲在小白回齐的路上曾经射杀他,未遂。后,小白即位,即齐桓公。鲍叔牙举荐管仲代替自己的职位,并甘居于管仲之下,齐国从此日渐强盛,齐桓公终成霸业。常理讲,杀身之仇,不能不报。但是,齐桓公不但赦免了管仲,还委以重任。这种“宽容”伴随了齐桓公一生,并成就了他的辉煌。试想没有管仲,便不会有“以天子令领诸侯”,便没有“歃血为盟”。难能可贵的是,有如此君便有如此臣,鲍叔牙不嫉贤能,甘愿居下,何尝又不是齐桓公的庆幸!

加拿大总理让·克雷蒂安,相貌平平,一耳失聪,连英语也说不好。却青云直上,三度登上总理宝座,屹立不倒,成为加拿大政坛上的“常青树”。克雷蒂安的成功之道就在于“不敌”。1993年保守党在大选中惨败,失去总理宝座的保守党主席坎贝尔难辞其咎,被迫辞去党主席职务。赢得胜利的克雷蒂安总理给这位失去栖身之所的昔日对手拨了一间办公室,配备一个秘书,帮他整理文件。一年之后,克雷蒂安又给失业的坎贝尔准备了可任选其一的两个职位——驻俄国大使或驻洛杉矶总领事,坎贝尔选择了后者,年薪12万加元、部长级待遇。克雷蒂安就是这样以其过人的容人之量把夙敌变成了好友。

领导者必须能够容人。不能容人的领导者是最危险的。领导者的个性若是多疑闭锁,和周围的人斤斤计较鸡毛蒜皮一类的小事,没有宽容豁达的心态,就会给组织和个人带来难以估量的损失。

明朝的崇祯皇帝,虽一直想中兴大明的百年基业。但由于生性多疑,刚愎自用,中了敌人的反间计,错杀了国家的栋梁之材袁崇焕,结果使自己落得个国破家亡的下场。可见,心胸小,本事大,容不得人的领导者是很危险的。

能否"容人",对于领导者而言确非小节,它直接关乎大事大局,甚至关乎事业的成败。领导干部只有严于律己,宽以待人,拥有宽厚的胸怀,容忍误会和冲撞,不计较个人得失,善于团结人一道工作,别人才会对你更加钦佩敬重拥护信赖,才能够产生巨大的感召力。

能容不同个性的人。世界上没有完全相同的两片树叶,人也一样。每个人因各自的基因不一样,所处的生存生活环境不一样,导致每个人都有各自的个性,这种个性在很大程度上又决定着这个人的思想、行为以及处世的方式方法。有的人憨厚,有的人圆滑,有的人灵活,有的人呆板,有的人豁达,有的人苛刻,正是有了这种个性,才得以区分你、我、他,正是有了这种个性,社会人群才丰富多彩。江山易改本性难移,也是说个性不易移改。人们不喜欢别人改变自己的个性,也不能期望去改变别人的个性。当一个好领导,就是要正确认识这种个性,容得下各式各样的个性,不以自己的好恶去看待因个性不同而和自己处世方式方法不一的人。具有容人个性,才能善于团结不同个性的人共同协调工作,从而充分发挥个人的主动性、积极性和创造性,推动事业的不断发展壮大。

能容与自己意见不同的人。作为领导者,不能搞"一言堂",不能搞"唯我独尊",要广开言路,能听得进不同意见。尤其对那些直来直去提异议的同志,不能抱有成见与偏见,认为他们是"刺儿头"、"不听话"、"与自己不一条心",以至于给他们"穿小鞋"。如果这样做,往往会失去"兼听则明"的机会，把事情弄坏。须知，所谓“持不同意见者”，绝大多数是真心帮助领导，真心想把工作搞好的好同志，他们常有“高见”与“高招”，对其若能从善如流，为我所用，对工作则大有裨益。因此，对犯颜直谏的下属要宽厚，要有容人之量，一切从工作出发，不计较下属对你的态度如何。当下属冒犯你的时候，要冷静，要制怒，不能针尖对麦芒。

能容比自己能力强的人。身居领导岗位，还要克服嫉妒心理，允许别人比自己高明，要充分发挥比自己聪明的同志的作用，给他们提供施展才能的机会，不能“武大郎开店——容不得高人”。俗话说“人外有人，天外有天”，做一把手的不一定事事都比副手强，做领导的不一定事事都比下属强。很多地方和单位都可能“藏龙卧虎”，各色能人无处不在，若碰上比自己强的人，绝不可嫉贤妒能，施以压制、排挤或打击，而应感到幸运和高兴，进而来一点“三顾茅庐”的精神，礼贤下士，选贤任能，不耻下问，把强者的长处充分用起来，把他的“高见”取过来化为己有。这样，既可提高自己，又能集众人智慧之大成，把工作搞得有声有色。

能容比自己功劳大的人。作为领导干部要注意抑制自己、显扬他人，在别人有功劳时，应该感到高兴，千万莫害怕别人的功劳大了对自己构成威胁。要想到有功之人，对单位、对社会作出贡献，其实也是领导的光荣。这样，下属和群众就会视你为完全可以信赖的人，不仅会心悦诚服地拥护你、爱戴你，而且会心甘情愿地为你效力。

能容有毛病、有缺点的人。有道是“金无足赤，人无完人”，天下谁能无瑕疵？领导者要有大气量，包括别人的一些缺点，该宽容时须宽容。对待同志，只要他大节不亏，小节不可过于计较，不可处处求全责备，更不可拿着放大镜去看别人的缺点，以至于把人家的优点也掩盖起来，把人完全看“走样”。古人有言：“水至清则无鱼，人至察则无徒”，把自己看得过于高洁，把别人的毛病缺点看得过于严重，对人的要求过于苛刻，就难免使人对你敬而远之或厌而远之，同你离心离德，从而失去凝聚力和号召力。这样的“领导”就难免有一天会变成“曲高和寡”，甚至成为孤家寡人，怎么能做好工作呢？

克己任贤

如何“调动人的积极性”，作为领导者应具备这样的气度与本领：在共同的目标下，各色人等都能容纳，而且都能用其所长，避其所短，或说容其所短，在此前提下再尽量帮助克服其“所短”。这样，就能把每个人的积极性都充分调动起来，齐心合力投入工作。

能容与自己有仇的人。这是容人的极致，是一种高尚的品德。袁绍进攻曹操时，令陈琳写了三篇檄文。陈琳才思敏捷，斐然成章，在檄文中，不但把曹操本人臭骂一顿，而且骂到曹操的父亲、祖父的头上。曹操当时很恼怒，气得全身冒火。不久，袁绍失败，陈琳也落到了曹操的手里。一般人会认为，曹操这下不杀陈琳就难解心头之恨了，然而，曹操并没有这样做。他慕陈琳的才华，不但没有杀他，反而捐弃前嫌，委以重任，这使陈琳很感动，后来为曹操出了不少好主意。魏征曾劝李建成早日杀掉秦王李世民，后来李世民发动玄武门之变当了皇帝，不计前嫌，重用魏征。魏征为李世民出了不少治国安邦的良策，出现了贞观之治。

因此，领导干部要想做一个能容人、识人、用人，富有远见卓识、高素质的现代领导者，就要超越古人，以容纳百川的胸怀，做到政治上互相信任不猜疑，思想上互相交流不隐瞒，工作上相互支持不拆台，生活上互相关心不冷落，有了误会互相谅解不指责，能够团结多数人一道工作，不断开拓新的事业领域，创造更加辉煌的业绩。

五、退一步海阔天空

实际上谦让的背后，也是一种获得。人们让出的是利益、是功劳，但得到的是尊重、是自身修养的提高，个人并没有失去什么。谦让，让出了一片空间，既给了别人，也给了自己，这样大家都轻松快乐。

对于领导者来说，只要人生目标的大方向没变，有时候选择以退为进的策略，也不失是一种明智的选择。

人们在谈到成功之道时，更多地强调要有一种勇往直前的精神，一种积极进取的精神。但是，有时候，一味地硬冲硬打未必是一种最好的方法，以退为进也是一种人生的策略。

的确，疾风知劲草，人须有傲骨，面对险恶的局势，人应当有一种宁为玉碎、不为瓦全的精神。这种不达目的誓不罢休的“视死如归”的精神应当提倡。但是，客观世界是复杂多变的，就某个具体的事情来说，也有其“时”、“势”的问题，在某些特定的时间里、环境下，采取以退为进的方法，也是一种积极的人生策略，而并非是消极退让。

同样是美国总统，当年肯尼迪在竞选美国参议员的时候，他的竞选对手在最关键的时候轻易地抓到了他的一个把柄：肯尼迪的学生时代，因为欺骗而被哈佛大学退学。这类事件在政治上的影响是巨大的，竞选对手只要充分利用这个证据，就可以使肯尼迪诚实、正直与道德的形象蒙上一层阴影，使他的政治前途黯然无光。一般人面对这类事情的反应不外是极力否认，澄清自己，但肯尼迪很爽快地承认了自己的确曾犯一项很严重的错误。他说：“我

美国前总统克林顿跟莱温斯基的那场“拉链门”风波仍在人们的记忆之中。当克林顿与莱温斯基的事情东窗事发，如果克林顿死不承认，采取死撑着的态度，这也是一种选择。当着全世界人的面，堂堂的美国总统承认自己的丑事，这是多让人难为情的事情啊。但克林顿聪明之处就在于，他采取了一种以退为进的策略，承认了自己的错误。这么做，其实是将包袱扔给了所有的美国人：我已经承认了我自己的错误，你们有权利让我下台，你们也有权利让我继续留在总统的位子上。对一个已经承认错误的人，你们就看着办吧！说克林顿死猪不怕开水烫也好，说他狡猾也好，但最终是他胜利了。

对于自己曾经做过的事情感到很抱歉。我是错的。我没有什么可以辩驳的余地。”肯尼迪这么做,等于说“我已经放弃了所有的抵抗”,而对于一个已经放弃抵抗的人,你还要跟他没完没了吗?如果对手真的继续进攻了,显得对手没有一点风度。

肯尼迪

一个人既然已经承认错误了,那么你就不能再去攻击他,再去跟他计较。无论是克林顿还是肯尼迪,他们都没有因为有过劣迹而受到丝毫的伤害,相反的是,他们还都将它转变为了一个优点,这从肯尼迪后来当选总统和克林顿的事情完全披露后支持率反而上升就可以得到证实。他们承认自己有过错误,他们就已经将自己人性化了:我们和平常人一样,也会犯错;同时,承认自己有罪,赢得人们的同情。而别人这时也乐得做顺水人情。

谦让,也是一种以退为进的人生艺术和处世之道。

谦让,就是一种心平气和的谦卑与互让;就是一种心明眼亮的谦虚与互惠;就是一种心安理得的谦敬与互存。谦让是一种美德,是一个人品质的表现,不与人争,不居功,不以己为大,不以人为小。实际上谦让的背后,也是一种获得。人们让出的是利益、是功劳,但得到的是尊重、是自身修养的提高,个人并没有失去什么。谦让,让出了一片空间,既给了别人,也给了自己,这样大家都轻松快乐。常言说道:退一步海阔天空,这也是一个人胸怀的写照。

东汉时期,有一个名叫甄宇的在朝官吏,时任太学博士。他为人忠厚,遇事谦让。有一次,皇上把一群外番进贡的活羊赐给了在朝的官吏,要他们每人得一只。羊有大有小，有肥有瘦，在分羊时，负责分羊的大臣犯了难，不知怎么分才能让大家满意。正当他束手无策时，甄宇从人群中走了出来，说："这批羊很好分。"说完，他就牵了一只瘦羊，高高兴兴地回家。众大臣见了，也都纷纷仿效，不加挑剔地牵了一头羊就走，摆在大臣们面前的一道难题一下子就迎刃而解了。后来，这事传到了光武帝耳中，甄宇因此得了"瘦羊博士"的美誉。既得到了众大臣的尊敬，也得到了皇帝的器重。

矛盾当前，如果当事人都能表示谦让，任何问题都能圆满解决。

在安徽桐城县城，有一条很普通的巷子，名曰"六尺巷"。据《桐城县志》记载："张文端公居宅旁有隙地，与吴氏邻，吴氏越用之。家人驰书于都，公批诗余后，曰：一纸书来只为墙，让他三尺又何妨。万里长城今犹在，至今不见秦始皇。家人见诗，遂撤让三尺，吴氏闻之感其义，亦退让三尺，遂成六尺巷。"

张文端公何许人也，乃清朝康熙年间文华殿大学士张英，当地人称老宰相，其子张廷玉，官至保和殿大学士、军机大臣。据说他的府邸占据当年桐城县城的五分之一，而邻人吴氏未见片纸有载，可见是一介百姓。他们两家"宅基地纠纷"，是吴氏"越用"在先，是非曲直也是小葱拌豆腐一清二楚的事情，而张文端公豁达大度，批书曰"让他三尺又何妨"，结果是平息了事态，密切了官民关系，于就有了这条被世人称颂的"六尺巷"。

现代领导者又何尝不应如此呢？应有谦让之德、容人之量、大智若愚之风，高处着手，妥善处理，既展现了领导者的高尚风格，又赢得了他人的尊重，这是一种大智慧的体现。

一个人谦虚与礼让，还意味着对他人的尊重。欧阳修与尚书宋祁修《唐书》时，朝廷让欧阳修定稿，还特别提醒欧阳修要详看宋祁所修的《列传》，能删则删，能改则改。但欧阳修认为宋祁是前辈，见多识广，字里行间一定有他独特的见地，所以一个字也没改。书完成之后，在署名的问题上，御史建议只署欧阳修一个人的名字，因为"旧例修书，只列局内官高者一人姓名"，但欧阳修还是在《列传》上写上了宋祁的姓名。搞得宋祁有点"受宠若惊"，说:“自古文人不相让,而好相陵,此事前所未闻也!”

明代学者朱衮在《观微子》中说:“君子忍人所不能忍,容人所不能容,处人所不能处。”当然,对于原则问题,不能一味忍让,委曲求全,姑息养奸。但对于一些非原则的芝麻绿豆大的小事各不相让,争得面红耳赤,惹得自己和对方都不愉快,影响学习和工作。在非原则问题上退让一步,不是无能和懦弱,而是风格高尚。“得理也要让三分”。在十分令人生气的事情能够面前能克制自己,才称得上真正的雅量。

谦让,是一个领导干部应有的修养和礼貌,在工作中要谨言慎行,适当收敛自己的脾气,不能动辄撒野发飙。领导干部应该具备这种能力与素质,多想想怎样对待自己的工作、对待自己的同事,怎样才不辜负组织上对自己的信任。谦让,也就是“吃小亏长大智慧”,不懂得谦让,情商就会越来越低,亏就会越吃越大。领导干部在与同事相处中,要懂得谦让,不争权不争利,多长智慧,提高修养。

在名利跟前,领导干部要有谦让之心,做到在荣誉面前谦让,在待遇面前推让,在利益面前退让。这种让,能让出风格、让出精神、让出美德、让出品格、让出温暖、让出感动。其结果,就会使组织满意、使领导满意、使群众满意。

当然,如果消极避让,诸如放弃原则和正义的让、放弃党性姑息的让、放弃监督不作为的让,那么这样的领导干部就要深刻检讨,组织就要积极批评帮助,使其正确地让。

六、淡定对待得与失

“我不识何等为君子,但看每事肯吃亏的便是。我不识何等为小人,但看每事好便宜的便是。”“用‘学吃亏’一语律己;以‘怪不得’三字待人。”

《孔子家语》记载:有一天楚王出游,遗失了他的手弓,下面的人要找,楚王说:“不必了,我掉的弓,我的人民捡到,反正都是楚国人得到,又何必去找呢?”孔子听到这件事,感慨地说:“可惜楚王的心还是不够大啊!”“为什么不讲人掉了弓,自然有人捡得,又何必计较是不是楚国人呢?”

“人遗弓,人得之”应该是对得失最豁达的看法了。就我们个人而言,有得有失;就全人类而言,不是一样吗?这仿佛云来云往、雨来雨往,这世上总有晴朗与阴雨的地方;又正如生生死死、死死生生,这世间的一切总是继往开来、生息不断的。所以得与失,到头来根本就是一无所得,也一无所失啊。

以平常心对待得与失,是领导干部应有的胸怀和气度。其实,得与舍是一回事,得失本一体。能舍一池之水,便能做一池之主,能舍一江之水,便能成一江之气。领导干部应明白舍与得的辩证法。

战国时齐相孟尝君以养士出名,由于他待士诚恳,感动了一个叫冯谖的落魄之人。一次孟尝君叫人到其封地薛邑讨债,冯谖自告奋勇,问将催讨回来的钱买什么,孟尝君让他买点家里没有的东西。冯谖到了薛邑后,见老百姓的生活十分穷困,听说孟尝君的讨债使者来了均有怨言,于是召集邑中居民,说:“孟尝君知道大家生活困难,这次特意派我来告诉大家,以前的欠债一笔勾销,利息也不用偿还了,君上叫我把债券也带来了,今天当着大家的面把它烧毁,从今以后再不催还。”说着冯谖果真点起一把火,把债券都烧了。薛邑的百姓没料到孟尝君如此仁义,人人感激涕零。冯谖回来后,孟尝君得知实情大为不悦,冯谖说:“你不是叫我买家中没有的东西吗?我已经给你买回来了,这就是‘义’。焚券市义,这对您收拢民心是大有好处的啊!”孟尝君吃了个哑巴亏,只有打发冯谖一边休息去。数年后孟尝君被人谮谗,相位不保,三千门客也走了大半,只好躲回封地薛邑。薛邑的百姓听说他回来了,倾城而出夹道欢迎。孟尝君感动不已,终于体会到了冯谖“市义”的苦心。

得失之间的转化,有时并不能马上看到,冯谖是运气好吗?显然不是,他深知“得”与“失”的奥妙,掌握取舍的主动权,让它发挥出意想不到的效果。

孔子

得与失似是孪生姐妹，始终不离不弃的。“得”的同时未必不是“失”，“失”的同时焉知不是“得”？此时“失”可能彼时“得”，此处“得”可能彼处“失”，“得”一时可能“失”一世；“失”一点可能“得”更多。这恐怕就是“塞翁失马，焉知非福”、“祸兮福所倚，福兮祸所伏”的道理。

得失寻常事，天理不可违。人越是不计得失，勇于牺牲，乐于奉献，往往社会越是给予丰厚回报；人越是得失坦然，宠辱不惊，去留无意，往往生活越是让他得失相当；谁要是患得患失，斤斤计较，锱铢必争，十之八九“万般自作由自受，竹篮打水一场空”；谁要是贪得无厌，得寸进尺，得陇望蜀，早晚将会“一失足成千古恨，无奈走上断头台”。此之谓：人算不如天算，天理不容人欺。得道多助，失道寡助。

作为一名领导干部，应该从战略的高度看待得与失。从战略高度看人生得失，人的心胸会因之而博大，精神会因之而多升华，思想的天地则会廓远而空明。对人世间的名利、权势、纷争会用一种全新的眼光去审视它，由热衷到冷却，由追求到舍弃，由浓烈到淡化，懂得人生在世，纵有七尺之躯，百岁之年，同时空的无边无垠相比，不过“微尘”与“刹那”而已。与其让身外之物、无聊之事控制自己而虚度年华，不如把握人生的真实，多干点有益于社会、国家的实事。

从战略的高度看人生得失，会产生最大的宽容与谦卑。对工作中的困难与挫折，甚至不公正的待遇，视之为天降大任的磨炼；对生活中的蝇头小利，视之为陷阱；对精于算计的小人，则视之为芥末，不为之计较、气恼。对自己已取得的某些成就与功绩，要知道山外有山，天外有天，时刻提醒自己：谦受益，满招损。

从战略高度看人生得失，念时空之渺渺，天地之悠悠，才惊觉人生苦短，这样就会自然而然地生出一种时不我待的紧迫感与责任感：不能做擎天之柱，就甘于做铺路的小石子；不能干大刀阔斧的事业，就干些扎实的基础工作；不能营造大片森林，就植下一些小花小草……总之要脚踏实地，尽心尽力，出自己能出之汗，使自己活得对别人有用，对社会有利，自己也就心安、无悔。

领导干部正确对待得与失，需要树立正确的权力观、地位观和利益观，坚持立党为公、执政为民，淡化“当官”观念。党的宗旨要求领导干部要“吃苦在别人前头，享受在别人后头”；要心里想着群众，想着集体和国家，先人后己，正确处理个人利益和集体利益的关系，始终把党和人民的利益放在首位。所以说，领导干部只有树立了为人民利益甘于奉献的人生价值观，才能心甘情愿地视“吃亏是福”，对个人的名利得失才能“拿得起、放得下”。

正确对待得与失，要有“甘于吃亏”的精神。能否吃亏，是古人区分君子和小人的标准之一。被称为“清初三大家”之一的散文家魏禧，他曾经说道：“我不识何等为君子，但看每事肯吃亏的便是。我不识何等为小人，但看每事好便宜的便是。”“用‘学吃亏’一语律已；以‘怪不得’三字待人。”这也是明朝儒士薛敬轩所奉行的。作为今天的领导干部，更应该有甘于吃亏的精神和胸怀。一首《吃亏歌》中唱道:“当干部就应该能吃亏,能吃亏自然就少是非。当干部就应该肯吃亏,肯吃亏自然就有权威。当干部就应该多吃亏,多吃亏才可能有人随。”其中道理耐人寻味。

正确对待得与失,要能淡然对待个人的进退留转。能否正确对待个人的进退留转,不仅是检验领导干部是否有私心杂念的试金石,也是对领导干部党性观念的一次重要考验。人事有代谢,往来成古今。干部队伍的新老交替、领导班子的新陈代谢是一种自然规律,也是党的事业薪火相传、不断发展的需要。因此,面对进退留转,领导干部应该保持良好的心态,以平常之心对待,一切以有利于党的事业为重,正确对待个人的进步,同时也要正确对待别人的进步;正确处理个人愿望与组织需要、个人利益与党的利益的关系,轻个人进退,重党的事业,顾全大局,心平气和地服从组织安排。不管班子如何调整、岗位如何变动,工作热情不消减。

“天下熙熙,皆为利来。天下攘攘,皆为利往。”尽管司马迁早有此言在先,但功名利禄终归是身外之物。生不带来,死不带去。得之不易,失之不难。因此说,芸芸众生虽未必都能成为不计个人得失的圣贤,但为人处世起码还是不要把名利看得过重,不应该更不必终生为得失所累。坦然面对得失,得之不喜不狂,失之不悲不惜,一切顺其自然,一生沉浮自如,这同样也是一种难能可贵的生活态度,更是一种并非谁都可以达到的人生境界。

作为领导干部,对待名利得失更要有淡泊之心:得之不喜、失之不忧、宠辱不惊,保持冷静,做人知足,用平淡之心剖析自己,鼓励自己,定位自己,在名利面前做到“难得糊涂”。唯此,方能心态平和,恬然自得,方能达观进取,笑看人生。

第8章 多元的思维

思想是行动的先导，思想方法决定工作方法。领导者用不同的思想方法考虑问题、谋划工作，就会产生不同的结果。可以说，一个成功的现代领导者离不开正确思维方法。只有具备了正确的思维方法，才能提高领导者的行政领导水平和决策能力，改进领导方法和领导艺术，从而提高领导效能。

一、思维的深度决定人生的高度

思维是人类特有的一种精神活动，是在社会实践中进行的，是人脑对客观事物进行分析、综合、判断、推理的活动过程。人们通过思维对丰富的感性材料进行由此及彼、由表及里、去粗存精、去伪存真的认识，从而揭示事物的本质和规律。思维既能动地反映客观世界、认识客观世界，又能动地反作用于客观世界，即改造客观世界。思维最重要的作用是创造，人们通过大脑的思维，把通过学习、感知、贮存在大脑皮层中的信息作超常组合，组合成一个新的信息体，这个新的信息体被实践验证能推动社会的进步和发展，于是，一项新的创造诞生了。因此，思维是创造的源泉，人类所创造的物质产品和精神产品都是思维的结晶，思维形成了创造，创造推动了人类社会的发展。

领导干部用不同的思想方法考虑问题、谋划工作，就会产生不同的结果。现实生活中，一些地方经济社会发展之所以出现这样那样的问题，一个重要原因就在于领导干部的思想方法不正确、不科学。

比如，有的地方重经济发展，轻群众利益保护，使得群众对政府工作不满意，比如2009年的“通钢事件”就是典型的为地方经济发展而牺牲职工利益所引发的群体事件；有的地方GDP至上，只重视经济发展，忽视环境保护，以至于为了金山、银山，破坏绿水、青山；有的地方选用干部只注重“以发展论英雄，凭实绩用干部”，重才轻德，忽视干部的操守品行，以至于发生“带病上岗”、“带病提拔”的问题；有的地方片面强调干部队伍年轻化，只重视培养选拔年轻干部，忽视了经验丰富、年龄较大干部的选拔使用，以至于影响和挫伤了一大批干部的工作积极性等等。出现上述问题的根本原因在于领导干部缺乏正确的思维方法。这种重视了一个方面而忽视了另一方面，以至于出现顾此失彼、厚此薄彼的问题，就是缺乏正确思维方法的表现。

科学的思维方法对领导者之所以尤为重要，这是因为领导者在运筹、决策、行政的过程中，都需要有缜密、细致、科学的思维方法。

没有思维的深度，就没有人生的高度。一个领导者有没有潜力、有没有前途，与他的思维的高度、深度、广度大有关系。毛泽东说，领导干部就是做两件事：出主意、用干部。而要出主意，就取决于思维的水平。

思维的深度体现在什么地方？最关键体现在方法论，体现在价值观，体现在哲学的思维，这一切才是管总的。

最优秀的领导者往往是有理念的人，也是哲学的大家、方法论的高手。哲学的思维是科学决策的必然要求。决策具有前瞻性和指导性，因此，科学正确的决策是建立在对事物的本质、规律的深刻认识和把握基础之上的。哲学思维能使人的思维进入较高的境界和较深的层面，即所谓高瞻远瞩，使人能透过变幻复杂的现象形态，辩证地认识和把握事物的本质和规律，使决策者发别人所未发，见别人所未见，作出具有前瞻性和指导性的科学决策。领导决策需要运用科学的思维方式。归纳与演绎、分析与综合等是辩证逻辑思维的基本方法。正确地运用这些思维方法可帮助人们进行科学的推断，作出符合实际的结论。哲学的思维方法有助于提高领导干部的宏观把握能力。领导工作中必须把握的一个重要思想原则，那就是整体与部分相关联。在领导决策实施过程中，必须以整体与部分相关联思想作指导。只有这样，才能做到宏观把握、微观着手，有效协调各方面的利益和矛盾，促进和谐社会建设。

所以说，领导者有一定的施政理念，有一定的哲学素养，熟练掌握科学的方法论，考虑问题、作决策就会眼界开阔、思路畅通，为政之路才会越走越宽广。

没有思维的创新，就没有决策的创新。在当前的领导活动中，必然面临着许多复杂的新矛盾和新问题，面临着许多新的发展机遇和严峻挑战。因此，在复杂多变的环境下，如果要制定新的发展战略，开拓工作的新局面，就必须实现思想观念上的不断创新。而思想观念的创新，又离不开思维方式的创新。可以说，一个思维方式陈旧，缺乏现代科学思维，不能运用创新思维艺术来思考问题的领导者，绝不会成为能够开拓工作新局面的优秀领导者。当然,继承是必要的,而创新则更为重要。创造性思维就不可能完全套用他人的、以往的经验和方法,而要不拘泥于以往的经验,不囿于他人的做法,在没有前人思维痕迹的路线去探索,提出具有创建性的方法、措施。只有这样,才能使思维既具有前瞻性,又具有创造性。

邓小平"一国两制"的伟大战略构想,就是其思维创新的代表作。用什么方式解决香港、台湾问题比较好?邓小平指出,"是社会主义吞掉台湾,还是台湾宣扬的'三民主义'吞掉大陆?谁也不好吞掉谁"。对于台湾和香港来说,"如果用社会主义来统一,就做不到三方面都接受。勉强接受了,也会造成混乱局面"。对于大陆来说,"台湾当局提出要以'三民主义'统一中国",要用一千几百万人口的台湾的现行制度来统一十亿人口的大陆,至少也是"太缺乏现实感了"。在这种情况下,就必须尊重现实,从实际出发,根据新时期的特点,为解决祖国统一问题而提出的在"一个中国"前提下的"和平统一、一国两制"基本方针,就是一种创新性的伟大构想。现在"一国两制"的伟大构想已成功解决了香港问题和澳门问题,这一创新思维也必将成为世界上解决类似问题的经典思想。

有米之炊谁都会做,优秀的领导者就要会做无米之炊。诸葛亮可谓典型的"巧妇",他既没有准备造箭的设备,又无需置办制箭的材料,而凭着聪明才智,一次性"借"来了十万多支箭,以曹操的箭打击曹操。靠的是什么?靠的是创新,靠的是灵活的思维。创新是民族发展的灵魂,也是科学决策的瑰宝。因循守旧的决策是落后的决策,照搬照抄的决策是机械的决策,所以说领导者要成功施政必须仰仗于创新,仰仗于多元的思维。

总之,一个成功的现代领导干部离不开科学的思维方法。只有具备了科学的思维方法,才能提高领导干部的行政领导水平和决策能力,改进领导方法和领导艺术,从而提高领导效能。

二、运用战略思维统揽全局

战略思维就是全局性思维。具体说，战略思维就从实际出发，正确处理全局与局部、未来与现实的关系，并抓住主要矛盾制定相应规划，为实现全局性、长远性目标而进行的思维。

战略思维作为一种高级复杂的思维方式，具有以下主要特征：全局性，即从全局出发而不是从局部出发来看问题；根本性，即抓住事物发展全过程的根本矛盾；系统性，即必须运用系统论的观点，着眼于事物之间的相互联系、相互作用和相互制约，通过全面地认识事物，从而有效地把握事物；前瞻性，即审时度势、洞察事物发展先机，大胆对事物的未来发展进行预测；创新性，即在常人、前人的基础上有新的创见、新的发现和新的突破。

领导者的战略思维不仅直接影响着领导者观察、分析、判断事物发展变化的立场、观点，而且直接影响着领导者的领导方法、领导艺术、领导绩效。因此，战略思维是领导者必须具备的一种高级思维形式。

战略思维的核心是全局性思维，其基本着眼点是如何正确处理全局与局部、长远与眼前的关系问题。例如，邓小平提出“科学技术是第一生产力”、“抓住机遇发展”等战略思想，是邓小平进行战略思维的伟大成果，也是指导我们进行中国特色社会主义建设的战略思想和方法。

对于领导干部来说，战略思维能力是综合性素质，但其中最关键的要素是增强全局观念，树立大局意识。全局观念、大局意识，从根本上说就是战略意识、战略思维。

增强全局观念，树立大局意识之所以对领导干部至关重要，首先是由领导干部工作的辩证性质决定的。任何一级的领导干部都要独当一面，独立负责一定范围的工作。相对于更大范围的工作来说，处在一定领导岗位的领导干部的工作是局部；相对于更小范围的工作来说，这种工作又具有全局上的意义。因此，增强全局观念，对于领导干部具有双重意义：一方面使自己的工作自觉地服从工作全局，为全局形势的改观作出自己应有的贡献；另一方面又要善于驾驭自己工作的全局，调动和协调方方面面的力量，谋求地方和部门的大发展。

党的十七大把“战略思维”写进报告中，指出：“统筹国内国际两个大局，树立世界眼光，加强战略思维，善于从国际形势发展变化中把握发展机遇、应对风险挑战，营造良好国际环境。既要总揽全局、统筹规划，又要抓住牵动全局的主要工作、事关群众利益的突出问题，着力推进、重点突破。”

十七大报告中的这段话，既标志着我们党对战略思维有了新的认识和新的定位，同时又抓住了战略思维的全局性和重点性特征，对做好新时期工作提出了新要求。

不论从何种意义上来讲，增强全局观念都是十分重要的。古人说，“自古不谋全局者，不足以谋一域；不谋长远者，不足以谋一时”，讲的就是这个道理。由于全局和局部的关系具有相对性，因此，领导干部的职位越高，领导的范围越大，承担的责任越大，在全国大局中的地位就越重要。这就更需要牢固树立全局观念，时时处处从战略全局的高度谋划自己的工作。正如毛泽东同志说过的：“指挥全局的人，最要紧的，是把自己的注意力摆在照顾好战争的全局上面。”“如果丢了这个去忙一些次要的问题，那就难免要吃亏了。”因此，我们必须认清问题的本质，抓住主要问题，把注意力放到全局问题上。全局性的问题抓住了，抓好了，纲举目张，其他问题就会迎刃而解。领导干部如果没有全局观念，不善于进行战略思维，就有可能导致工作上的满盘皆输，给党和人民的事业造成无可挽回的损失。

运用战略思维统揽全局，要求我们做到：

一是胸怀全局。要把整体作为自己思考、研究、解决问题的出发点和落脚点，树立全局观念，主动研究带有全局性的重大问题，并对工作进行全局谋划。

二是熟悉全局。要吃透上情，摸清下情，深入领会上级指示精神，掌握干部的思想动态，了解群众的意愿，把握做好工作的基础。

三是调动全局。根据形势、任务的要求，及时提出有利于激发干部群众工作热情，调动各方面积极性的工作方针和目标；用好教育、激励、奖惩等工作手段，增进团结，形成工作合力。

四是摆布全局。全面地掌握局部工作情况，保证全局工作健康协调推进，实现工作效率和效益的最大化，保障组织目标的如期实现。

三、正确把握辩证思维

毛泽东在1957年1月召开的各省(市、自治区)党委书记会议上号召大家要像邓小平那样，照辩证法办事。他说："总之，要照辩证法办事。这是邓小平讲的。我看，全党都要学习辩证法，提倡照辩证法办事。"

辩证思维就是要用联系和本质的眼光来看问题，而不是孤立地、表面地看问题。我们领导干部认识事物不仅有一个主观和客观的问题、片面和全面的问题，还有一个孤立和联系看事物的问题。我们是孤立地看待这个事物，就事论事，还是把这个事物放在各种事物的联系过程当中来看待这个事物，这也是两种不同的认识事物的方法。

辩证思维的原则主要包括：全面性、系统性、创新性、具体性。全面性，即要求我们分析任何事物，都不能只看一面，而要坚持两分法，坚持全面性；系统性，即要求我们观察和处理问题时，必须着眼于事物的整体，把整体的功能和效益作为我们认识和解决问题的出发点和归宿；创新性，即要求我们必须牢固树立发展的观点，树立事物是过程的思想；具体性，即要求我们力戒抽象地看问题，要对具体问题进行具体分析。

辩证思维的内涵有两句话：在看到这个事物对立的同时，不要忘记他们之间的统一；在看到事物统一的同时，不要忘记他们之间的对立和差异。这个说起来容易做起来比较难。在今天，我们强调构建和谐社会，就要强调整个事物之间的矛盾统一性，主要强调事物的对立双方的统一、协调、和谐。在这种情况下，我们千万不要忽视他们之间还是有差异的，还是有矛盾的，还是有对立的。在看到对立同时不要忘记统一，在看到统一的同时不要忘记对立，这就是辩证思维。

有效的领导活动需要辩证思维。领导者不仅要善于进行理论思维和战略思维，还要善于辩证思维。因为现代领导工作是非常重要的社会工作，是现代社会不断发展进步的内在驱动要素。在改革开放的浪潮中，领导工作的领域更宽广，内容更丰富，问题更复杂，任务更艰巨。这就要求领导者要具有与之相适应的辩证思维方式，这是领导干部必备的一种素质和能力。

邓小平是一位杰出的辩证法大师。早在抗日战争时期，邓小平就提出了"照辩证法办事"的著名论断，并在领导决策中实施着。毛泽东在1957年1月召开的各省(市、自治区)党委书记会议上号召大家要像邓小平那样，照辩证法办事。他说:"总之，要照辩证法办事。这是邓小平讲的。我看，全党都要学习辩证法，提倡照辩证法办事。"在新的历史条件下，邓小平更加强调科学的领导思维的重要性，并始终坚持按辩证法办事，开创了我国集中力量进行社会主义现代化建设和改革开放的新局面，而辩证思维的方法也成为邓小平科学决策的灵魂。

能否坚持辩证思维，是领导干部能否正确理解和贯彻执行党的路线、方针、政策的重要条件之一。在改革进入攻坚阶段、发展进入关键时期的今天，各种新情况、新问题不断出现。在这种情况下，各级领导干部更应坚持科学的辩证思维，反对形而上学，以提高领导水平。

一要坚持全面性，力戒片面性。任何事物都包含着对立统一的两个方面。唯物辩证法要求我们分析任何事物，都不能只看一面，而要坚持两分法，坚持全面性。片面性思维的共同特点，就是把矛盾双方对立起来，割裂开来，强调一个方面而忽视另一方面，并把这一个方面绝对化。坚持全面性，就必须学会在对立统一中考虑问题，简单化、绝对化是不可取的。

二要坚持系统性，力戒孤立性。系统思想是辩证思维方式在当代的最新发展。要避免形而上学,必须坚持系统性思想。所谓系统,是指由若干相互联系、相互作用的要素按一定方式组成的统一整体。它的主要特征表现为整体性、结构性、层次性和开放性。这也是处理和解决系统问题需要坚持的基本原则。系统的整体性,是指系统的各要素相互联系、相互作用而产生的一种新的性质和功能。系统的整体性特征告诉我们:整体与要素的关系是辩证统一的。整体离不开要素,但要素只有在整体中才成其为要素。从其性能、地位和作用看,整体起着主导、统帅的作用。因此,我们观察和处理问题时,必须着眼于事物的整体,把整体的功能和效益作为我们认识和解决问题的出发点和归宿。

三要坚持发展和创新,力戒僵化和保守。事物处在不断运动变化中,人们的认识也不是一成不变的。一切都是过程,任何停滞的观点、僵化不变的认识和思维方式,固定不变的工作思路都是与唯物辩证法的发展观背道而驰的。在实际工作中,有些领导干部往往思想认识落后于形势的发展,对一些新思想、新事物不理解、看不惯,工作中习惯于沿用过去的经验和工作思路,而当旧办法行不通时又一筹莫展、束手无策。有的则从本本、从领导人的讲话、从上级文件出发,机械地照搬照转。因此,要破除这种僵化和保守的思想,就必须牢固树立发展的观点,树立事物是过程的思想。

四要坚持具体性观点,力戒抽象地看问题。事物都是具体的。这种具体性表现在:任何事物都有许多本质的规定,是多样性的统一。人们对事物的认识,往往是从感性具体开始,形成对事物的表面的认识,在此基础上,进行思维的抽象,即通过把事物整体分解成各个部分,抽取出各个必然的本质的因素。要真正达到对具体事物的全面的具体的认识,还必须运用综合的方法把事物各方面的本质的认识联系起来,形成统一的事物整体的认识。

四、善于运用创新思维

创新思维是一种开拓人类认识新领域、开拓人类认识新成果的思维活动。它不模仿既有方法,重复已有结论,而是在原有的结论和方法上做出了新开拓、解决了新问题,其结果是实现了知识和信息的增值。

从创新思维的含义可以认识创新思维的特征,即新颖性、灵活性、变革性或艺术性等特点。创新思维之要旨在于创新,或在思考的技巧上,或在思路的选择上,或在思维的结论上,在一定范围一定程度上具有创造性、开拓性,因而具有新颖性。思维的灵活性表现在创新思维的过程中,并无现存的思维方法和程序可循,在方式、方法、程序、途径等方面也没有固定模式。思维的变革性在创新思维中表现得更加突出。思维方式和观念体系的形成不可避免地被打上时代的烙印,长期的观念体系所形成的思维惯性不可避免地与现实所发生的深刻变化形成尖锐对立的矛盾,因此在创新思维中突破旧有观念和思维模式的束缚,有时会产生革命性的突破。创新思维还具有艺术性的特征。在创新思维活动中,往往伴随着“想象”、“直觉”、“灵感”之类的非逻辑、非规范的思维活动。这类思维活动具有极大的特殊性、随机性和技巧性,不存在普遍适用的、固定而规范的方法和程序,因而也不存在完全可以模仿、模拟成功的途径。

从创新思维的含义和特征可以看到创新思维对于人类社会的发展,对于提高人类的认识能力起着非常重要的作用,是人类全面发展和社会全面进步的助推器。

对于领导者来说,创新思维是实现正确领导的灵魂。领导活动是领导者、被领导者和客观环境三者相互作用的运动过程,体现个人、群体和客体的关系。决定领导行为的重要条件不仅表现在领导体制、结构、物质手段方面,更重要的是表现在领导者的思维方式和思想方法上。领导体制、手段只有沿着领导者科学的思维方式和思想方法的轨道正确运行,才能真正实现领导工作的高效能和现代化。作为一个领导者只有掌握了创新思维方法,他在思维方式上才具有求异性,在思维状态上才具有主动性,在思维结构上才具有灵活性,在思维运行中才具有综合性,在思维表达上才具有新颖性,其思维成果也才会具有很强的开拓性和效用性,其领导工作才会充满生机和活力,才能成为优秀的领导者。

从历史上来看，领袖人物的创新思维对中国革命和建设起了至关重要的作用。在民主革命时期,共产国际借用外国的经验指导中国革命,党内的“左”倾与右倾的错误严重束缚了党的指导思想,导致中国革命遭受了重大挫折。毛泽东冲破教条主义、本本主义的束缚,坚持以实事求是的科学态度和思维方式,观察世界和中国,从中国革命的实际出发,提出了与俄国革命截然不同的、创新性的“农村包围城市,武装夺取政权”的革命道路,领导中国革命摆脱困境,走向胜利。邓小平指出:“没有毛主席,至少我们中国人民还要在黑暗中摸索更长的时间。”可见,领导的创新思维,小到对个人、组织,大到对于整个政党、整个国家都有至关重要的作用。

创新思维重在应用,尤其是运用到领导决策的活动中去。

1.千方百计地发现、扩充、利用各种资源。资源不是一个固定不变的静态的量,而是一个可以不断开发、不断增长的动态的量。用发展和增长的眼光看待各种资源,使超优决策真正成为可能。

2.善于综合两个或数个看起来相互排斥的决策方案。把两个或数个看起来相互排斥的决策方案的优势综合起来,形成一个超优的方案。比如,邓小平提出的“一国两制”就是典型的超优决策。

3.善于借助第三方的力量。借助组织外部和社会的力量来解决本组织、本部门的问题。在内部优化不起来，但如果把组织内部与外部社会联系起来,系统地思考问题,便很容易达到创新决策的目标。

4.针对问题的原因找方案。不要单纯针对问题做决策,而是要更进一步针对问题发生的原因,甚至原因的原因来设计解决问题的创新方案。

5.设计一整套方案来达到多个目标,巧妙地处理好多个目标之间的关系。比如,达到了第一个目标之后再去追求第二个目标,这时,第一个目标就成了达到第二个目标的途径和手段。这样可以大大增大收益,减少成本。比如,邓小平“分三步走”的战略就是典型的创新方案。

6.把激励与决策紧紧地结合起来。兼顾各方面的需求和利益,变单赢为共赢,从而达到创新决策的目标。创新决策通常是共赢决策。反过来,共赢决策通常就是创新决策。领导创新思维既让领导者赢,又让被领导者赢。领导创新思维一定是双赢思维或共赢思维。

7.善于在逆境中作决策。困难往往与希望同在,挑战总是与机遇并存。领导者决策时不能局限在克服困难上优化目标，不能局限在迎接挑战上优化对策。关键是要创造性思维,在困难中发现希望所在,在逆境中发现机遇所在。创新决策通常是既达到克服困难的目标,又达到了抓住机遇进一步发展的创新决策的目标。

8.更加关注目的和结果。要超越目标和指标的局限,更关注目的和结果。比目标更重要的是目的,比过程更重要的是结果。领导创新思维必须登高望远,着眼未来。

五、培育系统思维方式

系统是由相互联系、相互作用着的部分(层次)构成具有特定结构和功能的有机整体,系统的整体不等于其局部的简单相加。系统论作为一种普遍的方法论是迄今为止人类所掌握的最高级思维模式。

所谓系统思维方式,就是从系统观点出发,着重从整体与部分、部分与部分、结构与功能、优化与建构、信息与组织、控制与反馈、系统与环境之间的相互联系、相互作用中综合地研究和精确地考察对象,以求达到最佳认识客体和正确进行实践活动的思维方式。它以实体思维方式为基础,不是把研究对象当成一个质点来思维,而是作为一个系统整体来进行考察。系统思维方式的基本内容和特点,是整体性思维、综合性思维、立体性思维、结构性思维、功能性思维、动态性思维、控制性思维和协调性思维等。系统思维能极大地简化人们对事物的认知,给我们带来整体观。

系统思维的基本方法主要包括:

1.整体法。是在分析和处理问题的过程中,始终从整体来考虑,把整体放在第一位，而不是让任何部分的东西凌驾于整体之上。

整体法要求把思考问题的方向对准全局和整体、从全局和整体出发。如果在应该运用整体思维进行思维的时候，不用整体思维法，那么无论在宏观或是微观方面，都会受到损害。

2.结构法。进行系统思维时，注意系统内部结构的合理性。系统由各部分组成，部分与部分之间组合是否合理，对系统有很大影响。这就是系统中的结构问题。好的结构，是指组成系统的各部分间组织合理，是有机的联系。

3.要素法。每一个系统都由各种各样的因素构成，其中相对具有重要意义的因素称之为构成要素。要使整个系统正常运转并发挥最好的作用或处于最佳状态，必须对各要素考察周全和充分，充分发挥各要素的作用。

4.功能法。是指为了使一个系统呈现出最佳态势，从大局出发来调整或是改变系统内部各部分的功能与作用。在此过程中，可能是使所有部分都向更好的方面改变，从而使系统状态更佳，也可能为了求得系统的全局利益，以降低系统某部分的功能为代价。

系统思维从本质上说是一种全局性思维，它从事物的整体出发，其思维程序是整体—部分—整体，是整体性、开放性、相关性与结构性方法的高度统一，反映了现代社会化大生产对领导工作的新要求。

领导，作为一种社会管理、控制和引导行为，是一个复杂的社会有机系统。把现代系统思维运用于领导活动过程中，在领导实践过程中提高领导者的系统思维能力，有利于领导者提高构建社会主义和谐社会的自觉性和领导科学发展的能力。

毛泽东在解决中国革命的科学领导方法的过程中独到地运用唯物辩证法和系统思维方式。他科学地吸收了《孙子兵法》对战争全局及诸因素统筹分析的思想和方法，并运用于军事战略决策和指挥抗日战争的伟大实践。如他的“游击战”中的“敌进我退，敌驻我扰，敌疲我打，敌退我追”的战术原则；“运动战”中的“分割包围，各个歼灭；调动敌人，寻机进攻；先打弱敌，后打强敌；你打你的，我打我的；打得赢就打，打不赢就走”；“集中优势兵力，各个击破”等战略思想,都运用了系统思维的方法。

邓小平要求领导工作做到“原则性、系统性、预见性和创造性”;江泽民指出,领导干部经营管理的对象是一个系统工程。因此,对于领导者来说,现在比以往任何时候都更加迫切需要培育系统思维方式,运筹全局,制定控制未来的领导战略。

第一,系统思维要从大看小。大,就是系统,是全局;小是要素,是局部。从大看小就是要放眼整体,总揽全局,站在全局的高度去处理全局与局部、局部与局部的关系,这是系统思维的一个重要原则。“不谋全局者,不足以谋一域。”“隆中对”是运用系统思维方式分析问题的经典之作,正是由于诸葛亮从天时、地利、人和三个大的方面着眼,对各集团势力的消长情况和变化趋势进行了中肯、精辟的分析,才为刘备确立了“建基西川,联吴抗曹”的正确方略。今天,作为各地区各部门的领导者,在任何时候、任何情况下,都要树立全局观念,深刻了解全党全国工作的大局,善于把本地区本部门的工作与大局联系起来,根据大局做好本地区本部门的工作。要善于进行整体谋划,从大局着眼考虑问题,在纷繁复杂的诸多矛盾中,抓住主要矛盾,“注意于那些有关全局和重要的关节”。否则,只见树木、不见森林,头痛医头、脚痛医脚,偏于一隅、顾此失彼,必然因小失大,贻误全局。

第二,系统思维要从长看短。长就是未来,短就是当前。从长看短就是面向未来看现在,用长远的观点、发展的观点来对待眼前和现实的问题,而不能鼠目寸光,就事论事。领导者在考虑问题、处理工作、制定政策时,要有战略目标和长远考虑,把当前的工作与长远目标联系起来。为了长远的、未来的发展,必要时可以舍弃眼前“一城一地”的得失。所谓“为了一跃而后退”、“退一步进两步”、“有所为有所不为”、“将欲取之,必先予之”,说的就是这个道理。

第三,系统思维要正负兼顾。所谓正负兼顾,就是既要看到面临的有利条件、拥有的优势和决策带来的效益,又要看到面临的不利条件、劣势和决策后带来的负面效应。

第四，系统思维要左右照应。所谓左右照应，就是既要考虑所要做的事情本身，又要考虑它所涉及的相关因素。因为任何事物都不是孤立地存在着的，它们都处在普遍联系之中，相互作用，相互制约，影响着事物的变化和发展。因此领导者只有善于多向思维，全方位地思考问题，做到统筹兼顾，才能真正提高系统思维能力，作出正确决策。然而，几千年来根深蒂固的小生产意识，加上几十年的计划经济体制及其管理模式，使许多领导者思想凝固，目光短浅，形成了一种极端化的思维定式，总习惯于在非此即彼、绝对不相容的两极对立中思考问题，不善于将两者或多者联系和统一起来。这种形而上学的思维方式，往往表现为要么肯定一切，要么否定一切；或将全局与局部、整体与部分、当前与长远、普遍与特殊割裂开来，见小不见大，见利不见害，顾近不顾远，顾此而失彼，工作中常常以一种倾向掩盖另一种倾向，从一个极端走向另一个极端，左右摇摆，进退失据。

总之，要提高领导者的系统思维能力，就必须采取系统思维方式，摒弃静止、孤立、封闭、片面的思维习惯，用马克思主义宽广眼界观察中国与世界，站在全国的高度思考本地区本部门的位置与作用、长处与短处，实事求是地认识和处理改革中遇到的矛盾和问题，以防止和克服思维方式上的片面性和由此带来的工作上的片面性。

六、善用发散性思维

发散思维是领导者的一种重要的思维方式。熟练掌握这一思维方式的领导者，在考虑问题、做决策时往往思路比较开阔，“点子”比较多，对指导一个地区、一个部门的工作也往往更加自信，更加驾轻就熟。

发散思维又叫做求异思维、扩散思维，指的是从一个目标出发，沿着各种不同的途径去思考，探求多种答案的思维，即它的思考方向是向外散发的。由于这种思维是朝着各个不同方向进行的，思路开阔，故易于探索到新结论，提出新的思想和方法。实践证明，发散思维水平愈高的人，往往创造思维水平也愈高。因此领导干部在学习中要注意发散思维的培养,有意识地培养运用发散思维解决实际问题的能力。

领导者的发散思维具有流畅性、变通性、独特性和多感官性等特征。

1.流畅性就是观念的自由发挥。指在尽可能短的时间内生成并表达出尽可能多的思维观念以及较快地适应、消化新的思想观念。领导者在面对一个问题的时候，应该尽快找到能够应对这一问题的各种可能的办法。比如2008年由美国次贷危机引发的全球经济危机，中国政府的应对是非常及时的,在短期内开出了一系列的“药方”:加大基础设施投入、加大退税刺激出口、农民购买家电补贴刺激农村消费、企业减税、扶持中小企业、降低贷款和存款利率、稳定股票市场等等。力图用多种综合配套手段,在短期内出重拳扭转经济下滑势头。流畅性反映的是发散思维的速度和数量特征,思维反应的速度越快越好,数量上越多越好。

2.变通性就是克服人们头脑中某种自己设置的僵化的思维框架,按照某一新的方向来思索问题的过程。变通性,主要体现在思维广度上。能灵活应变,不受定势的桎梏,从不同角度来寻求答案。维度越多,变通性就越好。广度的增加能为思维带来更多的回旋余地,因而也带来更大的灵活性。变通性在领导者的日常工作中的应用是非常广泛的，领导工作是要讲究艺术性和灵活性的,如果都按照条条框框去办事,往往会碰得头破血流。而如果懂得变通,则事情往往好办得多。比如在两岸关系中的“三通”问题,大陆方面基于两岸人民的福祉考虑,在双方的谈判中表现出极大的诚意和灵活性,绕过相关障碍,逐步实现了实际上通航的目的。

3.独特性指人们在发散思维中做出不同寻常的异于他人的新奇反应的能力。独特性是发散思维的最高目标。为了获得创造的成功,在运用发散思维的过程中,应该尽量从多种维度上去发散,独创性地去发散,这样才能获得质量高、数量多的创造设想,获得更满意的创造成果。作为一个领导者考虑问题,必须见人所未见,想人所未想,不能为流俗所拘。解决问题的方法不仅多,而且要出新、出彩,力争以最低的成本求得最佳的效果。

4. 多感官性是指人们不仅运用视觉思维和听觉思维，而且也充分利用其他感官接收信息并进行加工。发散思维还与情感有密切关系。如果思维者能够想办法激发兴趣，产生激情，把信息情绪化，赋予信息以感情色彩，会提高发散思维的速度与效果。对于领导者来说，保持对工作的热情和兴趣，对于迎接各类挑战有着强烈的冲动，对于各类有关的信息广为吸收，并利用已有经验加以甄别，发掘它们之间的关联。

发散思维这几个特征之间是相互联系的。能流畅才能变通，变通本身也是一种流畅，既有流畅又能变通才可能产生独创性的思路，而只有保持充沛的创造热情，使各个感官之间协调配合，增强对事物的感受能力，提高感官的反应速度，思维才能保持畅通状态，才能激发独创性思路的产生。

领导者思维对象的多样性，决定了发散思维在领导思维中是一种具有普遍性的重要方式。发散思维在领导工作中的运用，主要表现在以下几个方面。

首先，从发现问题的角度来看，领导者思维的发散面越广、发散量越大，就越能敏锐地发现问题和提出问题。问题是思维的起点，只有发现问题才能提出领导思维课题、确定领导思维方向。如果连问题都找不到，有价值的领导思维活动就无从提起。一个思维封闭的领导者往往很难发现问题，即使发现了问题，也往往是些无关紧要或人所共知的小事情、老问题。

其次，从解决问题的角度来看，领导思维的分散面越广、发散量越大，解决问题的办法也就越多，有价值的办法出现的可能性也就越大，从中选优，就可以筛选出解决问题的最佳方法。当领导遇到问题时，如果打不开思路，将思维禁锢在陈规陋习、条条框框中，只有极少的解决问题的老办法，那就没有择优的余地，也无法进行比较。

再次，从总结经验的角度来讲，领导者思维的发散面越广、发散量越大，总结的经验教训就越全面，就越能正确指导今后的工作，减少工作中的失误。一个具有发散思维的领导者在总结思维成果时，不只是看成绩，还看差距和不足。这样，他就会不满足于现有的成绩，就不会把成绩只归功于自己，而是归功于组织和群众。这样的领导者才能永远不自满、不骄傲、不停步。

最后，从思维创新的角度来讲，发散思维是领导者创造性思维的一种重要形式，没有发散思维就没有领导者的创造性。可以说，领导者的思维创造，几乎都是运用发散思维的结果。善用发散思维的领导者，不迷信任何偶像和一切不适应现实情况变化的旧观点，善于吸取旧事物、旧观念中的合理因素，在继承的基础上进行创新，提出自己的新观点、新思想。

当然，在领导思维的过程中，如果思维一味向外发散，信马由缰而无法收拢，也就难以正确发挥发散思维的作用。只有在发散思维的基础上进行复合思维，从各个方面把思维集中起来，才能取得最佳的领导效果。

第9章 较高的情商

情商是“情绪商数”的简称，英文为EQ(Emotional Quotient)，它代表的是一个人的情绪智力(Emotional Intelligence)的水平。主要是指人在情绪、情感、意志、耐受挫折等方面的品质。心理学家们普遍认为，情商水平的高低对一个人能否取得成功有着重大的影响作用。

一、情商与智商都重要

智商高的人可以在专业领域里出成绩，而情商高的人却可以在管理运作上出成绩。然而，不论在何种事业上获得成功，成功者往往智商情商皆具。

情商概念提出的时间不太长。第一个使用“EQ”这个名词的人是心理学家巴昂，他在1988年编制了一份专门测验EQ的问卷（EQ-i），根据他的定义，EQ包括了那些能影响我们去适应环境的情绪及社交能力。其中有五大项：（1）自我EQ；（2）人际EQ；（3）适应力；（4）压力管理能力；（5）一般情绪状态（乐观度，快乐感）。

真正让“EQ”一词走出心理学的学术圈，而成为人人朗朗上口的日常生活用语的心理学家是哈佛大学的高曼教授。高曼发现一个人的EQ对他在职场的表现有着非常重要的影响。他在1995年出版的《EQ》（*EMOTIONAL INTELLIGENCE*）一书，登上了世界各国的畅销书排行榜，在全世界掀起了一股EQ热潮。

心理学家认为，情商包括以下几个方面的内容：1.认识自身的情绪。认识情绪的本质是EQ的基石，这种随时随地认知感觉的能力，对了解自己非常重要。掌握感觉能力的人才能成为生活的主宰。2.妥善管理情绪，即能调控自己。情绪管理必然建立在自我认识的基础上，这方面的能力包括：如何自我安慰，摆脱焦虑、灰暗或不安。这方面能力掌握自如的人能很快走出生命的低潮，重新出发。3.自我激励。成就任何事情都要靠感情的自制力。保持高度热忱是一切成就的动力，能自我激励的人做任何事情效率都比较高，并且能够使人走出生命中的低潮，重新出发。4.认知他人的情绪。这是与他人正常交往，实现顺利沟通的基础。同情心也是基本的人际技巧，它也建立在自我认识的基础上。具有同情心的人较容易从细微的信息中觉察到他人的需求。5.人际关系的管理。人际关系就是管理他人情绪的艺术。一个人的人缘、领导能力、人际和谐程度都与这项能力有关，充分掌握这项能力的人常是社会上的佼佼者。

长期以来，人们习惯于将智商作为衡量人才的标准，认为一个人能否在一生中取得成就，智力水平是第一重要的，即智商越高，取得成就的可能性就越大。而现代研究表明，人才成功的决定因素不仅仅是智商，情商的高低对一个人能否取得成功也有着重大的影响作用，有时其作用甚至要超过智商。特别是在管理领域里取得成功的那些人中，有相当一部分是在学校里被认为智商并不太高的人。

美国一家很有名的研究机构调查了 188 个公司，测试了每个公司的高级主管的智商和情商，并将每位主管的测试结果和该主管在工作上的表现联系在一起进行分析。结果发现，对领导者来说，情商的影响力是智商的 9 倍。智商略逊的人如果拥有更高的情商指数，也一样能成功。另外一项针对全美国前 500 大企业员工所做的调查发现，不论产业类别如何，一个人的 IQ 和 EQ 对他在工作上成功的贡献比例为 IQ：EQ＝1：2，也就是说，对于工作成就而言，EQ 的影响是 IQ 的两倍，而且职位愈高，EQ 对工作表现的影响就愈大。

由此可见，情商的重要性并不比智商低。那么，情商与智商到底是什么关系呢？

智商（intelligence quotient，简写成 IQ）是用以表示智力水平的工具，也是测量智力水平常用的方法，智商的高低反映着智力水平的高低。情商的高低反映着情感品质的差异。智商和情商，都是人的重要的心理品质，都是事业成功的重要基础。

首先，智商和情商反映着两种性质不同的心理品质。智商主要反映人的认知能力、思维能力、语言能力、观察能力、计算能力等。也就是说，它主要表现人的理性的能力。它可能是大脑皮层特别主要是主管抽象思维和分析思维的左半球大脑的功能。情商主要反映一个人感受、理解、运用、表达、控制和调节自己情感的能力以及处理自己与他人之间的情感关系的能力。情商所反映个体把握与处理情感问题的能力。情感常常走在理智的前面。它是非理性的，其物质基础主要与脑干系统相联系。大脑额叶对情感有控制作用。

其次,智商和情商的形成基础有所不同。情商和智商虽然都与遗传因素、环境因素有关,但是,它们与遗传、环境因素的关系是有所区别的。智商与遗传因素的关系远大于社会环境因素。据英国《简明不列颠百科全书·智力商数》词条载:“根据调查结果,约70%~80%智力差异源于遗传基因,20%~30%的智力差异系受到不同的环境影响所致。”情商的形成和发展,先天的因素也是存在的。例如,人类的基本表情通见于全人类,具有跨文化的一致性。人的情感容易受到社会环境的影响,人总是有着根深蒂固的从众心理。

第三,智商和情商的作用不同。智商的作用主要在于更好地认识事物。智商高的人,思维品质优良,学习能力强,认识程度深,容易在某个专业领域作出杰出成就,成为某个领域的专家。调查表明,许多高智商的人成为专家、学者、教授、法官、律师、记者等,在自己的领域有较高造诣。情商主要与非理性因素有关,它影响着认识和实践活动的动力。它通过影响人的兴趣、意志、毅力,加强或弱化认识事物的驱动力。智商不高而情商较高的人,学习效率虽然不如高智商者,但是,有时能比高智商者学得更好,成就更大。因为锲而不舍的精神使勤能补拙。另外,情商是自我和他人情感把握和调节的一种能力,因此,对人际关系的处理有较大关系。其作用与社会生活、人际关系、健康状况、婚姻状况有密切关联。情商低的人人际关系紧张,婚姻容易破裂,领导水平不高。而情商较高的人,通常有较健康的情绪,有较完满的婚姻和家庭,有良好的人际关系。

心理学家认为,情商水平高的人具有如下的特点:尊重他人的人权和人格尊严。不将自己的价值观强加于他人。对自己有清醒的认识,能承受压力。自信而不自满。善于处理生活中遇到的各方面的问题。认真对待每一件事情。为人正直,富有同情心,情感生活较丰富但不逾矩,人际关系良好,无论是独处还是与许多人在一起时都能怡然自得。

情商水平低的人则具有如下特点:自我意识差。无确定的目标,也不打算付诸实践。严重依赖他人。处理人际关系能力差。应对焦虑能力差。生活无序。无责任感,爱抱怨。

我们经常看到这样的人,受过高等教育,他的智商使他具有非常丰富的知识, 使他能顺利地到一个单位就职或者从事一项研究工作。如果他情商高,情绪稳定,适应环境能力强,对外界和上司、同事没有过分苛求,对自己有适当的评价,不因外界的影响而“热胀冷缩”,在受到挫败时能“重整旗鼓”,并能不断提高自身心理素质,从不怨天尤人或悲观失望。这样他的智商和潜能就能得到充分发挥,在工作中游刃有余,走向成功。反之,一个人智商虽高,却以此自负,情商低下,昼夜为自己周围并不理想的环境所困扰,那他的结局或是愤世嫉俗、孤芳自赏,与社会、单位、同事融不到一起;或高不成低不就,一辈子碌碌无为;或是走上邪门歪道,毁于高智力犯罪。由此可见,一个人成功与否,情商与智商一样重要。

一个在大学里学习成绩非常优秀的女生被留校当了老师, 直到现在她还做着教课的工作,已经被晋升为教授了。而另一个女生学习成绩一般,由于她是班长,经常参加各种活动,是公认的活动能力较强的人物。毕业后,她先后到了几个单位工作,都认为不理想,于是下海,自己办起了公司,当了总经理。她的公司越做越大,现在她在美国已经有几家小公司,拥有固定资产1000多万美元。从这个事例可以看出, 智商高的人可以在专业领域里出成绩,而情商高的人却可以在管理运作上出成绩。然而,不论在何种事业上获得成功,成功者往往智商情商皆具。

二、善于进行自我激励

一个没有受过激励的人，仅能发挥其能力的20%~30%，而当他受到激励时，其能力可发挥至80%~90%。

激励即激发、鼓励。就是使人产生一种内在的动力朝向所期望的目标前进。激励能鼓舞人们作出选择并从事行动。激励能够提供动因，例如本能、热情、情绪、习惯、态度、冲动、愿望或想法，能激励人行动起来。

歌德说：凡是自强不息者，最终都会成功。著名宗教领袖马丁·路德·金说过："世界上所做的每一件事都是抱着希望而做成的。"圣女贞德说："所有战斗的胜负首先在自我的心里见分晓。" 美国的著名心理学家爱默生认为："生动地把自己想象成失败者，这就使你不能取胜；生动地把自己想象成胜利者，将带来无法估量的成功。"德国人力资源开发专家斯普林格在其所著的《激励的神话》一书中写道："强烈的自我激励是成功的先决条件。"

确实如此，每一个人的内心都存在着需求激励的欲望，只有激励才能激起他的激情和热情。因此，如果一个人在其他方面都具备的条件下，又善于自我激励，他的成功率就会高得多。

美国哈佛大学的威廉·詹姆斯发现，一个没有受过激励的人，仅能发挥其能力的20%～30%，而当他受到激励时，其能力可发挥至80%～90%，也就是说，一个人在通过充分的激励后，所发挥的能量相当于没受激励的3至4倍。

1991年，一个名叫坎贝尔的女子徒步穿越非洲，不但战胜了森林和沙漠，更通过了400公里的无人地带。当有人问她为什么能完成这令人难以想象的壮举时，她回答说："因为我说过我能。"问她对谁说过这句话，她的回答是："对自己说过。"

事实上，正是这种高度的自我激励精神使人们朝着自己的目标不断前进。自古以来的许多成功者都曾自觉不自觉地运用此法来获得成功。

拿破仑总有自己的梦想，在带兵横扫欧洲之前，曾经多年无数次在内心“演习”其军事设想。当他率军翻越阿尔卑斯山和俯瞰远近山峦时，拿破仑激昂地对士兵们说：“我们已经把整个欧洲踩在脚下了！”正是这种目标的激励作用，使拿破仑在战争中屡战屡胜。

1949年，一位24岁的年轻人充满自信地走进了美国通用汽车公司，应聘做会计工作。在面试的时候，这位年轻人的自信给面试官留下了深刻的印象。当时，通用公司只有一个会计的名额，而且竞争这个职位的人非常多。对于一个新手来说，可能很难立即胜任这个职位的工作。但是，这个年轻人根本没有认为这是一个困难，相反，他认为自己完全可以胜任这个职位，更重要的是，他是一个善于自我激励、自我规划的人。最后，录用这位年轻人的面试官这样对秘书说：“我刚刚雇用了一个想成为通用汽车公司董事长的人！”

这位年轻人就是罗杰·史密斯，从1981年以来，他一直担任通用汽车公司的董事长。罗杰在通用汽车公司的一位同事阿特·韦斯特这样评价他：“在与罗杰合作的一个月当中，他不止一次地告诉我，他将来要成为通用的总裁。”

既然自我激励的作用这么大，那如何进行自我激励呢？

1.调高目标。许多人惊奇发现，他们之所以达不到自己孜孜以求的目标，是因为他们的主要目标太小，实现的难度太小而且实现后没有太大意义，这样，使自己失去主动力，目标的实现就会遥遥无期。毛泽东在东山学堂读书时，就立下“改造中国与世界”的宏愿。可见，真正能激励你奋发向上的是：确立一个既宏伟又具体的远大目标。

2.调整计划。实现目标的道路绝不是坦途。它总是呈现出一条波浪线，有起也有落。但你可以安排自己的休整点。事先看看你的时间表，框出你放松、调整、恢复元气的时间。即使你现在感觉不错，也要做好调整计划，安排出一大段时间让自己隐退一下,即使是离开自己爱的工作也要如此。只有这样,在你重新投入工作时才能更富激情。

3.制定进度。要现在就行动起来,制定出进度,按进度规划做事。有时候,这些写成白纸黑字的东西是能鞭策自己行动的。另外,把一项大任务或大工程分解成容易完成的小任务,可使整个计划得以实现。

4.增强紧迫感。在确信自己应该行动起来之后,下一步就是实实在在地行动起来。要做到这一点,你心中要产生一种紧迫感。你不要选择最后的时机开始行动,而应从相反的角度看这个问题,问问你自己:“我最快什么时候能开始?”人毕竟不会越活越年轻的。你甚至可以把你的目标公之于众,给自己增加一点鞭策力。

5.内省。大多数人通过别人对自己的印象和看法来看自己,尤其正面反馈。但是,仅凭别人的一面之词,把自己的个人形象建立在别人身上,就会面临严重束缚自己的危险。因此,只把这些溢美之词当作自己生活中的点缀。人生的棋局该由自己来摆。不要从别人身上找寻自己,应该经常自省并塑造自我。

6.加强排练。先“排演”一场比你要面对的事更重要复杂的战斗。如果手上有棘手活而自己又犹豫不决时,不妨挑件更难的事先做。生活挑战你的事情,你一定可以用来挑战自己。这样,你就可以自己开辟一条成功之路。成功的真谛是:对自己越苛刻,生活对你越宽容;对自己越宽容,生活对你越苛刻。

7.敢于竞争。竞争给了我们宝贵的经验,无论你多么出色,总是会天外有天、人外有人。所以你需要学会谦虚。但不管在哪里,都要参与竞争,而且总要满怀快乐的心情。要明白超越别人远没有超越自己重要。

8.走向危机。危机能激发我们竭尽全力。我们往往会追求一种舒适的生活,努力设计各种越来越轻松的生活方式,使自己生活得风平浪静。我们应该做的是不必坐等危机或悲剧的到来,而从内心挑战自我是我们生命力量的源泉。

9.敢于犯错。有时候我们不做一件事,是因为我们没有把握做好。我们感到自己“状态不佳”或精力不足时,往往会把必须做的事放在一边,或静等灵感的降临。如果有些事你知道需要做却又提不起劲,尽管去做,不要怕犯错。给自己一点自嘲式幽默。抱一种打趣的心情来对待自己做不好的事情,一旦做起来了或许效果不错。

10.不要害怕拒绝。不要消极接受别人的拒绝,而要积极面对。当你的要求落空时,把这种拒绝当做一个问题:“自己能不能更多一点创意呢?”不要听见“不”字就打退堂鼓。应该让这种拒绝激励你更大的创造力。

11.立即行动。成大事者会立刻抓住大好时机,迅速作出重大决定,然后马上投入行动。塞缪尔·约翰逊说:“如果要先搬掉所有的障碍才行动,那就什么也做不成。”人们常犯的错误是以为可以等到自己能动时才动。如果你想成功,就要立即行动起来。

12.保持冲劲。积极性导致行动,也积累起冲劲,而冲劲对于成功是无价之宝。

要防止一个静止的火车头滑动,只需在每个驱动轮前面放一块一英寸厚的木头,这火车头就动不了。但同样一个火车头,如果以60英里时速行驶,就可以撞穿一堵5英尺厚的钢筋水泥墙!有积极性和有冲劲的人也是这样,一旦行动起来,就能克服难以想象的障碍。

13.用激励别人的方法去激励自己。激励别人和激励自己的方法之间有一个很大的差别,即“自我激励的激励因素是内在的,激励别人的因素是外在的”。换言之,想自我激励的人可以把书本上的所有激励别人的秘诀应用到自己身上。能有效运用这些秘诀,就能不依靠任何人而做到自我激励。

做好自我激励,将个人的潜能充分调动起来,就更容易成功。

三、善于沟通有助于成功

一个人的成就，85%决定于与人沟通的能力，而专业知识只占15%。

高明的领导者无一不是上下活络，左右逢源的沟通高手。

戴尔·卡耐基在他的著作中不断提到，一个人的成就，85%决定于与人沟通的能力，而专业知识只占15%。因此，可以这么说，善于沟通有助于成功。

沟通是什么？沟通就是互相交换彼此的想法，彼此消除隔阂和误解，增进了解和感情，然后使双方达成理解取得一致的过程。有关研究表明：管理中70%的错误是由于不善于沟通造成的。可见，管理离不开沟通，沟通渗透于管理的各个方面。管理的要素"人、财、物"中，人是摆在首位的，现代的领导者，要使管理卓有成效，离开了沟通别无他途。因为，尽管你可能拥有最好用的脑子、最先进的思想、最新颖的观点，但不能把它传达并转移到别人的头脑里，它们仍然仅仅是你的思想与观点，而且只是你一个人的思想与观点，你就不能成功。要想让你的思想观点有价值，就必须把它们沟通给别人。对成功的领导者而言，与不同类型的人相处愉快并交换信息的能力是不可缺少的。高明的领导者无一不是上下活络，左右逢源的沟通高手。因此，领导者必须提高与周围人有效沟通的能力，学会并掌握必要的沟通技巧。

沟通是一种领导协调艺术，是实现党内"团结—批评—团结"方针的重要手段和方法。对此，陈云曾给予科学的概括，他说，一个人看问题总是有局限性的，解决的"办法之一，就是多和别人交换意见。这样做，本来是片面的看法，就可以逐渐全面起来；本来不太清楚的事物，就可以逐渐明白起来；本来意见有分歧的问题，就可以逐渐一致起来"。经常注意同别人交换意见，尤其是多倾听反面的意见，只有好处，没有坏处。沟通才能团结，才能形成合力，才能正确地实施民主集中制。

沟通是搞好班子团结的前提。领导班子成员由于个体的差异、思维方式和习惯不同，难免产生矛盾和隔阂。如不及时沟通化解，就会逐渐结成疙瘩，酿成矛盾，造成天天见面人很熟，内心深处一堵墙。只有在工作上沟通，才能加强协调，形成合力；在生活上沟通，才能做到同志间相互关心和理解；在思想上沟通，才能消除误解，统一对问题的认识；在感情上沟通，才能增进友谊和感情。然而，有些同志不善于沟通，他们只注重同意见一致的同志沟通，对与自己意见不一致的同志互不来往，整天别别扭扭的；有的对关系亲近的人敞开心扉、无话不说，对其他同志紧闭尊口，寡言少语，不与其交流；有的只注重工作上的沟通，忽视感情交流和思想沟通。久而久之，同志间就会产生隔阂，甚至发生不团结，影响班子的战斗力。因此，领导者一定要提高沟通能力，掌握沟通艺术，做一个善于沟通的领导。

沟通可以化解下属的抱怨情绪。美国著名的情绪心理学家拉扎勒斯提出，当前面临的事件触及个人目标的程度是所有情绪发生的首要条件，当该事件的进行促进个人目标的实现时，产生积极的情绪情感，反之，则会产生消极的情绪情感。许多人际误会、矛盾乃至冲突都源于人际沟通障碍。一项调查表明，员工中80%的抱怨是由小事引起的，或者说是由误会引发的抱怨。对于这种抱怨，管理者决不能掉以轻心，一定要给予认真、耐心的解答，因为有时误会造成的裂痕是永远无法弥补的。对这种抱怨，管理者要及时与员工进行平等沟通，先使其平静下来，然后采取有效措施，尽快加以解决。沟通在一定程度上可以化解下属的抱怨情绪，任何轻视沟通的念头都是错误的。善于沟通的人一定拥有众多支持者，因为别人理解他;善于沟通的人一定是个好的领导者，因为他了解下属，下属也相信他。

这个世界处处都需要沟通。遗憾的是，大部分人不会沟通。在现实生活中，我们常常看到，同样一件需要与别人商谈的事情，不同的人去商谈，其效果就大相径庭。这是什么原因呢？也就是沟通的技巧。著名成功学大师卡耐基这样说:“所谓沟通就是同步,每个人都有他独特的地方,而人与人交际则要求他与别人一致。”再说得白一点,沟通的技巧,也就是语言的表达能力和技巧。记得有人说过:一句话,能够说得人“笑”,一句话,也可以说得人“跳”,说的就是这个道理。

另外,英国作家萧伯纳有一个关于交换苹果和交流思想的形象比喻,也非常令人信服和让人深思。比方说,倘若你有一个苹果,我也有一个苹果,如果我们交换这个苹果,那么,你我仍然还是各持一个苹果。但是,如果你有一种思想,而我有另一种思想,而相互交流这些思想,并把它们相互糅合在一起,那么,我们就将各自有两种思想了。沟通也就成为一个思想吸收和扩展的过程了。由此可以看出,与人交谈,与人沟通,有助于你摆脱原来视野的束缚,从而进入到一个更加自由而博大的思想天地,并且,在一定的条件下,还会因质的变化,从而产生出更多更新的思想。

由此可见,沟通有多么的重要,但沟通是一种能力,而不是一种与生俱来的本能。本能是天生就会有的,而能力却是要经过我们努力学习才会具备的。在当今社会,如果你想在工作和生活上都有所收获,在事业上有所成功,那么你首先得学会与人交际,善于与人沟通,只有这样你才能永远立于不败之地。

第一,要调整心态,以诚相见。沟通的效果既与沟通的内容有关,也与沟通双方的感情有关。人与人只有在互相尊重、互相信任的基础上,才能做到真正意义上的沟通。每个人都有心理需求,从马斯洛需要层次理论来看,人人都有自尊和自我价值实现的需求。领导者要明白,自己与下属之间虽然有职位高低、权力大小的差别,但在人格上是平等的,都有维护自尊的强烈心理要求,因此,决不能在沟通中摆出一副“长官”的架子,否则,必然会招致下属的不满,对你敬而远之,甚至恨而避之。

沟通时,要做到坦诚相见,说真心话,用真感情,绝不能说那些言不由衷的空话、大话、套话和假话,更不要用不冷不热、矫揉造作的假感情对待下属。要将尊重贯穿在管理过程中,使领导者可以接纳部属内心各种真实的想法，让下属感到什么话都敢跟你说，只有这样，在沟通中才能叩开下属的心扉，达到沟通的目的。

第二，要换位思考，求同存异。要准确地理解他人，采取换位思考的方式极为重要。只有站在对方的位置和立场上来思考问题，才能够更准确地理解对方的想法和心理状态，才能真正找到沟通的结合点，增强沟通的针对性。

领导者若只强调自己的感受而不体谅下属的想法，就很难走入下属的内心世界，很难被下属接纳。另外，在沟通过程中，要善于发现双方的共同点，以这些共同点作为谈话的切入点，并不失时机地加以强化，一旦达成了共识，双方便容易产生亲近感，沟通就容易达到一个新境界。

当然，这里的换位思考和求同存异并不等于迁就错误，坚持原则是搞好沟通的前提。

第三，要注意态度，调控情绪。领导者在沟通时一定要注意情绪的控制，不要将自己的不良情绪带到沟通中来，要尽可能地在平静的情绪状态下与下属进行沟通，这样才能保证良好的沟通效果。

第四，要把握时机，因势利导。时机是影响沟通效果的一个非常重要的因素。沟通效果不仅取决于信息的内容，还要受环境条件的制约。影响沟通的环境因素很多，如组织氛围、沟通双方的关系、社会风气等。领导者在同下属沟通之前要选择好恰当的时机，对沟通的内容、时间、地点等要有一定的计划，尤其是对批评教育等针对性比较强的沟通活动，一定要慎重。在不同情况下要采取不同的沟通方式，要抓住最有利的沟通时机，时机不成熟不要仓促行事。贻误时机，会使某些信息失去意义。那些不讲场合、不讲对象、不选择内容的沟通是失败的沟通，不但达不到预期效果，甚至会事与愿违。

第五，要用心倾听，积极倾听。沟通要讲究“听”的艺术。倾听是领导者与下属沟通的基础。作为一名领导者在与下属的沟通过程中，应该主动听取意见，善于倾听，只有善于听取信息才能成为有洞察力的领导者。倾听是取得成功的第一步，有智慧的人都是先听再说。积极倾听就要暂时忘掉自我的思想、期待、成见和愿望，全神贯注地理解讲话者的内容，与他一起去体验，感受整个过程。

在沟通过程中，下属在意的不是领导者听到了多少，而是听进去多少，因此，领导者不仅要乐于倾听，还要善于倾听，要让下属知道你真的在意他说的话，否则，沟通效果甚微。

第六，要畅通渠道，完善机制。要在组织内建立起畅通的、良性的沟通机制。建立畅通的沟通渠道，首先要摒弃那种只是由组织领导层向下属发布命令，下属的反馈和意见却很少有人倾听的单向沟通模式，这样的沟通方式不仅无助于监督与管理，长此以往还会严重挫伤下属的积极性。

良好的沟通机制应该是多角度、双向、多级的。应该在组织内部建立全方位的沟通机制，形成管理层与部门领导、部门领导与下属、同事与同事之间的多层次交流对话机制，保持沟通渠道的畅通，要让下属意识到管理层乐于倾听他们的意见。

四、提高处理人际关系的能力

无论如何，处理好你的人际关系和培养好你的人力技能都是你在这个社会中立足和发展的资本。

人际关系是属于社会心理学的一个概念，主要指个人在社会实践中形成的人与人之间的相互作用和相互影响。其涵盖面包括个人在生活、生产及其他社会活动中形成的一切人与人之间的关系。

人际关系的一般特点是:第一是个体性。和一般的社会关系不同，人际关系本质上表现在具体的个体间的互动过程中。第二是情感性。人际关系的基础就是人们彼此间感情的流动，这种情感倾向有可能发生那种形影不离和相互敌视甚至伤害的种种情况。第三是对应性。人际关系总是与人际行为相对应。第四是管理性。人际关系就是对人的一种组织形态和方式，而这样的组织就是一种管理模式，一种管理的方法。人际关系是人与人之间的信息与情感的传递过程。

本杰明·富兰克林说：“成功的第一要素是懂得如何搞好人际关系”；还有人说“成功＝30%知识＋70%人脉”；更有人说“人际关系与人力技能才是真正的第一生产力。”因为人的生命永远不孤立，我们和所有的东西都会发生关系，而生命中最主要的，也就是这种人际关系。这个世界上有能力的人很多，然而真正成功的人却太少，究竟是为什么呢？一个很重要的原因就是他们在人际关系方面有所欠缺。

进入21世纪，人际关系与人力技能的重要性更是不言而喻了。根据权威组织学家的统计分析，80%的人，在工作上失败，不是因为他们的专业技术、能力或工作动机不够，而是因为他们人际关系处理和人力技能上的失败。由此可见，人际关系对一个人的成功，起着非常重要的作用！人际关系，从某种意义上说，更反映了一个人的能力、素质、人格和品德。良好的人际关系将会使你在工作中、职业生涯发展中占据主动，左右逢源。如果你拥有一个强大的人际关系网，那就会比竞争者具有先天的资源优势。无论如何，处理好你的人际关系和培养好你的人力技能都是你在这个社会中立足和发展的资本。

在人际关系问题上许多人都存在认识上的两个误区，一是对人际关系抱无所谓的态度，二是在人际关系上过分讲究谋略。这两个认识都是错误的，第一种错误认识在于没有充分认识到处理好人际关系的重要性；第二种错误认识在于将正常的人际关系搞成不正常的“拉关系”。处理好人际关系的关键是要意识到他人的存在，理解他人的感受，既满足自己，又尊重别人。这里有几个重要的人际关系原则：人际关系的真诚原则、人际关系的主动原则、人际关系的交互原则以及人际关系的平等原则。

人际关系是我们生活中的一个重要组成部分。倘若搞不好人际关系，将对我们的工作、生活及心理健康有不良的影响。在现实社会中，由于各人的性格、禀赋、生活背景及目的等等的不同而产生的思想上的一定隔阂，这是正常的,也是可以理解的。倘若在工作或生活中和所有的人都合不来,那就不正常了,需要作自我调整并加以改变。人依据其年龄、性别、职业、职位、所处环境等情况而扮演着不同的社会角色。在与人接触时,不同的角色有着不同的行为规范,所以在和不同的人相处时,有不同的要求和技巧。作为一名领导干部,要努力提高处理人际关系的能力,构建和谐的人际关系。

第一,要树立开放心态。人之相知贵在知心。如果“人心隔肚皮”,“逢人只说三分话,未可全抛一片心”,与人说话,躲躲闪闪,讳莫如深,就容易使人产生距离感。所谓莫逆之交,相逢恨晚的人,大都是能开诚心、布公道,彼此知心者。一般地说,为了交往的顺利进行和发展,要做到多向对方袒露心扉,让别人了解自己。这样自然会得到别人良性反馈和获得别人的好感。

第二,要增进感情交流。人的情感是通过交往而来的,经过交流达到互相了解,沟通思想,融洽感情。而交流沟通则必须做到积极主动交往。如果清高自傲、孤芳自赏,不能与人合作,缺乏团队精神,就容易让领导和同事对你产生看法,在工作中就很难得到别人积极主动的帮助与配合。应该经常主动与同事和上下级之间进行沟通,与大家打成一片;要善于言谈,这是交流情感的重要形式,言谈既需要丰富的知识又需要熟练的语言技巧,交谈时要根据情况灵活多变,确定话题,遇到什么样的情况就说什么样的话,有共同语言,同时,言语要真诚实在,不能大吹大擂,说谎扯皮,要给人一种信任感;要善于帮助他人,对于朋友的家庭生活和工作事业等方面的困难能帮的就帮,能办的就办,应尽力而为。

第三,要处处替他人着想。要胸襟豁达,善于接受别人。不能处处以自我为中心,要学会从他人的角度来考虑问题,善于做出适当的自我牺牲。替他人着想还表现在当他人遇到困难、挫折时,伸出援助之手,给予帮助。良好的人际关系往往是双向互利的。您给别人的种种关心和帮助,当你自己遇到困难的时候也会得到回报。

第四,要适当赞美别人。人人都愿意听好话,所谓“千穿万穿,马屁不穿”。对于同事和下属,情况也是一样,一句发自内心的赞美之语,常常会产生很好的效果。当然,赞美要注意做到适度和自然,否则过犹不及。

第五,要善于控制情绪。在工作中难免碰到各种挫折和委屈、误解,这时要注意努力学会控制自己的情绪,不能因为一些细小的人际摩擦和矛盾而动辄闹情绪、惹麻烦,影响团结,更不能因为情绪不好而影响工作,否则就不能很好地与人打交道,难以在工作中进行人与人之间有效的沟通和协调。

第六,要有容人雅量。不要强加自己的意愿于别人,坚持自己的观点不一定要以压倒对方的观点为前提。能够容忍对立的观点是建立合作关系的一个基础。同一件事情,从不同的角度出发可能会有完全相反的立场。例如你制订的一个工作方案,自己的感觉是非常完满的,然而在批评者的眼中就会有许多不足。有不同观点时不要急于反驳,设身处地地想一下:为什么别人会与自己的观点不同?坚持、但不固守原则,有观点,但不固执。适当地做出让步,给对方、也是给自己一个台阶下,这样更容易达成共识,赢得尊重。

在新的世纪,凡是成功者都是那些注重人际关系的人。良好的人际关系的构建将会使你在工作中占据主动,左右逢源。如果不想让人际关系成为事业的绊脚石,而让它变为成功的加速器,你就要拥有一个强大的人际关系网,这样,你就具有了竞争者先天的资源优势。无论如何,处理好你的人际关系和培养好你的人力技能都是你在这个社会中立足和发展的资本。

五、得意失意皆从容

得意和失意,都是人们对于客观事物的主观感受,是人们对于自己所处的环境和地位的心理状态。得意与失意两者的客观环境、境遇地位和主观感受、心理状态完全相反:人在得意时,是顺风扬帆,是平原跑马,是春风得意,面对的是鲜花和掌声。人处失意时,是逆水行舟,是绝壁攀援,是沙漠跋涉,面对的是苍凉和寂寞。

“人生得意须尽欢,莫使金樽空对月”,这是谪仙李白得意时的诗句;“人生在世不称意,明朝散发弄扁舟”,则是李白失意时的咏叹。人的一生自

李白

从呱呱坠地时起，便生活在得意与失意之间，都要在得意与失意的交替中度过。中国历史上曾有一首脍炙人口的《得意诗》：“久旱逢甘雨，他乡遇故知。洞房花烛夜，金榜题名时。”把人生得意之时表达得淋漓尽致。身心的健美，学业的进步，爱情的甜蜜，家庭的和睦，官运的亨通，财富的获得，事业的成功，人气的兴旺都是人生得意之处。这些都是人们经过主观努力奋斗得来的，都包含着人生的酸甜苦辣。

每个人的一生也都有失意之时。且“人生不如意事常十之八九”。南宋时代的大文人洪迈在其所著《容斋随笔》中，引用了《得意诗》之后，接着又引用了一首《失意诗》：“寡妇携儿泣，将军被敌擒。失恩宫女面，下第举人心。”人生在世，总是要遇到生活的折磨和坎坷，“心想事成”只是一种良好的祝愿，而遭遇坎坷那是生活的定律。如果一一枚举人生的种种不幸，那是用尽所有的纸张而难以尽书。

既然得意和失意是生活中的必然，且常常是得意的事总不像所希望的那么多，失意的事又偏不像想象的那么少。因此，重要的是如何正确地对待得意和失意。

得意不忘形，是做人的品质；失意不失志，是积极的人生态度。得意和失意都是人生弥足珍贵的财富。人生没有永远的得意与失意，只有永远的追求与前行。范仲淹老夫子的“不以物喜，不以己悲”，是一种心境。王安石的“宠辱不惊”，不是说没有喜怒哀乐，而是指要不断提升自身修养。只要我们拥有对生活对工作的热爱，认真把握好每一天，以一种平和而又谦逊的态度对待人生，无论“得意”还是“失意”，人生都会依旧精彩。

人生得意莫尽欢，人生失意别悲伤。

在得意时要把握好得意。得意的时候，是人生的潜能得以充分发挥的最佳时期，这时候人的精力、体力、才思可以达到最高峰，精力最旺盛，思维最敏锐，效率最高，状态最佳。这个时候把它运用得恰到好处，工作事业就会更加春风得意，事半功倍，潇洒自如，平步青云。“春风得意马蹄疾，一日看尽长安花”就是对此最好的写照。

不要独享得意。成功者的背后都有诸多的因素在起着各种各样的作用，包括良好的环境、他人的协助。因此“得志当为天下雨，立身需有古人风”，不失为成功者得意之时的大家风范。

不要得意忘形。得意忘形是常用来描摹小人得志、骄矜意满的情状，为人们所不齿，为社会风尚所鄙视。然而，得意时的确容易忘形，忘形就会丑态毕露，洋相尽出！古往今来，很多人都是栽在得意时。

明朝开国大将徐达，辅佐洪武帝朱元璋，南征北战，屡立战功。建都南京后，被封为中山王，手握重权，春风得意。有一次，明太祖朱元璋和徐达以莫愁湖作赌注下棋。结果，徐达胜了，朱元璋果真将莫愁湖赐给他。徐达在此建一座豪华楼阁，名曰：得胜楼，并大摆宴席，大肆张扬。不久，被洪武帝朱元璋所杀。因此，把握好得意非常重要。

人在失意时，也要正确对待。蹒跚学步时的一次跌倒，是失意；求学道路上的一次败北，是失意；恋爱时期的一次分手，是失意；工作中的一次错误，是失意……生活中的失意无处不在。

失意并不可怕，可怕的是一次失意就灰心失望。当生命中无数次跌倒，无数次失败叫你心灰意冷的时候；你完全可以不必为暂时的挫折而意志消沉；也不必为过去的遗憾而痛心疾首；更不必为一时的失败而哀愁烦恼。你应看清生命的全部，抓住每一个成功的契机，勇敢地去登攀、去拼搏。车到山前必有路，柳暗花明又一村。一次失意，品尝一次人生的艰辛；一次失意，历经人生的一次考验。品尝一回艰辛，经历一次考验，你就跨过人生的一次坎坷，超越一次自我，你的人生就会在战胜失意的困扰中得以充实和升华。只要你有一颗坚忍不拔的心，你就会走出低谷、走出困境、走向光明、走向辉煌！

正确对待失意，将其作为推动力。失意本是逆境，而逆境是到达理想境界的通途。英国一位学者曾说过："人们最出色的工作，往往在处于逆境的情况下做出，思想上的压力，甚至肉体上的痛苦，都可能成为精神上的兴奋剂。"《孟子·告子下》中有名句："故天将降大任于斯人也，必先苦其心志，

屈原

劳其筋骨，饿其体肤，空乏其身，行拂乱其所为，所以动心忍性，曾益其所不能”。孔子遇厄修《春秋》，左丘失明著《左传》，屈原放逐赋《离骚》，司马遭宫刑而写出了《史记》。经历一次失意，就会使你冷静地反思自责，使你正视自己的缺点和弱项，以克服不足，正确对待失意，常常会产生一种无形的动力，催人奋进，使你扬起生命的风帆，乘风破浪，勇往直前。

正确对待失意，将其作为清醒剂。它使你被胜利冲昏的头脑随时保持清醒，令你在心悸紧张中保持镇定。镇定中，我们细细品味人生，反复咀嚼艰辛，培养自身悟性，不断完善自己，失意而不失志，痛定思痛，重创业绩。在清醒中我们可以知不足，知不足则思学习，学习便有知识。知识愈多，愈能善待失意，愈能将失意当做攀登的手杖。

面对失意，最重要的是要坦然面对，学会心理平衡、自我调节，并要有永不言败的信心、勇气和毅力。我们不妨平心静气地想一想，为什么会失意，原因何在？找出症结，对症下药，乐观地、坚强地面对现实，从哪里跌倒的，再从哪里爬起来，这样的人生才有意义。

世界上没有永远的得意者，也不会有长久的失意者。得意与失意在某种特定的条件下可以相互转化，所谓乐极生悲，否极泰来，祸福相倚，塞翁失马、焉知非福。有时，得意本身就是失意，失意恰恰就是得意。得意的人如果总是躺在老本上要吃要喝，时间长了，这老本一定会弹尽粮绝，从而由得意变成失意。失意的人如果始终保持一种进取的心态，超越了得失，超越了自我，超越了情绪对你的不良的影响，你就是把自己的事业推向了成功的前沿，咬定青山，持之以恒，你生命的航船就会到达幸福的彼岸！

六、掌握提高情商的技巧

在实际工作中，常见这样的现象：有的领导干部智商很高，判断力很好，也知道具体操作过程，但常常碌碌无为，一事无成；有的领导虽智力一般，但却常常卓尔不群，表现非凡。究其根源，情商高低是一个重要因素。美国领导者中心的研究也显示;一些高级主管无法正常开展工作,其重要原因是人际关系紧张,而不是“计划有误”等技术问题。

一些领导干部情商不高主要表现在:一是对自身的能力估价过高,自以为是,而对他人的认识不够全面,往往看缺点多,看优点少,以致工作中刚愎自用,唯我独尊,不注重发挥群体的作用;二是缺乏自我激励能力。在挑战和挫折面前,不是勇于面对,迎难而上,而是畏首畏尾,信心不足,往往使工作错失良机;三是缺乏与人相处的能力。对别人的感受视若无睹,遇事不能设身处地为别人着想,工作中缺少凝聚力、向心力,往往成为孤家寡人,以致功亏一篑,表现平平,无所建树,从而给事业造成损失。

这些问题的存在,说明这些领导者情商不高。一个有志于创造辉煌的领导者,必须不断提升情商,努力掌握提高情商的技巧。具体地讲,应从以下几个方面努力:

一是在学习实践中提升情商。学习是获得知识的重要途径,领导者要通过不断学习,提高自己的政治素质、科学素质和人文素质,锤炼良好的心理品质,从而有效地改善自己的知识结构,提高自身的综合素质,以求在复杂的环境中,快速、合理地调整自己的心态和情绪,稳重、干练、达观,让同事尊重,让下级服从,使自己在事业上立于不败之地。同时,要注重在实践中提升自己的情商。实践也是一种学习,领导者要善于通过实践达成“内修修养,外树形象”之目的,从而成为别人用得着、靠得住、信得过的人,以实际行动换取对自己的信赖和支持,强化情商内外部基础。

二是在诚心倾听中提高情商。倾听是一门学问,也是一种素质。对领导者而言,倾听不仅是一个技术问题,更是一个态度问题;不仅是获取一般信息的过程,更是渗透情感的过程。做一个忠实听众,是领导者提升情商的有效方法,是得民心的重要心理基础和实施有效领导的重要方面。一个领导者能够坐下来,坦诚地与下级聊聊天,听听下级的心声,与下级交换一下思想,这本身就是一个感知他人情绪和心理交融的过程,是赢得下级积极支持的重要手段。

三是在人际交往中提升情商。能否正确处理和协调人际关系，是衡量一个领导者能力强弱的重要标志之一，也是衡量领导者情商的关键要素。因此，领导者提升情商应着眼于管理自我情绪，要做到盛怒之时不主事，狂喜之下不许诺，郁闷之际避仇敌，得意之时避密友，喜怒之际宜慎言，烦躁之际应慎行，众怒面前我制怒，众喜面前我抑喜。只有这样，才能不断提升情商，增强领导者自身的理智，在观察处理问题时更加客观，从而保持实事求是的工作作风。

四是在社会知觉中提升情商。所谓社会知觉主要是对人（包括对他人和对自己）的知觉，包括对人的角色知觉、心理知觉、行为知觉以及情绪知觉等。具有较高情商素质的人，能够从各种细微的信息中觉察他人的需求，破译他人的内心世界，从而有效地调节和改善双方的关系，增强彼此的心理相容能力，并容易从情绪的阴影里走出来，重新站在事业的跑道上。所以，领导者提升情商，必须着眼于树立正确的社会知觉。一是对他人的知觉要全面。领导者认知他人，除了从他的言论以及外表了解外，更重要的是观察其表情并对这些外在情绪表现背后的动机、需要等作出合理的判断和推测，形成全面的认识，以便摸清其思想，把握其需求，并能据此调节自己的情绪。二是自我知觉要准确。领导者的自我知觉主要表现在对自我外在的观察和对自我内部意识的认识。领导者在自我认知时，由于受认识因素和自身动机、需要、愿望等其他心理因素的影响，对自己的认识和评价很难做到恰如其分。因此，在自己内省和估价的前提下，还必须通过他人来了解自己，虚心听取群众意见，这样，才能使自我知觉有效地指导自己的言行，从而提升自我情商。三是注意克服社会知觉中的各种偏见。比如第一印象、晕轮效应、定势效应等，都不同程度影响领导者对人的知觉，易造成主客体之间的不和谐，从而影响领导者自身情商的提升。

总之，情商是领导干部不可或缺的一种素质，较高的情商是领导干部的人格魅力之源，是领导干部在人民群众中树立良好形象的必要保证，是永葆共产党人形象的基本品质。较高的情商是新的历史时期领导干部建设中国特色社会主义的必备素质，也是领导干部做好思想政治工作所应具备的基本素质。所以,领导干部要在社会实践中培养自己的情商,要用真挚的感情滋润人,用崇高的精神鼓舞人,用伟大的事业凝聚人,把情商管理运用到我们领导工作的始终,开创出事业发展的新局面。

第10章 健康的身心

健康是人类的第一需要，是人生的第一财富，拥有健康就拥有了真正的幸福，失去了健康就等于失去了一切。领导干部的健康状况对其事业的发展和为人民服务的使命的完成具有重要作用。但长期紧张而繁重的工作，使领导干部很难做到劳逸结合。许多领导干部长年累月超负荷工作，结果积劳成疾，由微恙酿成顽疾，甚至付出生命的代价。因此，领导干部应该积极、主动地维护自身的健康，提倡健康文明的生活方式，增强自我保健能力，将健康的主动权掌握在自己手中。

一、健康是成功的资本

最高的物质幸福是什么？正如俄国伟大的文学家托尔斯泰所说："对人类社会来说，是和平；对个人来说，是健康。"

印度的《五卷书》说："在地球上没有什么收获比得上健康。"健康是生命之源，成功之本，幸福之本。有许多民族，两人见面时，首先便问候对方的健康状况，相互祝福身体康泰，因为身体健康实在是成就人类幸福最重要的因素。不管其他幸福是功名利禄，还是过眼烟云的感官享受，世间没有什么比健康更为重要的了。

健康与人的关系非常重要。健康的身体是一个人从事工作、学习、生活的有力保障，有健康才有希望，有希望才有一切。所以，我们说："健康是无价之宝。"

健康的标志首先是无病无伤无痛，忍耐力强，抵抗力强，支撑力强。这些是健康的外在表现，健康的内在表现主要是心理的。随着社会的发展和进步，"健康"的概念也在不断更新中。古人云："体壮曰健，心怡曰康。"19世纪40年代以前，人们认为无病就是健康。世界卫生组织给健康的定义是："不仅没有疾病和虚弱，而且心理适应竞争社会时处于完美的状态中。"20世纪90年代，健康定义更强调了环境要素，即健康是生理、心理、社会、环境四者的和谐统一。21世纪，"健、康、智、乐、美、德"六字组成了所谓的"大健康"概念，并被视为幸福人生的最佳境界。

健康的人，常常意识不到健康是幸福，生病的时候才会意识到健康的重要。有人说健康可以比作空气，平时好像看不到它，感觉不到它的存在，一旦失去,才感到它是多么重要,须臾不能离,然而却已经晚了。有人说过:20岁觉得漂亮真好,30岁觉得年轻真好,40岁觉得有钱真好,50岁觉得健康真好,60岁觉得活着真好。其实,人生不必计较得失,健康快乐最好。德国哲学家叔本华说:“健康的乞丐比有病的国王幸福。”

健康是人类唯一属于自己的资产,在任何情况下,我们都不该拿自己唯一的资产作交换。人常常到老了才深深觉悟到健康的重要性,在40岁以前,你可以用健康换得财富,但是,40岁之后,再多的财富也换不回你的健康。为工作和事业要付出辛劳,付出汗水,但不能付出健康。有位智者说得好:财产是后人的,权力是一时的,成绩是大家的,只有健康才是自己的。所以,我们在艰苦奋斗、争取成功的征途中,务必要注意保持健康。

古今历史上有重大成就的人物,往往都把健康放在第一位。美国总统富兰克林·罗斯福所以能力挽狂澜,实行“新政”,并获得成功,是由于他拥有健康这一成功资本。他曾经说过:“我本是体弱多病的孩子,因为能够注意锻炼,身体就日趋健康,精神日见充沛,所以做每一件事,必定能达到预先确立的目的。”

马克思在读大学时就曾接到父亲这样的一封信:“……祝你健康,在用丰富而有益的食物来滋养你的智慧时,别忘记,在这个世界上,身体是智慧的永恒伴侣,整个机器的状况好坏都取决于它。一个体弱多病的学者是世界上最不幸的人。因此,望你用功不要超出你的健康所能容许的限度。此外,每天还要运动运动,生活要有节制。我希望,每次拥抱你的时候,都会看到你是一个身心越来越健康的人。”

在人生的战斗中,能否取得胜利,就在于你能否拥有和保持健康的身体,能否保持你的身体处于“良好”状态。没有健康的身体,即使有远大的抱负和卓越的才能,也无法实现梦想。很多功成名就的人,在牺牲了健康获得成功后,不禁感慨:“健康的时候不知道珍惜生命,失去健康的时候才知道健康的重要。”

健康的身心是高效率工作的前提,是事业成功的基石,是一切成就的根源。在工作和生活中，身体素质经常潜在地表现为：有的人精力充沛、干劲十足、乐观自信、热情洋溢，浑身有使不完的劲；有的人却经常疲惫乏力、精神委靡，感到处处不适、力不从心。在同等条件下，谁的身体好，谁的精力旺盛，付之于学习、工作的时间就多，效率就高，事业成功的可能性就大。一个人过于忙碌，不注意休息，不锻炼身体，不仅容易生病，还会堵塞思路，失去灵感，造成事业上的停滞或早衰。

要在保持健康的基础上获得事业的成功，应充分认识到健康是事业发展的本钱，不要以忙为借口而不注意自己的身体，不要因为追求所谓的成功而无视自己的健康。当你要完成一项事业时，一定要倍加爱护自己的身体。爱事业的人首先要爱健康，俗话说“留得青山在，不怕没柴烧”。

荷兰学者斯宾诺说：“保持健康是做人的责任。”健康的身体不仅是个人的需求，也是家庭和社会的需求。健康不仅属于你，还属于爱你的人。在科学技术日益发达的今天，预防疾病的发生，关注健康是一个热门话题。能够拥有一个健康的身体和一颗健康的心灵，并且能在两者之间保持美满的平衡，这就是人生最大的幸福。

健康不是别人的施舍，健康是自己对生命执著追求的成果。所以，要爱惜生命，重视健康，不要只顾工作、只顾追逐财富而忽视自己的健康。如果为了追逐功名利禄而赔了健康，牺牲未免太大。当然，功名与健康兼得，也不是太困难的事。只要你重视她、关心她，并为她有所付出，健康是可以与你长相厮守的。

实践证明，今天的预防胜过明天的治疗。天赐生命只有一次，存钱不如存健康，对健康进行的投资才是回报率最高的投资，也是你最英明的选择。金钱能带来物质享受，但算不上最高的物质幸福。最高的物质幸福是什么？正如俄国伟大的文学家托尔斯泰所说：“对人类社会来说，是和平；对个人来说，是健康。”

健康是可以经营的，老板就是你自己。只要树立起健康的意识，坚持科学的养生与劳逸情趣的完美结合，将疾病消灭在萌芽状态，那么健康就会永远属于你，你才能获得事业与生活的双丰收。

二、天赐健康只有一次

曾经有人用“1000000000”来比喻人的一生，其中“1”代表健康，各个“0”代表生命中的事业、金钱、地位、权利、快乐、家庭、爱情、房子……纷繁冗杂的“0”充斥了人们的生活，“1”常常被忽略，但“1”一旦失去，所有浮华喧嚣都将归于沉寂。

曾几何时，我们为一纸“证书”，一头扎在备考资料里，忙得昏天黑地；曾几何时，我们为了取得好的“业绩”，一头钻进工作中，不知春秋冬夏。为了博得别人的羡慕，我们疲于奔波，哪怕累得面色憔悴；为了住得更宽敞一点，我们绞尽脑汁，即使病得高烧不退……

在不知道“健康”的用途时，我们只能让它在那里沉睡。一旦知道它可以“出售”，便以毁灭性的方式廉价将它们“售出”，待到懂得它真正的价值时，已所剩无几。于是，我们想尽一切办法去补救，希望老天能再给我们一次机遇，能够一切从头再来。然而，令人遗憾的是，老天（父母）赐予我们的“健康”只有一次。

人的生老病死正如花开花落一样，是大自然的循环，但人活要活得健康，死要死得明白。自然凋谢是无病无痛，无疾而终，平安百岁，快乐轻松。但大多数的人是病理死亡，即过早死亡：中年得病，肉体痛苦，精神折磨，身心煎熬，人财两空。

人生中，最值得珍惜的东西是什么？不同的人有不同的答案，有的人说是快乐，有的人说是金钱，有的人说是家庭。您的答案是什么呢？

曾经有人用“1000000000”来比喻人的一生，其中“1”代表健康，各个

“0”代表生命中的事业、金钱、地位、权利、快乐、家庭、爱情、房子……纷繁冗杂的“0”充斥了人们的生活，“1”常常被忽略，但“1”一旦失去，所有浮华喧嚣都将归于沉寂。这个比喻如此的形象，让那些只顾工作、只顾财富的追逐而忽视自身存在的现代人感到震惊。人们往往为了工作而投入大量的精力和时间，甚至无暇休闲、运动和注意自己的健康。再加上常有的患得患失之心，精神上的压力很大。这样的情况，正是培养慢性病的温床。试想，一个生命垂危的亿万富翁，躺在床上奄奄一息，即使拥有豪宅美酒、功名利禄恐怕也无福消受，转眼间一切都会成为过眼云烟。

所以，要爱惜生命，重视健康。不要只顾工作，只顾财富的追逐而忽视自己的健康。如果为了追逐功名利禄而赔了健康，那么牺牲未免太大了。要知道，财富的最大功能，应该是改善生活，提高社会地位，实现理想抱负……否则，财富只是存在银行里的一个数字而且已。

一个国际性的调查结果显示：健康是人们的首选。没错，健康没了就什么都没有了，而没有金钱却拥有健康的人依然可以活得很开心。这不得不让人思考人的意义和价值以及以什么样的态度来面对人生、工作、事业、爱情、家庭……

在竞争激烈的社会里，很多人为了能多挣些钱，事业能再做大些、做好些，往往拼命去干，以牺牲健康为代价，殊不知，很多现在只是健康的问题，今后往往会威胁到生命。本来个人上进是个好事，也是社会进步的源泉和动力。但是否可以寻求均衡发展，鱼和熊掌并得呢？这是每个人的期望。关键是工作中我们往往会忽视健康。只要你心中还有个平衡意识，记得保持“无论工作再忙，事业再重要，健康是前提”的心态。

很多年轻人通常不会太注意自己的健康，是因为他们还没有认识到健康问题在人生中具有的重要意义；而你每一天的生活，都在潜移默化地影响和改变着你的健康。

世上没有免费的午餐，有付出才有回报。一些白领、骨干、精英，他们虽然拥有智商，却缺少健商；虽然学有所成，有房有车，却没有学会关爱自己，放飞心灵，结果一个个遗憾地死于无知。痛惜之余，还需要重温一下前世界卫生组织总干事中岛宏博士的话："许多人不是死于疾病，而是死于无知。不要死于愚昧，不要死于无知。"

对于胸怀大志的你来说，没有什么比有一个好身体更幸运的事了。不过，如果你不能在每一天中重视自己的身体健康，那么再好的身体也会慢慢地变坏。曾获得过戛纳广告文案铜奖、中国最大的外资广告公司盛世长城原总经理陈薇薇，在谈起她能取得事业的成功最根本的原因时，她想了想说："最重要的是我有一个好身体。"

是的，成功的理由有千条万条，而最重要的一条就是好身体。现代商业社会的竞争拼速度、拼智慧、拼能力，而一切的前提都是以健康和体力为条件的，没有了健康和体能，你有再聪明的头脑也很难有所作为。而研究表明，丧失了身体健康的人，也很难会有心理和情感的健康，因为连锁反应会带来人生一系列的恶性循环。

事实上，几乎所有赢得成功的领袖人物，都有一个共同的特点，就是非常注意身体锻炼和自身健康，而且他们大多长寿，精力也远远比常人更加充沛，自然而然会取得超越于常人的成就。现代广告的教皇大卫·奥格威曾经自嘲地说："只要比竞争对手活得长，你就赢了！"

犹太人是世界上最会赚钱的人，然而，犹太人并不是只知赚钱的工作狂和守财奴。恰恰相反，他们注重饮食，更注重充分的休息和享受生活。犹太人很知道少休息少活几年和多休息多活几年的道理。因此，他们懂得保护自己身体健康的重要意义。犹太人多是商人，同普通人相比，有一个特点就是忙，因为钱永远是赚不完的，付出越多的时间，就可以赚到越多的金钱。但是，如果休息和工作发生了冲突，该怎么办？中国人的习惯往往是放弃休息，彻夜不眠地去应对工作，但犹太人则毫不犹豫地放弃工作，选择休息。对于犹太人来说身体健康才是根本，而身体健康需要休息。

当今各行各业人士沉迷于追逐功名利禄而赔了健康，牺牲未免太大，也似乎本末倒置。但如果略懂保健常识，又能身体力行，功名与健康兼得，也不是太困难的事。只需您重视她、关心她，并为她有所付出，健康是可以与您长相厮守的。实践证明，今天的预防胜过明天的治疗。天赐健康只有一次，存钱不如存健康，对健康进行的投资才是回报率最高的投资，也是您最英明的选择。

三、学会拥抱健康

有人说，拥有健康比什么都幸福；有人说，健康是资本。纵观历史，有许多英雄豪杰，最终覆亡的原因都非被对手打败，而是因丧失健康。可以说，越来越多的人已经意识到：健康不可能用物质去换取，也不能用金钱买到。要做到“临利害之际而不失常态”，就必须具备健康的思维和心态，有自我调节的意识与能力，要全力将疾病消灭在萌芽状态。

列宁曾说过：“身体是革命的本钱。”爱默生说：“财富第一是健康。”拉伯雷指出：“没有健康，人生就不是人生，只是一种苟延与受苦的状态。”培根也说：“健康的身体是灵魂寄住的客房；生病的身体则是一座牢狱。”

目前，从临床诊疗方面看，高血压、冠心病的发病已经趋于低龄化，“过劳死”病例也有增多的趋势。在我国，约有70%的人处于亚健康状态。这是医学权威机构对33座城市的专项调查得出的惊人结论。亚健康是一种不稳定状态，具有双向性，若听之任之，就可能向疾病状态转化，积病于一身。在这种情况下，可以说，谁的健康意识提高了，谁就具备了摆脱亚健康，将疾病消灭在萌芽状态的能力。

也许有人会说，有些疾病是不可避免的，谁也无法预料人生悲欢无常。其实，这些疾病是可以预防的，可以通过平时对身体的注意，对健康的关注来起到一定的作用。

面对过大压力，我们可以自己来调节一下，例如工作一段时间，选择出去放松一下，经常去参加锻炼、钓鱼等等，这些都可以修身养性，强身健体，调节身心压力，对健康有莫大的好处。也许有人会说，注意这些会浪费时间。有一句俗语“磨刀不误砍柴工”。如果没有了健康，那么我们还会有什么呢？

没有了健康，就没有了一切，所谓的事业、爱情、亲人、朋友，我们的信念理想，还能剩下什么呢？

这也正是随着物质生活水准的提升，疾病对我们加剧威胁的真正原因。其实，这与我们快节奏的工作和生活方式也是有一定关系的。

时下，越来越多的人开始意识到健康的重要性，特别是现在的“三个提前”（提前衰老、提前疾病、提前死亡）现象，与不断发展的医学技术相背离，更提示人们：环境污染、生活方式改变、饮食结构改变才是威胁健康的“真正元凶”。所以世界卫生组织也说，在影响健康的因素中，自我保健占60%的份额。

我们照顾身体五十年，它也会照顾我们五十年；我们折磨它五十年，它会只折磨我们二十年。如果将健康当成一个户头，而我们总是透支，不做投资，那么总有一天健康也会破产。

那么，怎样进行健康投资呢？

首先，投资学习。许多人不是死于疾病，而是死于无知，现代文明病不是因为物质生活提高造成的，而是因为健康知识缺乏而产生的。道听途说的知识片段不能指导我们科学地生活，系统地学习才能教会我们如何正确地吃喝拉撒睡，养成良好的生活习惯。

其次，投资时间。比如，经常给自已放假，带自已的亲人一起出去旅游，通过观光旅游，暂时放松自己的工作压力，合理调节自己的身心；还比如，早餐其实在一日三餐中占最重要的地位，社会上流传着一种说法，“坐公交车上班的人没时间吃早餐，打车上班的人在车上吃早餐，而开车上班的人早餐和午餐合在一起了”。如果要想有好的身体，一定要早起床吃好早餐。

最后，投资恒心。知道不去做，等于不知道；做了没结果，等于没有做。一定要改变错误的习惯，花一两个月去培养一个良好的新习惯代替之。

科学研究推测，人体中有一组保持健康的基因，它随着年龄增长而发生紊乱，最终导致衰老。这里推荐十招，说不定健康快乐就会随之而来。

1.忘掉年龄，保持年轻的心态，以乐观的态度对待生活。

2.跟你最爱或喜欢的人相处，不要离弃群体，别认为自已是废物。

3.经常阅读幽默小说,欣赏有喜剧色彩的节目,无论是微笑或大笑对身体都有益。

4.保持高质量的睡眠,增强免疫功能,夜间睡不好,白天可补睡午觉。

5.生活中不怕有压力,尽可能克服困难,接受挑战。

6.如果觉得生活枯燥,应选择新的目标培养自己多方位的爱好,使兴趣广泛起来。

7.用一切方法做健康运动,早锻炼晚散步,把多余脂肪除掉。

8.有小病就立即去看医生,每年进行一次体检,将疾病消灭在萌芽状态,不要让它变成威胁。

9.要有一个温馨、和谐、幸福的家庭,与家人共享天伦之乐。

10.无论贫富,注意饮食和生活习惯的调整,多食新鲜蔬菜,按时起床,养成规律。

拥有健康不代表拥有一切,但失去健康就会失去一切,为金钱损害健康是英雄所不为,为享受损害健康是志士所不为,为纵情损害健康是智者所不为。在都市忙碌的生活节奏里,请你稍稍停留一下,关心一下自己,生命如此美丽,人生的每一天都弥足珍贵。胸怀是一种心理品质,更是一味健康良药。庄子曰:“弃事则形不劳,遗生则精不亏,夫形全则精复……与天地为一。”大意是说:把世事丢开,则形体不会劳累,看破生死,则精神不会消耗,身体就会健康。孔子说:“仁者寿。”爱事业的人首先要爱健康。只有健康的身体,才能有事业的成功。

“一花一世界,一叶一菩提。”健康小话题,生命大学问。学会拥抱健康吧,只要我们都树立起健康的意识,坚持科学的养生与劳逸情趣的完美结合,将疾病消灭在萌芽状态,那么健康就会永远属于我们。

四、健康来自良好的生活方式

每个人都企盼自己能健康长寿,但是健康长寿从哪里来?世界卫生组织对此有一个基本的判断:“人的健康长寿15%取决于遗传,10%取决于社会条件,8%取决于医疗条件,7%取决于自然环境,而60%取决于其生活方式。”

人们长期受一定文化、民族、经济、社会、风俗、家庭等影响而形成的一系列生活习惯、生活准则和生活意识,决定着人们的健康状况。免于疾病和虚弱是不能完整地诠释健康的概念,健康更深刻的内涵是个体在生理、心理、社会行为等方面持续地保持和谐完美的状况。健康是现代科技、经济和社会对个体的基本要求,良好的生活习惯对健康至关重要。

良好的生活方式是确保工作顺利和家庭幸福的一个重要基础。让生活有节奏有规律,远离不良的生活方式,不吸烟、不酗酒、不熬夜、不偏食厌食、暴饮暴食、吃零食,注意劳逸结合,这样可以避免很多疾病的发生。凡是想在生命中有大成就的人,必须懂得“珍爱自己”。这就是说,要尽一切努力,养成有规律的生活习惯。

现代文明证实,生活方式在人们各种形态的病因、死亡中的比重越来越大,一个民族、甚至一个国家每年死亡人数中,50%的死亡与不良的生活方式相关。

不良生活方式,如吸烟、酗酒、饮食无规律、饮食结构不合理、缺乏运动以及不良的情绪等,都是造成发病率高的重要因素。增强人们的健康意识首先要从改变不良生活方式做起。选择合理的生活方式,是获得健康最简便易行、最经济有效的途径。这时,就要从以下几个方面着手:

1.合理膳食。合理膳食包括健康的饮食和良好的饮食习惯。健康的饮食是指膳食中应该富有人体必需的营养,同时还要避免或减少摄入不利于健康的成分。良好的饮食习惯包括按时进餐、坚持吃早餐、睡前不饱食、咀嚼充分、吃饭不分心、保持良好的进食心情和气氛等。

2.坚持适当运动。生命需要运动,运动有益健康,但过少和过量运动都不利于健康。可根据每个人的年龄、身体状况和环境选择适当的运动种类,如登山、骑自行车、散步、游泳等户外运动。运动形式并不重要,重要的是量力而行、循序渐进、持之以恒。最简单的运动是快步走,每天快步行走3公里,或做其他运动30分钟以上(如爬楼梯)。每周至少运动5次。最好能够保持心率加快、身体发热这种状态15分钟以上。一天中有许多零碎的时间可以用来运动,做个生活中的有心人,健康就把握在你手中。

3.戒烟限酒。吸烟对人体百害而无一利,不仅可导致慢性支气管炎,而且也增加了得肺炎、心脏病和高血压的危险。因此,要想身体健康,就一定要戒烟。

中国是一个酒文化历史悠久的国家,适量饮酒可以促进血液循环,对预防心血管疾病有所帮助。然而,过量饮酒不仅会伤心、胃、肝,还会抑制食欲,影响机体的正常运转。

4.养成良好的睡眠习惯。“健康的体魄来自睡眠”是医学研究人员根据近年来对睡眠研究的最新结果所提出的新观点。世界卫生组织将“睡得香”定为人类健康的标准之一。睡眠作为生命所必须的过程,是机体复原、整合和巩固记忆的重要环节,是健康不可缺少的组成部分。睡眠不足,不但身体消耗得不到补充,而且由于激素合成不足,会造成体内环境失调。经常睡眠过少,不仅人头昏脑涨,精神委靡,注意力分散,记忆减退,工作效率大大降低,而且使人心情烦躁,容易激动。为了保证有充足的精力投入到工作中,要养成健康的睡眠习惯。睡眠是神经系统的保护剂。养成良好的睡眠习惯,白天才能精力充沛地工作。

5.心理平和。疾病在很大程度上受心理因素的影响。美国科学家曾做过一个实验:他们给高血压患者服用“降压药”,但他们没有被告诉胶囊中其实只是淀粉。结果发现,许多病人在下次检测时都恢复了正常。研究表明,心理健康的人抵抗能力强,即使得病也会很快痊愈。

那么,该怎样保持稳定的心态呢?这时就要做到正确对待自己、对待他人、对待社会。正确对待自己,准确地给自己定位,不骄傲自满,也不妄自菲薄;正确对待他人,宽容别人;正确对待社会,永远对社会存有感激之情。另外,还应经常保持微笑。库森斯说过:“笑是人体内部发生变化的一种形式,它可以让你的内部器官开始运作,增强呼吸的功能,同时还会让你对生命充满希望。只有平心静气地看问题，然后再作分析，最后行动。”人生在世，健康为本，千万不要因名利得失损害健康！

6.学习健康知识。要想建立健康的生活方式需要懂得健康知识，知识是不断调整自己行为的指南针。在当今新知识层出不穷的时代，健康知识也在不断更新，只有注意不断学习新的健康知识，抵制迷信和各种错误信息的影响，才能使自己的生活方式更健康。

良好的生活方式，决定着一个人的健康。拥有一个健康的生活方式，并健康地享受每一天，才能使个人幸福、家庭幸福、社会幸福。

五、处理好工作与休息的关系

工作狂拒绝休假，公文包里塞满了要办的公文。他们中很多人不但没有成功，相反使自己心力交瘁，有的甚至疏远了亲人，造成家庭的破裂。

中国古人讲："一张一弛，文武之道也。"身处竞争激烈的社会，每一个人如上紧发条的钟表。但是应该记住的是：弦绷得太紧，会断的。而注意工作中的调节与休息，不但于自己健康有益，对事业也是大有好处的。

据世界卫生组织的报告，每年精神创伤在全球造成500万人死亡，而造成精神创伤的重要原因之一是人们没有能够处理好社会发展节奏快、工作压力大的矛盾。现代社会的发展急需人们改变漠视休息的观念，那种将休息时间用来工作的做法固然可敬，但从个人的身心健康角度看并不可取。

现代医学中，"健康人格结构"的指标之一就是善于休息。根据心理学原理，人在注意某些对象时，大脑皮层相应区就产生一个优势兴奋中心，而其他区域便处于不同程度的抑制状态。优势兴奋中心不是固定不变的，而是随着大脑内部或外部条件的变化而不断地变化、转移的。这就启示我们，大脑皮质的兴奋和抑制状态，实际上是工作和休息两种状态，它们是交替进行、互相转换的，应该张弛有度，作息有序。一个正常的健康人在做好本职工作的同时，需要享受闲暇和休息。

当一个人工作太久了，疲惫和压力就会产生，厌烦也逐渐侵入，这时如果不改变一下工作的步调，很可能会造成情绪不稳定、慢性神经衰弱以及其他的毛病。这时需要调节一下、放松一下，合理安排休息。从生理的层面讲，人们通过休息、娱乐、消遣等休闲活动，消除疲劳、恢复体力、增强体魄、延年益寿。从心理的层面讲，人们通过主动的自由选择休闲活动，使身心得到放松，尤其是神经和精神得到松弛，从而获得心理的愉悦，使埋藏在心底的欲望得到释放，使长期积压的痛苦和焦躁情绪得到消解，从而得到一种自我抒发、自我表现的享受。从自我实现的层面讲，通过休闲活动使人能重新找回自我，并表达在就业时被压抑的潜在本能，它给每个人内心深处的多种个性提供发展机会。业余爱好者就是在某些非职业活动中找到自己个性得到发展的机会的。从审美的层面讲，通过欣赏艺术，享受大自然，不仅锻炼了体魄，激发创新的灵感，更重要的是丰富了人的感情世界，坚定了人追求真善美的信念，表达和体现人的高尚与美好的气质。因此你无论借娱乐减轻疲劳，借运动强身健体，借旅游饱览祖国的名山大川、人文胜景，还是借读书学习增长知识，或在艺术、科学、技术等领域谋求更大的发展，在休憩、休闲这个天地里，你都可以有所为，从而为社会创造更多的财富，为他人提供更大的帮助，为自己和家人获得更多的幸福回报。

曾经有很多人，总是强迫自己无休止地工作，他们对工作沉迷上瘾，正如人们会对酒精沉迷上瘾一样。他们被称之为工作狂。他们拒绝休假，公文包里塞满了要办的公文。如果要让他们停下来休息片刻，他们也会认为纯粹是浪费时间。这些人都成功了吗？没有，他们中很多人不但没有成功，相反使自己心力交瘁，有的甚至疏远了亲人，造成家庭的破裂。

确实，事业的成功是很重要的，但如果为此而牺牲了健康和家庭，也是遗憾的。在现代社会竞争中一个成功的领导者会合理安排时间，注意有张有弛。他们注重各种形式的锻炼，以保持旺盛精力去应付艰巨的挑战。他们也注意给自己留出与家人共享天伦之乐的时间。可以说这才是一个成功领导者的生活方式。

要注意的是，休息活动的时间要适度。专家建议，无论是平时还是节假日，工作生活都要有规律，不分白天和黑夜进行工作和娱乐，结果都会造成身体疲劳、精神紧张、免疫力下降。另外，休息活动还要切合实际，要根据自己的年龄、性别、职业、体质等，选择适当的休闲活动，使娱乐与工作互相调节，全面发展。特别是领导干部，更应选择与自己社会角色相符合的、高层次的休闲方式。

六、休假是一种投资

虽然在休假中花掉了一些时间，但可以使你获得大量的精力和体力，使你重获应付各种问题的更大力量，使自己对生命、工作和事业有一种愉快的感觉。在这世上，没有哪种投资比一年一度的休假更有价值。

学会在一年之中安排一次休假，从休假中获得更大的益处和生命的资本。那些每年到乡下去吸收新鲜空气的人们是不会与世界上任何医生、药房、诊所发生关系的。聪明的人会不惜代价，去换取一个休息的假期。休假回来后，带着清醒的头脑、强健的体魄、饱满的精神和新的希望，不再感觉疲劳和厌倦，而是充满了愉悦和快乐。

虽然在休假中花掉了一些时间，但可以使你获得大量的精力和体力，使你重获应付各种问题的更大力量，使自己对生命、工作和事业有一种愉快的感觉。在这世上，没有哪种投资比一年一度的休假更有价值。

休假是法律规定劳动者可享有的待遇，体现了国家对劳动者身心健康的关怀。但由于各种原因，有人只能把休假看成是一种奢望。“工作忙疯了，休假是个梦”、“整天起早摸黑地干活，谁不想休假啊？”有些人成了工作狂，只能整天像机器人一样地干活。

休假对劳动者的身体和心理有何益处？医生认为，如果把人比喻为跑长途的汽车，休假就是加油站和“服务区”。现在工作节奏快、强度大，很多人出现了亚健康状态，总觉得不舒服，对什么事都提不起精神。在亚健康状态时，人会感到头疼、体力下降、频繁感冒等，心情也会烦躁起来，工作效率降低，爱吵架等。而这种亚健康状态发展下去就会诱发疾病，可能会出现高血压、冠心病、糖尿病等，还会出现抑郁症或焦虑症等精神疾患。因此，定期休假可以使身心都得到休整，如果工作这根弦儿一直绷得很紧，到了一定程度，时间和强度都超过人本身的承受能力时，这根弦早晚会绷断。

据调查，美国慢性疾病的患病率平稳增长；欧洲慢性病疾病的患病率增长缓慢；而亚洲慢性疾病的患病率则高速增长。与之相对应的是，欧洲人是全球的休假大王，美国人和加拿大人的假期天数远落在欧洲人后面。

来自美国奥地利维也纳大学的一组研究人员指出，定期度假对于健康确有好处，因为人们能够在假期中得到充分的休息和解压。由心理学家吉哈德·布拉斯奇领导的这一研究小组，是在对一家铝制器件生产厂的53名员工进行测试和调查之后得出上述结论的。研究人员发现，这些工人在经过两周的休假之后，身体素质在后来的5个星期之内都一直保持不错的状态，而且，假期还改善了员工的睡眠质量，心情也因此而变得更畅快。

美国匹兹堡大学和纽约州立大学的两位心理学专家在对1.2万名患有冠心病的男子9年来的健康数据进行研究后，得出了这一结论。这些男子每年都要完成一份问卷，问卷中包括一个有关过去12个月中休假情况的问题。他们在新一期美国《心理医学》杂志上报告说，每年定期休假的人死于冠心病的几率远低于那些不休假的人。

研究人员发现，休假对于防止因紧张导致的冠心病发作有很好的效果。休假可以缓解人的紧张情绪，而紧张也是许多疾病的诱发因素。除了消除紧张，休假还使人与家人、朋友有更多的接触和运动时间。

休假不仅是你的权利，也是对自己负责的一种表现。一个人事业的发展固然重要，但个人的身体健康更重要。休假，让你在繁忙的工作中得到一个喘息的机会，然后再以更好的精神状态投入到新一轮的工作中。只有拥有一个健康的身体，才能在事业上保持发展。疲惫的身心只会影响你在工作中的发挥，适当地给自己放个假，才是你的明智之举。从长远来看，休假其实是一种最明智的投资，它会给予你双倍的回报。

七、培养自己的业余爱好

爱好是人们在生活中形成的一种习惯，每个人都有。爱好是一个人志趣的反映，往往通过某种玩赏、消遣等表现出来。它出自一种内在的情感和心理需要，表现为相对稳定的生活追求，是一种由感情和思想综合起来的，不轻易改变的心理状态。正因为情趣源自一个人的内心深处，不易改变，所以它对于人的行为和品行的影响是潜移默化、无处不在的。

健康向上的爱好可以陶冶人的情操，活跃人的思维，丰富人的生活。业余爱好与本职工作并不矛盾，很多成功的人士一般都会挤出时间从事业余爱好。这些业余爱好不但不妨碍他们的事业，相反，会对他们事业的成功有所裨益。在每天忙碌的工作之余，做做自己心爱的事，有助于放松身心，恢复精力，使生活变得更有情趣，生命更有意义；可以帮助在感情上联络家人、下属及同事；还可以缓解人在工作上的压力，也能帮助人锻炼自己的思考力、创造力。甚至触类旁通，举一反三，使人领悟工作与生活的真谛，促进人们的身心健康。

当今世界上最大的化学化工公司杜邦公司的总裁格劳福特·格林瓦特，每天挤出一小时研究一种世界上最小的鸟——蜂鸟，用专门的设备给蜂鸟拍照。他写的关于蜂鸟的书被称作自然历史丛书中的精品。威尔福莱特·康是一位世界织布业的巨头，尽管事务繁忙，他仍坚持业余画油画。他的油画大量地在画展上展出,其中有几百幅被高价买走了。

健康向上的爱好如体育、读书、思考等,可以陶冶人的情操,活跃人的思维,丰富人的生活,感染和激励周围的人们。而品位低俗的爱好就常常让人感觉到爱好者的品德的恶劣、素质的低下,其影响不仅在个人,还影响着党风、政风和社会风气。对一个领导干部来说,其生活爱好、生活作风是高尚的、高雅的、文明的还是卑琐的、低劣的、粗俗的,不仅反映出他的道德品质、精神境界,人生观、价值观和理想信念;而且关系到党和政府的形象及威信,关系到能否保持共产党人政治本色的大问题。这就是毛泽东一生爱好读书、诗词、书法和游泳,邓小平喜爱游泳和桥牌,陈毅喜欢下棋成为佳话和美谈,而张二江"五毒"俱全、雷渊利"三玩"成性注定成为人民所不齿的原因。

领导干部有爱好,本无可厚非。但如果把不健康的东西视为自己的一种"爱好",则是社会与法律所不允许的。生活中那些违法乱纪的人,许多的时候就是由于放纵了自己所谓的"爱好"而沦为阶下囚的。因此,生活中,领导们应该清楚地认识到哪些是健康的爱好,哪些是不健康的爱好。这是一个领导明辨是非所必须掌握的事情。

要把握好生活爱好的"底线"。生活爱好好不好关键看个人。玩鸟赏花历来是我国劳动人民喜爱的传统,但玩鸟玩得玩物丧志,赏花赏成附庸风雅,那就变成俗不可耐的事情了。所以,这里的"底线"要守住。试想,一个生活上追求低级趣味的人,连生活爱好的"底线"都守不住,还能指望有什么崇高理想和目标,还怎么能带领群众同心同德去完成党交给的各项任务?

不好的爱好一定要改掉,至少在位时要暂时停止,以后再说。成克杰喜欢唱歌,他所到之处,下面的人就高价为他请来当地的女演员;胡长清喜欢书法,于是很多单位或企业就趁机合理合法地出大价钱请他题字、写招牌;还有的官员喜欢女人,就有人出钱送或包。这些高官最终都没有落得个好结果。

总之,玩物应不丧志,应玩得起放得下。领导者不妨培养一点儿个人业余爱好,投入兴趣之中。陶冶自己的性情,锻炼自己的能力,积累知识,开发潜能。相信业余爱好于身心、事业,将大有裨益。

八、笑口常开有益健康

“最好的药物就是愉快和欢笑。”

我们生活在世上,承受着巨大的生存压力。我们要维持自身和家庭的生活水准,我们要时时提防各种意外的发生,我们面对着种种不能摆脱的困扰,我们要与形形色色的人打交道……这些不良的情绪就会严重地损害我们的身体和精神。

最好的自我调适方法,就是笑。

人们常说:“笑一笑,十年少;愁一愁,白了头。”这话虽然有点夸张,但却含义深刻,极富哲理。即使从医学和心理学的角度去分析,笑口常开对身体健康也具有十分重要的作用。

对“笑”字的解释,可谓丰富多彩。英国百科全书对“笑”从外部特征方面进行了生动的描述:“它属于通常脸红,眼睛湿润……”对笑作了如此细腻传神的解释。中国古代把“笑”解释为“喜而解颜启齿也”,意思是彻底打破了平时人们脸上的那种庄重、矜持的表情和所谓“笑不露齿”的故作姿态。而民间老百姓说得则更为简洁而生动有趣:“人逢喜事笑开怀”,这种笑可谓声情并茂。

生理学家巴甫洛夫说过:“忧愁悲伤能损坏身体,从而为各种疾病打开方便之门,可是愉快能使你肉体上和精神上的每一处敏感活跃,能增强我们的体质。”他又说,“最好的药物就是愉快和欢笑。”

笑确实是一种很好的运动。大笑时,不仅面部肌肉得到运动,而且四肢、心、肺机能都得到扩张和收缩锻炼,呼吸系统因此而把废物清除出去。消化液大量分泌,从而促进了消化功能,使食欲旺盛;血液循环加快了,使人面色红润，容光焕发。此外，笑还是一种“精神润滑剂”，是快乐愉悦的表现，可以使紧张的心理顿时松弛，内分泌功能协调顺畅，对身心均有良好影响，因而有强身的功能。可见，笑是一种特殊的运动，具有奇特的作用。生活中倘若没有笑声，人就会郁闷而生病；笑口常开，利已而悦人，益处非凡，何乐而不为？

而不笑的人的患病几率较高，并且一旦生病之后，也常是重病。因此，美国医学界将笑声称为“静态的慢跑”，它能使肌肉松弛，对心脏及肝脏都有好处。所以，如果我们没有时间去慢跑的话，我们可以每天哈哈大笑10次，这也是一种有益身心健康的运动。

英国前首相帕麦斯松在年轻时做过小吏，由于工作过分紧张，精神失调，身体十分虚弱，虽然长期药物治疗，仍无起色。后来，一位医生对他进行了一番仔细的检查后，开了一个奇特的药方：“一个小丑进城，胜过一打医生。”机智的帕麦斯松对此反复推敲玩味，终于明白其中的“天机”。从此以后，他经常抽空去看各种滑稽戏、马戏和喜剧。经常高兴得大笑，愉快的心境使他恢复了健康，又开始新的学习和工作。以至后来登上了英国首相的宝座。

如果你心情经常不好，并因此影响到了你的工作和学习，为何不设法让自己笑一笑呢？请笑口常开吧！这是一种天赐的良药，十分有效，与生俱来，用之不竭，且不费分文，何不一试！

九、心宽体自健

人心宽了，生活规律不易打破，身上的免疫力也不会遭到破坏，因而就有了长寿的基础。

昔人有联云：“宽厚留有余地步；和平养无限天机。”颇值得过细回味。“宽厚”与“和平”都是指人的主观世界，有宽广的心胸，平和的气度。“宽厚”的含义颇广，简单理解就是宽容、仁厚。人只要有宽容的胸襟与大度，身体自然健康。

人活在世上，难免遇到不顺心的事，遇到这些事切忌憋在心里生闷气，因为人在生气时会放出毒素，不仅毒害自身，也会毒害别人。所以，遇到不顺心的事，以宽容、平和的心态泰然处之或寻找合适的发泄途径，将会有益身心健康。

宽容是一种胸怀。是对人对事的包容与接纳。有了这种胸怀，就会器宇轩昂、大气磅礴，就会海纳百川、包容万物。《尚书》中云“有容，德乃大”。《周易》中提出“君子以厚德载物”。荀子主张“君子贤而能容罢，知而能容愚，博而能容浅，粹而能容杂”。三国时那个在政治上颇不得志的曹植，却说出了一番颇富哲理的话：“天称其高者，以无不覆；地称其广者，以无不载；日月称其明者，以无不照；江海称其大者，以无不容。”

宽容是仁爱的光芒。宽容是一种无上的福分，既是对别人的释怀，也是对自己的善待。有了这种光芒，就会远离仇恨，避免危难。常怀宽容之心，实际上也是做人的一种美德和力量。蔺相如与廉颇“将相和”，给世人留下千古美谈。

宽容是崇高的境界。是精神的成熟、心灵的丰盈。有了这种境界，就会变得豁达，变得成熟。人与人之间常常因为一些彼此无法释怀的小事，而造成永远的伤害。如果我们都能从自己做起，宽容地看待他人，相信一定能收到许多意想不到的结果。帮别人开启一扇窗，也就是让自己看到更完整的天空。人们常说：“忍一时风平浪静，退一步海阔天空”，就是这种崇高境界的反映。

人生常常有许多不尽如人意的地方，如朋友的误解、背后被人中伤、暂时的失察等等，这些有时让我们痛心疾首，满腹委屈，这些也许是别人无心的冒犯，也许是他人一时的过失，宽容就像一束阳光，看我们是否有这样的胸襟和大度，得人心者得天下，有容乃大。生活多一份宽容就多一点快乐，多一点理解就多一些朋友。如果得理不饶人，得势不容人，那样只会把自己赶到死胡同里，而心存宽容则是为人之道。

美国前总统林肯对政敌素以宽容著称，后来终于引起一议员的不满，议员说："你不应该试图和那些人交朋友，而应该消灭他们。"林肯微笑着回答："当他们变成我的朋友，难道我不正是在消灭我的敌人吗？"

走进生活，我们便走进了纷繁复杂的社会，人生的舞台要我们用智慧和才干勾勒那一道又一道亮丽的风景来撰写传奇。世间道路坎坷曲折，人生之路也不会一帆风顺。人活着就要吃苦受累，排除千难万险走出一条路来。要达到此目的就必须心胸开阔，健康长寿。俗话说："宰相肚里能撑船。"也就是说，在人生路上不管遇到什么难事，都能容纳并寻法排除之。心宽，才能在"山重水复疑无路"时继续走下去，终于寻到"柳暗花明又一村"的辉煌天地。心宽的人，恼不过一刻，愁不过一时，天大的事压在心头，也能吃得饱，睡得着，保持身体各部器官的平衡，不受损伤，正常运行，这能不健康长寿吗？

心宽也是一种修养。处事沉着，肯动脑筋，站得高，看得远，甚至大敌当前也不慌张。要做心宽的人，在日常生活中，就要悠闲一些，平静一些，能做到古诗所云："闲看秋水心无事，坐对长松气自豪"、"此心平静如流水，放眼高空看过云"，有这样闲情逸致的人，心胸自然是比较宽阔的。人心宽了，生活规律不易打破，身上的免疫力也不会遭到破坏，因而就有了长寿的基础。

唯宽可以容人，唯厚可以载物。一个真正有修养的人，应该胸怀宽广，豁达大度，胸中能装得下五颜六色的事，容得下各种各样的人，尊重对方不同的看法和见解。对他人的宽容，不仅可以化干戈为玉帛，化敌为友，让别人获得改过的机会，更能将自己从憎恨、妒忌的心绪中解脱出来，收获快乐。当然，宽容并不是无原则的迁就，否则就成了纵容。作为领导干部，我们所倡导的宽容，就是要有宽广的胸怀和度量，对别人的缺点和短处能予以包容，对别人的失礼和失态能予以谅解，既做到在大是大非问题上坚持原则，又本着顾全大局、维护团结的愿望，无须对那些鸡毛蒜皮的“小事”斤斤计较。

泰山不辞抔土，故成其高；江海不择细流，故成其深。作为党的各级领导干部，应自觉养成那种宽容态度和高尚品格，把目光看得更远一些，让胸怀放得更宽一些，常修为政之德，常怀律已之心，不断加强人品官德修养，努力做一个有度量的人，一个有涵养的人，一个有爱心的人，一个善于加强团结的人，这样将会有益于身体的健康，容易取得事业的成功。

后　　记

作为《从政之基》的姊妹篇，经过一年多时间的精心准备和认真编撰，《为政之本》一书终于付梓，与读者见面了。

关于为官从政的规律以及领导者的基本素质，是理论性较强的内容，编写起来容易程式化且枯燥无味。因此，尽量写得通俗易懂、具有较强的可读性，是我们努力的目标。为了实现这一目标，我们尽量吸取了《从政之基》和同类书籍中的比较好的做法，以理论联系实际为原则，尽力结合领导者的客观实际去大胆探讨；同时在行文中注意引用一些较为具体、生动的事例，结合理论去阐述，希望能以较为轻松的文字给读者以启迪。

本书由李小三主编，参加编写的有：甘乐平、吴黎宏、颜清阳、陆元兵、操家齐。

在编撰本书过程中，我们借鉴、参考了不少同仁的研究成果或观点，未能一一列出，在此一并表示衷心的感谢！由于编撰者水平有限，且风格有差异，不妥之处在所难免，欢迎广大读者批评指正。

江西人民出版社为本书的出版做了大量的工作，在此致以衷心的感谢！

编者

2009年 10 月

图书在版编目(CIP)数据

为政之本/李小三主编;甘乐平等编写.
—南昌:江西人民出版社 2010.1
ISBN 978-7-210-04367-6
Ⅰ.①为… Ⅱ.①李…②甘… Ⅲ.①领导学
Ⅳ.①C933

中国版本图书馆 CIP 数据核字(2009)第242746号

为政之本

李小三主编 甘乐平等编写
江西人民出版社有限责任公司 出版发行
江西嘉欣印务有限公司印刷 新华书店经销
2010年3月第1版 2010年3月第1次印刷
开本:787毫米×1092毫米 1/16 印张:16.25
ISBN 978-7-210-04367-6 定价:28.00元

江西人民出版社有限责任公司 地址:南昌市三经路47号附1号
邮政编码:330006 传真:6898827 电话:6898893(发行部)
网址:http://www.jxpph.com
E-mail:jxpph@tom.com web@jxpph.com